모던 자바스크립트

예제로 배우는 ECMAScript 6 핵심 기능

Understanding ECMAScript 6

by Nicholas C. Zakas

모던 자바스크립트: 예제로 배우는 ECMAScript 6 핵심 기능

초판 1쇄 발행 2017년 11월 8일 **지은이** 니콜라스 자카스 **옮긴이** 김두형 · 정재훈 **펴낸이** 한기성 **펴낸곳** 인사이트 **제작 · 관리** 박미경 **용지** 월드페이퍼 **출력 · 인쇄** 에스제이피앤비 **제본** 서정바인텍 **등록번호** 제10-2313호 **등록일자** 2002년 2월 19일 **주소** 서울시 마포구 잔다리로 119 석우빌딩 3층 **전화** 02-322-5143 **팩스** 02-3143-5579 **블로그** http://blog.insightbook.co.kr **이메일** insight@insightbook.co.kr **ISBN** 978-89-6626-211-3 책값은 뒤표지에 있습니다. 이 책의 정오표는 http://www.insightbook.co.kr에서 확인하실 수 있습니다. 이 도서의 국립중앙도서관 출판예정도서목록(CIP)은 서지정보유통지원시스템 홈페이지(http://seoji.nl.go.kr)와 국가자료공동목록시스템(http://www.nl.go.kr/kolisnet)에서 이용하실 수 있습니다.(CIP제어번호: CIP2017027382).

모던 자바스크립트

예제로 배우는 ECMAScript 6 핵심 기능

니콜라스 자카스 지음 | 김두형·정재훈 옮김

인사이트
insight

차례

옮긴이의 글

자바스크립트는 PC 브라우저를 넘어 모바일과 서버로 영역을 확장하면서 가장 대중적이고 인기 있는 프로그래밍 언어가 되었다. 때마침 TC-39(Technical Committee 39)에서도 ECMAScript의 새로운 버전을 매년 발표하기 시작했다. ES3의 다음 버전인 ES5에서는 기본적인 사용법이 크게 달라지지 않았지만, ES6(ES2015)에서는 이미 자바스크립트를 잘 알고 사용하고 있더라도 많은 부분을 다시 공부해야 할 만큼 개선이 이루어졌다. 물론 이전 버전을 사용해도 문제는 없지만, 웹 개발자라면 최신 버전의 철학과 개념을 이해하고 이를 잘 활용해야 할 것이다.

바쁜 일상에서 언어의 변화를 항상 눈여겨보는 일은 쉽지 않다. 언제 어디서나 프로그래밍을 학습할 수 있는 시대가 되었음에도 명세를 읽거나 파편화된 최신 정보를 조합하여 유용한 지식으로 만들어내는 일은 지루하고 어려운 작업이기 때문이다. 이러한 점에서 잘 정리된 전문가의 책은 체계적으로 구조화된 지식을 얻기 위한 합리적인 선택이라 할 수 있다. 이 책의 저자인 니콜라스 자카스는 『프론트엔드 개발자를 위한 자바스크립트 프로그래밍』『자바스크립트 성능 최적화』와 같은 국내에도 잘 알려진 책을 발간한 이력이 있다. 저자의 팬으로서, 이 책은 ES6의 깊이 있는 이해를 바탕으로 쉽게 설명되었다고 자신 있게 추천한다. 혹시라도 번역에 미진한 부분이 있다면 온전히 옮긴이의 몫일 것이다.

마지막으로 번역을 맡겨주신 인사이트 출판사 관계자 여러분과 한기성 사장님, 조은별 편집자님, 정성껏 리뷰해주신 박현오, 최병현 님, 그리고 이 책을 읽고 있는 모든 독자에게 진심으로 감사드린다. 책을 번역하기 전 함께 스터디를 했던 멤버들과 번역에 많은 도움을 준 일용, 유정, 끝까지 함께해 준 재훈에게도 고마움을 전한다. 더불어 언제나 나를 믿어주시는 부모님과 함께 해 준 이삭에게 감사를 전한다.

김두형

요즘 react, vue 같은 라이브러리들이 많은 프로젝트에 적용되고 있으며, 이러한 라이브러리들은 ECMAScript 6 문법을 사용하고 있다. 많은 사람들이 ECMAScript 6를 공부하기보다는 라이브러리의 샘플만을 참조하여 구현하다 보니, 자바스크립트 문법인지 라이브러리에서 제공되는 것인지 잘 모르고 개발하고 있는 경우를 보게 된다. 서버 쪽에서도 자바스크립트를 사용하여 개발하고 있는 사람들에게 콜백 헬 때문에 개발하기 힘들다는 이야기를 종종 듣기도 한다.

옮긴이도 웹 개발을 하던 초기에 자바스크립트라는 언어에 대해 공부하지 않고 jQuery, underscore 같은 라이브러리의 예제 코드만 보며 개발했었다. jQuery, underscore 라이브러리의 함수인지 순수 자바스크립트 코드인지 구분도 못하고 $(this) 같은 코드를 왜 쓰게 되는지도 모른 채 사용하곤 했었다. 비효율적인 코드를 작성하고 있었지만 그런 줄도 모르고 프로그램은 잘 돌아가니까 잘한다고 생각했던 시절이 있었다.

그러나 자바스크립트만의 독특한 동작에 대한 기본적인 이해가 필요하다. (this 바인딩, 클로저, 호이스팅, prototype, scope 등) 언어의 이해 없이 구현하다 보면 무엇이 문제인지도 모르고 감당할 수 없는 프로그램을 쉽게 만들게 된다.

이 책을 통하여 자바스크립트에 대해 ECMAScript 6에 대해 쉽게 이해하였으면 좋겠다. ECMAScript 6를 사용하여 개발하다 보면 필수라 생각되던 많은 라이브러리가 필요 없어질 뿐만 아니라 더 쉽게 개발할 수 있다. 또한 요즘 대세라는 라이브러리들을 공부하기 전에 ECMAScript 6 기본 문법부터 배우는 것이 더 빠르게 배우는 길이라 확신한다. 이 책은 ECMAScript 5까지의 기본 지식이 있는 사람을 대상으로 쓰여졌기 때문에, 자바스크립트 초보자가 읽기엔 조금 무리가 있을 수 있다. 기본 지식이 부족하다고 느낀다면 니콜라스 자카스의『프론트엔드 개발자를 위한 자바스크립트 프로그래밍』을 먼저 학습한 후 이 책을 보는게 좋겠다.

끝으로 자바스크립트 필독서라고 생각하는『자바스크립트 성능 최적화』의 저자 니콜라스 자카스의 책을 번역하게 되어 영광스럽게 생각한다. 책의 편집을 맡아주신 조은별 편집자님, 책 번역의 시발점이 된 스터디를 같이 했던 사람들, 번역을 도와준 모든 사람들에게 감사하다. 특히 번역을 같이 하지 못한 우리 귀여운 일용이와 유정이에게 미안하고 고맙다. 또한 책 번역이라는 경험을 하게 해준 두형이 형에게 고맙다.

정재훈

추천사

ECMAScript 6는 세계를 폭풍으로 몰아넣었다. 오랜 기다림 뒤에 발표되었지만, 많은 사람이 미처 배우기도 전에 빠르게 퍼졌다. 모두들 각자의 이야기를 가지고 있겠지만, 다음은 나의 이야기이다.

2013년 나는 iOS 기반에서 Web 기반으로 전환한 스타트업에서 일했다. 그때는 내가 Redux를 공동 제작하거나 자바스크립트 오픈 소스 커뮤니티에 참여하기 전이었다. 당시 나는 웹 개발을 배우려고 애쓰고 있었고, 매우 초조한 상태였다. 우리 팀은 불과 몇 달 만에 우리 제품의 Web 버전을 바닥부터 만들어야 했기 때문이다. 바로 자바스크립트를 사용해서.

처음에 나는 자바스크립트로 커다란 애플리케이션을 만든다는 아이디어를 비웃었다. 그러나 새 팀의 멤버가 자바스크립트는 장난감 언어가 아니라고 나를 설득했다. 나는 결국 그 아이디어를 시험하는 데 동의했으며, 편견을 일단 접어 두고 모질라 개발자 네트워크(MDN)와 스택오버플로(StackOverflow)에서 처음으로 자바스크립트를 깊이 공부했다. 그러나 이내 자바스크립트의 단순함에 나는 반하고 말았다. 또한, 동료가 자바스크립트 도구인 Linter와 Bundler의 사용법을 가르쳐주었고, 몇 주 후 자바스크립트 코드 작성의 즐거움을 깨닫게 되었다.

그러나 완벽한 언어는 없다. 나는 다른 언어들처럼 자바스크립트도 빈번하게 업데이트되길 바랐다. ECMAScript 5는 10년 만에 자바스크립트를 상당 부분 업데이트했고 브라우저에서 완전히 지원하기까지 수년이 걸렸지만, 이는 단순한 정리 작업에 가까웠다. 그리고 당시 코드 네임 Harmony로 불린 ECMAScript 6(ES6) 명세는 완성이 요원했으며 먼 미래에나 가능할 것처럼 보였다. 나는 "ES6 코드를 작성하는 건 10년 후에나 가능하겠구나"라고 생각했다.

당시에도 구글 Traceur처럼 ES6 코드를 ES5로 변환해 주는 몇 가지 실험적인 '트랜스파일러(transpiler)'가 있었으나, 대부분은 자바스크립트 빌드 과정에 넣기엔 제약 사항이 매우 많거나 어려웠다. 그러나 새로운 트랜스파일러인 6to5이 나타나면서 모든 것이 변했다. 6to5는 설치가 쉬웠고, 이미 사용하고 있던 도구들과 잘 통합되었으며 가독성 있는 코드를 만들었으며, 삽시간에 퍼졌다. 지금은 Babel이라 부르는 6to5는 명세가 완성되기도 전에 주요 사용자들에게 ES6

기능을 제공했다. 몇 달 만에 ES6가 모든 곳에서 사용되기 시작했다.

반면, ES6는 여러 가지 이유로 커뮤니티를 분열시켰다. 이 책이 출판된 시점에서도, 여전히 많은 주요 브라우저에서 ES6가 완벽하게 구현되지 않고 있으며, ES6를 ES5로 트랜스파일하는 빌드 단계는 언어를 배울 때 진입장벽이 될 수 있다. 몇몇 라이브러리는 ES6로 문서가 작성되고 예제도 있지만 ES5에서 그러한 라이브러리들을 모두 사용할 수 있는지 궁금할 것이다. 이러한 점이 사람들을 혼란스럽게 한다. 자바스크립트의 기능은 과거 거의 변하지 않았기 때문에 많은 사람들이 이번에도 자바스크립트의 새 기능을 기대하지 않았다. 반면 또 다른 부류의 사람들은 새로운 기능을 애타게 기다렸고, 필요 이상으로 그러한 기능을 사용했다.

나는 자바스크립트를 능숙하게 사용할 수 있게 되자마자, 다시 새로운 언어를 배워야 하는 난처한 상황에 처했음을 깨달았다. 몇 개월간 이런 점이 너무 좋지 않다고 생각했다. 그러나 마침내, 크리스마스이브에 이 책의 초안을 읽기 시작했을 때, 이 책을 다 읽을 때까지 손에서 내려놓을 수 없었다. 아마도 파티의 모든 사람이 잠이 들었을 오전 3시 즈음, ES6를 이해할 수 있었다!

니콜라스는 탁월한 선생님이다. 그는 깊이 있는 세부 사항을 짜임새 있게 전달하기 때문에, 누구나 책에서 설명하는 내용이 어렵지 않다고 느낄 것이다. 이 책 외에도, 그는 수백만 다운로드가 이루어진 자바스크립트 코드 분석기인 ESLint를 만든 것으로 유명하다.

니콜라스는 자바스크립트를 정말 잘 알고 있는 얼마 안 되는 사람 중 한 명이다. 그의 지식을 흡수할 수 있는 기회를 놓치지 않길 바란다. 이 책을 읽으면 당신도 ES6를 이해하는데 자신감을 얻을 것이다.

Dan Abramov React 코어팀 멤버, Redux 창시자

감사의 글

이 책을 도와주고 지원해 준 Jennifer Griffith-Delgado, Alison Law, 그리고 No Starch Press의 모든 이에게 감사한다. 내가 아프고 힘들어 작업이 더딘 순간에도 그들이 보여준 이해심과 인내심은 결코 잊지 못할 것이다.

주의 깊게 검토해 준 기술 편집자 Juriy Zaytsev, 그리고 이 책에서 논하는 몇 가지 개념을 명확히 할 수 있도록 여러 차례 논의하고 피드백을 준 Dr. Axel Rauschmayer에게 감사한다.

이 책의 GitHub 버전에 수정을 제안해 준 모두에게 감사한다: 404, alexyans, Ahmad Ali, Raj Anand, Arjunkumar, Pahlevi Fikri Auliya, Mohsen Azimi, Peter Bakondy, Sarbbottam Bandyopadhyay, blacktail, Philip Borisov, Nick Bottomley, Ethan Brown, Jeremy Caney, Jake Champion, David Chang, Carlo Costantini, Aaron Dandy, Niels Dequeker, Aleksandar Djindjic, Joe Eames, Lewis Ellis, Ronen Elster, Jamund Ferguson, Steven Foote, Ross Gerbasi, Shaun Hickson, Darren Huskie, jakub-g, kavun, Navaneeth Kesavan, Dan Kielp, Roy Ling, Roman Lo, Lonniebiz, Kevin Lozandier, Josh Lubaway, Mallory, Jakub Narębski, Robin Pokorný, Kyle Pollock, Francesco Pongiluppi, Nikolas Poniros, AbdulFattah Popoola, Ben Regenspan, Adam Richeimer, robertd, Marián Rusnák, Paul Salaets, Shidhin, ShMcK, Kyle Simpson, Igor Skuhar, Yang Su, Erik Sundahl, Dmitri Suvorov, Kevin Sweeney, Prayag Verma, Rick Waldron, Kale Worsley, Juriy Zaytsev, and Eugene Zubarev.

또한, 이 책의 후원자로서 지원해 준 Casey Visco에게도 감사를 표한다.

소개글

소개

자바스크립트 언어의 핵심은 ECMA-262 표준에 정의되어 있다. 그리고 이 표준에 정의된 언어를 ECMAScript라고 부른다. 우리가 브라우저와 Node.js에서 사용하는 자바스크립트는 사실상 ECMAScript의 상위 집합(superset)이다. 브라우저와 Node.js에서는 객체와 메서드를 통해 많은 기능을 추가했지만, 여전히 자바스크립트의 핵심은 ECMAScript에 정의되어 있다. ECMA-262의 지속적인 개발은 자바스크립트 진영 전체에 중요한 영향을 미치며, 이 책은 최근 ECMAScript 6 업데이트의 주요한 변경사항을 다룬다.

ECMAScript 6까지의 발자취

2007년, 자바스크립트는 갈림길에 서 있었다. 자바스크립트가 1999년에 발표된 ECMA-262 3판 이후 변화가 없었던데 비해, Ajax의 대중화는 동적 웹 애플리케이션의 새로운 시대를 알렸다. 이에 따라 ECMAScript의 개발을 이끄는 TC-39는 광범위한 ECMAScript4 명세 초안을 만들었다. ECMAScript 4는 방대한 범위에 걸쳐 크고 작은 변화를 언어에 도입했다. 업데이트된 내용에는 새로운 문법, 모듈, 클래스, 클래스를 활용한 상속, 비공개 객체 멤버, 선택적인 타입 어노테이션 등이 포함되어 있었다.

그러나 TC-39의 일부 구성원은 ECMAScript 4에서 너무 많은 것을 담으려 한다고 생각했고, 결국 ECMAScript 4의 변경사항은 TC-39에서 합의되지 못했다. 한편 야후!, 구글과 마이크로소프트는 ECMAScript 다음 버전의 대안으로 ECMAScript 3.1을 만들었다. 버전을 '3.1'로 한 까닭은, 이 버전이 기존 표준을 점진적으로 변경하려는 것임을 보여주고자 함이었다.

ECMAScript 3.1의 경우 문법적인 변화는 매우 적은 대신, 프로퍼티 속성, 네이티브 JSON 지원, 그리고 이미 존재하는 객체에 메서드를 추가하는 것에 초점을 맞추었다. 한편으론 일찍부터 ECMAScript 3.1과 ECMAScript 4를 조정하려는 시도가 있긴 했지만, 언어의 성장에 대한 두 진영의 관점이 매우 달라 조정은 실패했다.

2008년, 자바스크립트를 만든 브렌던 아이크(brendan Eich)는 TC-39가 ECMAScript 3.1을 표준화하는 데 최선을 다할 것이라고 발표했다. TC-39는 ECMAScript의 다음 버전이 표준화될 때까지 ECMAScript 4의 주요 문법과 기능 변화에 대한 논의를 미루고, 위원회의 구성원들은 'ECMAScript Harmony'라는 활동을 통해 ECMAScript 3.1과 ECMAScript 4의 좋은 부분만을 가져오기로 했다.

마침내 ECMAScript 3.1은 ECMA-262의 다섯 번째 판본으로 표준화되었고 ECMAScript 5로 명명되었다. 위원회는 폐기된 것과 이름이 같아서 생길 혼란을 피하고자 ECMAScript 4를 발표하지 않았다. 이후 ECMAScript Harmony를 통해 'harmonious' 정신을 바탕으로 한 첫 번째 표준인 ECMAScript 6를 발표했다.

ECMAScript 6는 2015년에 완성되었고 공식적으로는 'ECMAScript 2015'라고 불린다(그러나 이 책에서는 개발자에게 가장 친숙한 이름인 ECMAScript 6라고 쓴다). ECMAScript 6의 기능은 새로운 객체와 방식 그리고 기존 객체에 추가된 새로운 메서드와 변경된 문법에 이르기까지 매우 넓은 영역을 다룬다. ECMAScript 6에서 흥미로운 부분은 개발자가 어떤 문제에 직면했을 때 그 문제를 해결하는 방향으로 설계했다는 점이다.

이 책에 대하여

향후 모든 자바스크립트 개발자는 ECMAScript 6의 기능을 잘 이해해야 하고, 이는 대단히 중요하다. ECMAScript 6에서 소개한 기능은 앞으로 제작될 자바스크립트 애플리케이션의 기반이 되기 때문이다. 그게 바로 이 책이 필요한 이유다. 나는 여러분이 이 책을 통해 ECMAScript 6의 기능을 숙지하여 필요한 순간에 사용할 수 있기를 바란다.

브라우저와 Node.js에서의 호환성

웹 브라우저와 Node.js 같은 다양한 자바스크립트 환경에서 ECMAScript 6는 활발하게 구현되고 있다. 이 책에서는 이러한 다양한 환경에서 일어나는 구현상 불일치를 다루지는 않는다. 그 대신, 명세에서 동작을 어떻게 정의하는지에 대해 집중적으로 알아볼 것이다. 따라서 여러분의 자바스크립트 환경에서는 이 책의 설명대로 동작하지 않을 수도 있다.

이 책의 대상 독자

이 책은 자바스크립트와 ECMAScript 5에 익숙한 사람들을 위한 책이다. 이 책을 읽기 위해 자바스크립트 언어 자체를 깊게 이해할 필요는 없지만, 언어에 대한 기초 지식이 ECMAScript 5와 6 사이의 차이점을 이해하는 데는 도움이 될 것이다. 특히 이 책은 브라우저 또는 Node.js 환경에서 최신 언어를 배우고자 하는 중상급 자바스크립트 개발자를 대상으로 한다.

자바스크립트를 사용해본 적이 없는 초급자는 이 책의 대상독자가 아니다. 이 책을 보기 위해서는 언어의 기초를 올바르게 이해하고 있어야 한다.

이 책의 구성

이 책의 각 장과 부록은 ECMAScript 6의 각기 다른 측면을 다룬다. 대부분 장은, 폭넓은 배경 지식을 제공하고자 ECMAScript 6의 변경으로 해결된 문제들을 논의하면서 시작한다. 또한 각각의 장에는 새로운 문법과 개념을 배우는 데 도움이 될 예제 코드를 담았다.

- **1장: 블록 바인딩**에서는 var를 대체할 블록-레벨 let과 const에 대해 이야기한다.
- **2장: 문자열과 정규 표현식**에서는 템플릿 문자열을 소개하고 문자열 조작과 검사를 위해 추가된 기능을 다룬다.
- **3장: 함수**에서는 함수의 다양한 변화에 대해 논의하며, 화살표 함수, 기본 매개변수, 나머지 매개변수 등을 포함한다.
- **4장: 객체 기능 확장**에서는 객체를 만들고, 수정하고, 사용하는 방법에 대한 변경사항을 설명한다. 여기서는 객체 리터럴 문법과 새로운 리플렉션 메서드에 대한 변경사항도 포함한다.
- **5장: 더 쉽게 데이터를 제어할 수 있는 디스트럭처링**에서는 간결한 문법으로 객체와 배열을 분해할 수 있도록 하는 객체와 배열 구조분해(destructuring)를 소개한다.
- **6장: 심벌과 심벌 프로퍼티**에서는 프로퍼티를 정의하는 새로운 방법인 심벌의 개념을 소개한다. 심벌은 객체 프로퍼티와 메서드를 (은닉하지 않고도) 감추기 위해 사용할 수 있는 새로운 원시 타입이다.
- **7장: Set과 Map**에서는 새로운 컬렉션 타입인 Set, WeakSet, Map, 그리고 WeakMap를 상세히 설명한다. 이 타입들은 의미 추가, 중복 제거, 그리고 자바스크립트에 특별히 설계된 메모리 관리를 통해 배열의 유용성을 확장한다.
- **8장: 이터레이터와 제네레이터**에서는 언어에 추가된 이터레이터와 제네레이터에 대해 이야기한다. 이 기능은 이전 버전의 자바스크립트에서는 불가능했던

강력한 방법으로 데이터의 컬렉션을 다룰 수 있다.

- **9장: 자바스크립트 클래스 소개**에서는 자바스크립트 클래스의 공식적인 개념을 소개한다. 이는 다른 언어를 경험한 사람들이 특히 혼란스러워 하던 부분이다.

  ECMAScript 6에서는 자바스크립트 클래스 문법의 도입을 통해 다른 언어의 경험자들에게는 언어를 더 이해하기 쉽도록 하고, 그렇지 않은 사람들에게는 보다 간결한 문법을 제공한다.

- **10장: 배열의 기능 개선**에서는 내장 배열의 변경사항과 자바스크립트에서 사용할 수 있는 새롭고 유용한 방법들을 설명한다.

- **11장: 프로미스와 비동기 프로그래밍**에서는 언어의 새로운 부분인 프로미스를 소개한다. 프로미스는 다양한 라이브러리들의 지원을 통해 이미 대중적으로 인기를 얻은 기능이다. ECMAScript 6는 이러한 프로미스를 규격화하고 기본적으로 이용할 수 있도록 했다.

- **12장: 프락시와 리플렉션 API**에서는 자바스크립트를 위한 리플렉션 API와 객체에 수행되는 모든 명령을 가로챌 수 있도록 해주는 새로운 프락시 객체를 소개한다. 프락시는 개발자에게 이례적으로 객체에 대한 통제권을 주었고 그로 인해 새로운 상호작용 패턴을 정의할 수 있게 되었다.

- **13장: 모듈을 이용한 캡슐화**에서는 자바스크립트를 위한 공식적인 모듈 형식을 설명한다. 모듈 형식의 목적은 최근 몇 년에 걸쳐 나온 수많은 임시 모듈 정의 형식을 대체하는 것이다.

- **부록 A: ECMAScript 6의 여타 소소한 변경사항**에서는 자주 사용하지 않거나 각 장에서 다루는 범위의 주제에 적합하지 않은 ECMAScript 6의 다른 변경사항을 다룬다.

- **부록 B: ECMAScript 7(2016) 이해하기**에서는 ECMAScript 6만큼 자바스크립트에 비해 거의 영향을 미치지 않는, ECMAScript 7에 구현된 세 가지 표준을 설명한다.

도움과 지원

만약 이 책을 읽고 질문이 있다면, 내 메일링 리스트 *http://groups.google.com/group/zakasbooks*로 메시지를 보내주기 바란다.

1장

블록 바인딩

예전부터 변수 선언의 동작 방식은 자바스크립트 프로그래밍에서 가장 까다로운 부분 중 하나였다. 대부분의 C 기반 언어에서 변수(공식적으로는 바인딩[1], 스코프(scope) 내 값에 바인딩된 이름)는 선언한 위치에서 바로 만들어진다. 자바스크립트에서는 이와 달리 변수 선언 방식에 따라 변수 생성 위치가 다르다. 이를 보완하기 위해 ECMAScript 6에서는 변수의 스코프를 더 쉽게 제어할 수 있는 옵션을 제공한다. 이번 장에서는 기존 var 선언이 왜 혼란스러운지 설명하고, ECMAScript 6의 블록 바인딩을 소개하며, 블록 바인딩을 사용하는 몇몇 좋은 사례를 제시한다.

1.1 var 선언과 호이스팅

var를 이용하여 변수를 선언하면 선언한 위치와 상관없이 함수의 맨 위(만약 함수 바깥에 선언되어 있다면 전역 스코프)에 있는 것처럼 처리된다. 이것을 호이스팅(hoisting)이라고 부른다. 호이스팅이 무엇인지 알아보기 위해 다음에 정의된 함수를 살펴보자.

```
function getValue(condition) {

    if (condition) {
        var value = "blue";
```

---

[1] (옮긴이) 프로그래밍에서 개체(데이터와 코드)들을 식별자로 연결하는 것. *https://en.wikipedia.org/wiki/Name_binding*

```
        // 나머지 코드

        return value;
    } else {

        // value는 여기서 undefined로 존재한다

        return null;
    }

    // value는 여기서 undefined로 존재한다
}
```

아직 자바스크립트에 익숙하지 않다면 value 변수는 condition이 true인 경우에만 만들어진다고 예상할 것이다. 그러나 실제로 변수 value는 조건문 참 여부와 관계없이 생성된다. 자바스크립트 엔진은 내부적으로 getValue 함수를 다음 예제처럼 변경한다.

```
function getValue(condition) {

    var value;

    if (condition) {
        value = "blue";

        // 나머지 코드

        return value;
    } else {

        return null;
    }
}
```

value 변수의 초기화를 실행하는 코드는 같은 지점에 남아 있고, value의 선언은 함수의 맨 위로 호이스팅된다. 이는 else절 안에서도 여전히 value 변수에 접근할 수 있다는 의미이다. 만약 else절 안에서 변수 value에 접근하면, 해당 변수는 초기화되지 않았기 때문에 undefined 값을 가진다.

자바스크립트를 처음 접하는 개발자는 호이스팅 선언에 익숙해지는 데 시간이 걸리며, 이 독특한 동작을 잘못 이해하여 버그를 발생시키기도 한다. 이러한 이유로 ECMAScript 6에서는 변수 생명 주기를 개발자가 더 잘 제어하도록 하기 위해 블록 레벨 스코프 옵션이 도입되었다.

1.2 블록-레벨 선언

블록-레벨 선언이란 주어진 블록 스코프 밖에서는 접근할 수 없는 바인딩을 선언하는 것이다. 렉시컬(lexical) 스코프로도 불리는 블록 스코프는 다음과 같은 곳에 만들어진다.

- 함수 내부
- 블록 내부({ 와 }를 사용하여 지정)

많은 C 기반 언어는 블록 스코프로 동작하며, 자바스크립트에서도 그와 같은 유연성(그리고 통일성)을 제공하려는 의도로 ECMAScript 6에 블록-레벨 선언을 도입했다.

1.2.1 let 선언

let 선언은 var의 문법과 같다. 그래서 변수를 선언할 때 기본적으로 var를 let으로 대체할 수 있지만 let으로 대체된 변수의 스코프는 현재의 코드 블록으로 제한된다(7쪽의 "The Temporal Dead Zone"에서 몇 가지 미묘한 차이점을 논의한다). let 선언은 선언된 블록의 맨 위로 호이스팅되지 않기 때문에, 전체 블록에서 사용할 수 있도록 블록의 첫 부분에 두는 것이 가장 좋다. 다음 예제를 살펴보자.

```
function getValue(condition) {

    if (condition) {
        let value = "blue";

        // 나머지 코드

        return value;
    } else {

        // value는 여기에 존재하지 않음

        return null;
    }

    // value는 여기에 존재하지 않음
}
```

let 선언을 사용한 getValue 함수는 C 기반 언어에서 동작하는 방식과 매우 유사하다. 변수 value는 var 대신 let으로 선언했기 때문에, value의 선언이 함수 맨 위로 호이스팅되지 않고, if 블록 바깥에서 접근할 수 없다. 만약 condition 의 값이 false이면 value는 선언되거나 초기화되지 않는다.

1.2.2 재정의 금지

식별자가 특정 스코프 안에 선언되어 있을 경우, 스코프 안에서 let 선언으로 식별자를 사용하면 에러가 발생한다. 다음 예제를 살펴보자.

```
var count = 30;

// 문법 에러 발생
let count = 40;
```

이 예제에서는 var와 let으로 count를 두 번 선언했다. let은 같은 스코프 안에 존재하는 식별자를 재정의할 수 없으므로 에러가 발생한다. 반대로 다음 예제 코드처럼, let 선언을 사용하여 기존 변수와 같은 이름으로 새 변수를 블록 스코프 내부에 만든다면 에러가 발생하지 않는다.

```
var count = 30;

// 에러가 발생하지 않음
if (condition) {

    let count = 40;

    // 나머지 코드
}
```

이 let 선언은 블록을 둘러싼 스코프에 count를 만드는 대신, if문 안에 새로운 변수 count를 만들기 때문에 에러를 발생시키지 않는다. if문의 블록 안에서 let으로 선언된 새 변수 count는 전역 스코프 안에 var로 선언된 count를 대신하고, 해당 블록 내 실행이 끝날 때까지 전역 변수 count에 대한 접근을 막는다.

1.2.3 const 선언

ECMAScript 6에서는 const 선언 문법으로 바인딩을 선언할 수 있다. const를 사용하여 선언된 바인딩은 상수(constants)로 간주되며, 설정하면 변경할 수 없다. 그러므로 다음 예제와 같이 모든 const 바인딩은 선언할 때 초기화해야 한다.

```
// 유효한 상수
const maxItems = 30;

// 문법 에러 : 초기화되지 않음
const name;
```

maxItems 바인딩은 초기화되므로, maxItems의 const 선언은 문제없이 잘 동작한다. 그러나 이 코드를 포함한 프로그램을 실행시키면 name 바인딩이 초기화되지 않았기 때문에 문법 에러가 발생한다.

constants

let과 마찬가지로 상수도 블록-레벨 선언이다. 이는 상수 역시 선언된 블록 바깥에서는 더 이상 접근할 수 없으며, 호이스팅되지 않는다는 의미이다. 다음 예제에서 확인할 수 있다.

```
if (condition) {
    const maxItems = 5;

    // 나머지 코드
}

// maxItems는 여기서 접근 불가
```

앞의 예제 코드에서 if문 안에 maxItems 상수를 선언했다. if문 수행이 끝나면, maxItems는 블록 밖에서 접근할 수 없다.

또 하나 const가 let과 유사한 점은 const 선언을 사용할 때도 같은 스코프 내에 같은 이름의 변수가 이미 선언되어 있으면 에러가 발생한다는 것이다. 변수가 var(전역이거나 함수 스코프) 또는 let(블록 스코프)을 사용하여 선언되었는지는 중요하지 않다. 다음 코드를 살펴보자.

```
var message = "Hello!";
let age = 25;

// 다음 선언들은 각각 에러가 발생한다
const message = "Goodbye!";
const age = 30;
```

이 두 const 선언은 단독으로 사용되었을 때는 잘 동작하는 코드지만, 위의 경우에는 const 선언 앞에 var와 let 선언이 있어, 문법 에러가 발생한다.

이렇게 유사한 점이 있지만, let과 const 사이에는 중요한 차이가 있다. 이미 const를 사용해 정의한 상수에 새 값을 할당하려 하면 strict와 non-strict 모드에서 에러가 발생한다.

```
const maxItems = 5;

maxItems = 6;        // 에러 발생
```

다른 언어의 상수와 마찬가지로 이미 선언한 maxItems 변수에는 새로운 값을 할당할 수 없다. 그러나 다른 언어와 달리 상수로 선언한 값이 객체라면, 상수 객체가 소유한 값을 수정할 수 있다.

const로 객체 선언하기

const 선언은 바인딩을 변경하지 못하도록 하는 것이지, 바인딩 된 값의 변경을 막는 것은 아니다. 즉, 객체를 const로 선언해도 객체가 가진 값은 수정할 수 있다. 다음 예제를 살펴보자.

```
const person = {
    name: "Nicholas"
};

// 문제 없이 동작
person.name = "Greg";

// 에러 발생
person = {
    name: "Greg"
};
```

앞의 예제 코드에서는 하나의 프로퍼티를 가진 객체를 초깃값으로 하여 person 바인딩을 만들었다. person.name을 변경하는 것은 person 객체가 가진 값을 변경하는 것이지 person 변수에 대한 바인딩을 변경하는 것이 아니기 때문에 에러가 발생하지 않는다. 하지만 이 코드에서 person에 값을 할당하려고 하면 (바인딩을 변경하는 행위이므로) 에러가 발생한다. 객체를 const로 선언할 때 발생하는 이런 독특한 동작은 잘못 이해하기 쉽다. const는 바인딩된 값의 수정을 막는 것이 아니라, 바인딩의 수정을 방지한다는 것을 기억하자.

1.2.4 임시 접근 불가구역

let이나 const로 선언한 변수는 선언하기 전에 변수에 접근할 수 없다. 다음 예제에서 if문의 typeof 연산자처럼 일반적으로 안전하다고 알려진 연산자를 사용할 때도 참조 에러가 발생한다.

```
if (condition) {
    console.log(typeof value);   // 에러 발생
    let value = "blue";
}
```

앞의 예제 코드에서 변수 value는 let으로 정의되고 초기화되었지만, 선언 이전에 에러가 발생하므로 실행되지 않는다. 이는 자바스크립트 커뮤니티에서 임시 접근 불가구역(Temporal Dead Zone, TDZ)[2]이라고 부르는 곳에 value가 존재한다는 의미이다. TDZ는 ECMAScript 스펙에 명시되지는 않았지만, let과 const 바인딩이 왜 선언 이전에 접근할 수 없는지를 설명하기 위해 종종 사용된다. 이 절에서는 TDZ 때문에 발생하는 선언 배치의 독특한 동작을 다룬다. 그리고 예제에 let을 사용했지만 const를 사용해도 마찬가지임을 명심하자.

코드를 해석할 때 자바스크립트 엔진은 다음 블록을 조사하고 그 블록에서 변수 선언을 발견하면, 그 선언을 (var의 경우에는) 함수 최상단이나 전역 스코프로 호이스팅하거나 (let과 const의 경우에는) TDZ 내에 배치한다. TDZ 안의 변수에 접근하려 하면, 런타임 에러가 발생한다. 변수 선언이 실행된 후에만 TDZ에서 변수가 제거되며, 안전하게 사용할 수 있다.

이 규칙은 let이나 const로 선언한 변수를 정의하기 전에 사용하려 할 때 항상 적용된다. 앞의 예제에서 살펴보았듯이 typeof와 같은 안전한 연산자에도 예외 없이 적용된다. 선언된 변수가 있는 블록 바깥에서는 에러 없이 typeof 연산자를 사용할 수 있지만, 원하는 결과가 나오지 않을 수도 있다. 다음 코드를 참고해보자.

```
console.log(typeof value);     // "undefined"

if (condition) {
    let value = "blue";
}
```

---

2 (옮긴이) TDZ는 블록 스코프의 시작부터 변수가 처음 선언되는 지점까지라고 간단히 생각해볼 수 있다. 좀 더 자세히 알고 싶다면 다음 링크를 참고하자.
   http://2ality.com/2015/10/why-tdz.html
   http://jsrocks.org/2015/01/temporal-dead-zone-tdz-demystified

value가 선언된 블록 바깥에서 typeof 연산자를 사용했기 때문에 value 변수는 TDZ에 있지 않다. 이는 그 위치에 value 바인딩이 없음을 의미하므로 typeof 연산자는 단순히 "undefined"를 반환한다.

TDZ는 블록 바인딩의 독특한 특징 중 하나이다. 블록 바인딩의 다른 특징은 반복문 안에서 사용할 때 확인할 수 있다.

1.3 반복문 안에서의 블록 바인딩

아마도 많은 개발자들이 블록 레벨 변수 스코프로 동작하길 가장 바라는 영역은 for문일 것이다. 한 번 사용되고 버려지는 카운터 변수가 반복문 내에서만 사용되기 때문이다. 예를 들면, 자바스크립트를 사용하면서 다음과 같은 코드를 종종 볼 수 있다.

```
for (var i = 0; i < 10; i++) {
    process(items[i]);
}

// 여기서도 여전히 i에 접근할 수 있다
console.log(i);                    // 10
```

블록 레벨 스코프가 기본인 언어에서는 예제 코드가 의도한 대로 잘 동작하며, for 반복문에서만 i 변수에 접근할 수 있다. 그러나 자바스크립트에서는 var 선언이 호이스팅되기 때문에 반복문이 완료된 이후에도 여전히 i 변수에 접근할 수 있다. 의도대로 동작하도록 하려면 다음 예제 코드처럼 var 대신 let을 사용해야 한다.

```
for (let i = 0; i < 10; i++) {
    process(items[i]);
}

// 여기서는 i에 접근할 수 없다 - 에러 발생
console.log(i);
```

이 예제에서 i 변수는 for문 내에서만 존재한다. 반복문이 완료되면 더 이상 다른 곳에서는 변수에 접근할 수 없다.

1.3.1 반복문 내의 함수

var는 반복문 안에서 사용한 변수에 외부에서도 접근할 수 있게 하기 때문에 반복문 내에 함수를 만들 때 오랫동안 문제를 발생시켜왔다. 다음 코드를 살펴보자.

```javascript
var funcs = [];

for (var i = 0; i < 10; i++) {
    funcs.push(function() {
        console.log(i);
    });
}

funcs.forEach(function(func) {
    func();      // "10"이 열 번 출력
});
```

보통은 이 코드에서 0에서 9까지 순서대로 출력될 것으로 예상하지만 숫자 10을 10번 출력한다. i는 반복문 안에서 공유되고 있으므로, 그 안에서 생성된 함수가 모두 같은 변수를 참조하고 있기 때문이다. 그래서 반복문이 완료되면 변수 i는 10이 되므로 console.log(i)를 호출할 때마다 같은 값을 매번 출력한다.

보통 이 문제를 해결하기 위해 개발자들은 반복문 내부에 즉시 실행 함수 표현식(immediately invoked function expressions, IIFE)를 이용하여 반복 생성하는 변수의 새 복사본을 강제로 만든다. 다음 예제를 살펴보자.

```javascript
var funcs = [];

for (var i = 0; i < 10; i++) {
    funcs.push((function(value) {
        return function() {
            console.log(value);
        }
    }(i)));
}

funcs.forEach(function(func) {
    func();      // 0, 1, 2 ... 9 순서로 출력
});
```

앞의 예제 코드에서는 반복문 내부에서 즉시 실행 함수 표현식을 사용한다. i 변수는 즉시 실행 함수 표현식에 전달되고, 복사본이 생성되어 value에 저장된다. 함수는 실행을 반복할 때마다 새로운 복사본을 사용하고, 그 결과 반복문이 0부

터 9까지 증가하면 각 함수 호출은 앞서 예상처럼 0부터 9까지의 값을 반환한다. 다행히도 ECMAScript 6의 let과 const의 블록 바인딩으로 이 반복문을 간결하게 할 수 있다.

1.3.2 반복문에서의 let 선언

let 선언은 앞의 예제에서 살펴본 즉시 실행 함수 표현식의 동작을 똑같이 수행하여 효과적으로 반복문을 간결하게 한다. 각 반복 실행 시에 반복문은 새 변수를 만들고 그것을 이전 반복에서와 같은 이름의 변수 값으로 초기화한다. let을 사용하면 다음 코드처럼 즉시 실행 함수 표현식을 생략하고도 예상한 결과를 얻을 수 있다.

```
var funcs = [];

for (let i = 0; i < 10; i++) {
    funcs.push(function() {
        console.log(i);
    });
}

funcs.forEach(function(func) {
    func();      // 0, 1, 2 ... 9 순서로 출력
})
```

이 반복문은 앞에서 살펴봤던 var와 즉시 실행 함수 표현식을 사용한 반복문과 똑같이 동작하지만 더 이해하기 쉽다. let 선언은 반복할 때마다 매번 새 변수 i를 만들고, 반복문 안에서 만들어진 함수는 i의 복사본을 얻을 수 있다. i의 복사본은 그것이 만들어지는 반복 실행의 처음에 할당된 값을 가진다. 다음 예제에서 볼 수 있듯이 for-in문과 for-of문에서도 마찬가지이다.[3]

```
var funcs = [],
    object = {
        a: true,
        b: true,
        c: true
    };

for (let key in object) {
    funcs.push(function() {
        console.log(key);
```

---

3   (옮긴이) 이 절의 예제에서는 for-in문으로 설명하고 있고, for-of문은 8장에서 자세히 살펴본다.

```
    });
}

funcs.forEach(function(func) {
    func();      // "a", "b", "c" 순서로 출력
});
```

이 예제에서 for-in문은 앞에서 살펴본 for문과 똑같이 동작한다. 반복할 때마다 새로운 key 바인딩이 생성되므로 함수는 매번 변수 key의 복사본을 가진다. 그 결과로 함수는 각각 다른 값을 출력한다. 만약 key를 var로 선언했다면, 모든 함수는 "c"를 출력했을 것이다.

 반복문 안에서 let 선언의 동작은 명세에 특별하게 정의된 동작이고 호이스팅되지 않는 특성과는 관련이 없다. 사실, 이 부분은 표준화 진행 과정에서 나중에 추가된 것이기 때문에 let의 초기 구현에는 이러한 동작이 없었다.

1.3.3 반복문에서의 const 선언

ECMAScript 6 표준은 반복문에서 const 선언을 명시적으로 막진 않는다. 하지만 const는 사용하는 반복문 유형에 따라 다르게 동작한다. 일반적인 for문의 경우 변수 초기화에 const를 사용할 수 있지만, 그 값을 변경하려고 하면 에러가 발생한다. 다음 예제를 보자.

```
var funcs = [];

// 반복이 한 번 수행되고 나서 에러가 발생한다
for (const i = 0; i < 10; i++) {
    funcs.push(function() {
        console.log(i);
    });
}
```

이 코드에서 변수 i는 상수로 선언되었다. 반복문의 첫 번째 반복에서 i는 0이고 정상적으로 동작한다. 그러나 i++가 실행될 때 상수를 수정하려 하므로 에러가 발생한다. 반대로 말해 변수를 수정하지 않는 경우에는 반복문 초기화 부분에 const를 사용해 선언할 수 있다.

반면에 const 변수가 for-in이나 for-of문 안에서 사용될 때는 let 변수와 비슷하게 동작한다. 따라서 다음 코드에서는 에러가 발생하지 않는다.

```
var funcs = [],
    object = {
        a: true,
        b: true,
        c: true
    };

// 에러를 발생시키지 않음
for (const key in object) {
    funcs.push(function() {
        console.log(key);
    });
}

funcs.forEach(function(func) {
    func();        // "a", "b", "c" 순서로 출력
});
```

이 코드의 함수는 10쪽의 "반복문에서의 let 선언"에 나오는 두 번째 예제와 거의 같다. 한 가지 차이는 반복문 안에서는 key의 값을 변경할 수 없다는 것이다. for-in문과 for-of 반복문은 const와 잘 동작하는데, 그 이유는 반복문의 초기화 부분에서 (for문 예제와 마찬가지로) 기존에 바인딩 되었던 값을 변경하지 않고 매번 새로운 바인딩을 만들기 때문이다.

1.4 전역 블록 바인딩

전역 스코프에서 let과 const는 var와는 다르게 동작한다. 만약 var를 전역 스코프에서 사용하면 전역 객체(브라우저에서는 window 객체)의 프로퍼티로 새로운 전역 변수를 생성한다. 이는 뜻하지 않게 var를 사용하여 전역 변수를 덮어쓸 수도 있다는 의미이다. 다음 예제를 살펴보자.

```
// 브라우저 내에서
var RegExp = "Hello!";
console.log(window.RegExp);      // "Hello!"

var ncz = "Hi!";
console.log(window.ncz);         // "Hi!"
```

window 객체에 이미 RegExp이 정의되어 있더라도 var 선언은 그 값을 덮어쓸 수 있으므로 안전하지 않다. 이 예제에서는 원본을 덮어쓰는 새로운 전역 변수 RegExp를 선언했다. 마찬가지로 ncz도 전역 변수로 선언된 바로 직후에 window

의 프로퍼티로서 정의되며, 자바스크립트는 항상 이런 방식으로 동작한다.

만약 전역 스코프에 var 대신 let이나 const를 사용하면, 새로운 바인딩이 전역 스코프에 생성되지만 전역 객체의 프로퍼티로 추가되지는 않는다. 이는 let이나 const로는 전역 변수를 덮어쓸 수 없으며, 일시적으로 전역 스코프의 전역 변수 프로퍼티 대신 사용한다는 의미이다. 다음 예제를 살펴보자.

```
// 브라우저 내에서
let RegExp = "Hello!";
console.log(RegExp);                      // "Hello!"
console.log(window.RegExp === RegExp);  // false

const ncz = "Hi!";
console.log(ncz);                         // "Hi!"
console.log("ncz" in window);             // false
```

새로 let으로 선언한 RegExp는 유효한 스코프 내에서 전역 RegExp를 대신하는 바인딩을 생성한다. window.RegExp와 RegExp는 일치하지 않기 때문에 전역 스코프에 영향을 주지 않는다. const로 선언한 ncz 역시 전역 바인딩을 생성하지만, 전역 객체 프로퍼티를 생성하지는 않는다. let과 const에는 전역 객체 수정 기능이 없으므로, 전역 프로퍼티를 생성하고 싶지 않을 때 사용하면 전역 스코프를 훨씬 안전하게 사용할 수 있다.

 만약 전역 객체를 이용해야 한다면 여전히 전역 스코프에 var를 사용할 수 있다. 브라우저에서 프레임이나 윈도우 전역에서 코드에 접근하려 할 때는 이 방법이 가장 일반적인 방법이다.

1.5 블록 바인딩을 위한 모범 사례

ECMAScript 6 개발자들은 변수 선언에는 기본적으로 var 대신 let을 사용하는 것이 좋다고 생각했다. let은 많은 자바스크립트 개발자들이 var에서 원했던 것, 즉 블록 레벨 스코프 지원을 정확히 구현했으므로 var를 let으로 대체하는 것은 합리적인 생각이었다. 반면 const는 수정을 막아야 하는 변수에만 사용하면 된다고 생각했다.

그러나 많은 개발자가 ECMAScript 6를 사용하게 되면서 다른 접근법이 인기를 얻었다. 그 접근법은 const를 기본으로 사용하고 변수 값을 변경해야 할 때만 let을 사용하는 것이다. 예상치 못한 값 변경은 버그의 원인이 될 수 있기 때문에, 변수는 초기화 후에 대부분 그 값을 변경해서는 안 된다. 이 매력적인 아이디어는 ECMAScript 6를 적용할 때 고려해 볼 만한 가치가 있다.

1.6 요약

let과 const 블록 바인딩은 자바스크립트에 이해하기 쉬운 렉시컬 스코프를 도입한다. 이 선언들은 호이스팅되지 않고 선언된 블록 안에서만 존재한다. 블록 바인딩은 변수가 꼭 필요한 곳에 바로 선언할 수 있기 때문에 다른 언어와 좀 더 유사한 동작을 제공하여 뜻하지 않은 에러를 감소시킬 것이다. 그러나 typeof와 같은 안전한 연산자들도 선언하기 전에는 변수에 접근할 수 없게 되는 부작용이 생겼다. 또한, 선언하기 전에 블록 바인딩에 접근하려고 시도하면, 바인딩이 TDZ에 있으므로 에러가 발생한다.

let과 const는 대부분 var와 유사한 방식으로 동작한다. 그러나 반복문에서는 다르다. for-in문과 for-of문에서, 반복 실행 시마다 let과 const는 각각의 새로운 바인딩을 만든다. 결과적으로 반복문 안에서 만들어진 함수는 (var로 선언한 경우처럼) 최종 반복 이후에 바인딩된 값에 접근하는 것이 아니라 현재 반복문 바인딩 값에 접근할 수 있다. let 선언은 for문에서도 마찬가지로 잘 동작하는 반면, const 선언을 사용하면 에러가 발생할 수 있다.

현재 블록 바인딩의 가장 좋은 사용법은 기본적으로 const를 사용하고 변수값을 변경할 때만 let을 사용하는 것이다. 이렇게 하면 코드에 기본 수준의 불변성을 보장하고, 이는 특정 타입 에러를 예방한다.

문자열과 정규 표현식

프로그래밍에서 문자열은 가장 중요한 데이터 타입 중 하나이다. 문자열 타입은 최근 고수준 프로그래밍 언어에 대부분 존재하며, 문자열을 효과적으로 처리하는 기능은 개발자들이 유용한 프로그램을 만드는데 필수적이다. 나아가 정규 표현식은 개발자들이 문자열을 다룰 때 추가적인 도움을 주기 때문에 중요하다. 이러한 점을 고려하여 ECMAScript 6 위원회는 새로운 기능과 오랫동안 빠졌던 기능을 추가해 문자열과 정규 표현식을 개선했다. 이 장에서는 두 타입의 변화를 살펴본다.

2.1 더 나은 유니코드 지원

ECMAScript 6 이전까지 자바스크립트 문자열은 코드 유닛이라고 불리는 연속적인 16비트로 각각의 문자를 구성했다. length 프로퍼티와 chatAt() 메서드 같은 모든 문자열 프로퍼티와 메서드는 16비트 코드 유닛에 기반을 두었다.

물론 16비트는 어떤 문자든 담기에 충분했지만, 유니코드에 의해 도입된 확장 문자 집합으로 인해 더 이상 충분하지 않게 되었다.

2.1.1 UTF-16 코드 포인트

16비트의 제한된 문자 길이로는 세상의 모든 문자를 전 세계적으로 유일한 식별자로 제공한다는 유니코드의 목표를 이루는 것이 불가능했다. **코드 포인트**라 부르는 전 세계적으로 유일한 식별자는 0에서 시작하는 단순한 숫자이다. 코드 포인트는 문자 코드로 생각할 수 있는 데, 문자를 숫자로 표현한 것이다. 문자 인코딩 과정에서 코드 포인트는 내부적으로 그에 맞는 코드 유닛으로 인코딩되어야 한다. UTF-16에서 코드 포인트는 여러 개의 코드 유닛으로 구성될 수 있다.

UTF-16의 첫 2^{16} 코드 포인트는 단 하나의 16비트 코드 유닛으로 표현된다. 이 범위를 **기본 다국어 평면**(Basic Multilingual Plane, BMP)이라 부른다. 기본 다국어 평면 범위 이외의 모든 것은 **보충 평면**(Supplementary Plane) 중의 하나로 간주하며, 보충 평면에서 코드 포인트는 더 이상 16비트로 표현될 수 없다. UTF-16은 하나의 코드 포인트를 두 개의 16비트 코드 유닛으로 표현하는 **서로게이트 페어**(Surrogate Pair)를 도입하여 이 문제를 해결했다. 이는 문자열 내의 문자 하나가 총 16비트인 기본 다국어 평면 문자의 코드 유닛 하나이거나, 총 32비트인 보충 평면 문자의 코드 유닛 두 개가 된다는 의미이다.

ECMAScript 5에서는 모든 문자열 연산이 16비트 코드 유닛으로 처리되고, 이는 서로게이트 페어를 포함하는 문자열을 UTF-16으로 인코딩하는 경우 예상치 못한 결과를 얻을 수 있다는 의미이다. 다음 예제를 살펴보자.

```
var text = "𠮷";

console.log(text.length);            // 2
console.log(/^.$/.test(text));       // false
console.log(text.charAt(0));         // ""
console.log(text.charAt(1));         // ""
console.log(text.charCodeAt(0));     // 55362
console.log(text.charCodeAt(1));     // 57271
```

단일유니코드 문자 "𠮷"는 서로게이트 페어를 사용하여 표현되고, 자바스크립트 문자열 연산은 문자열을 앞의 예제처럼 두 개의 16비트 문자가 있는 것처럼 처리한다. 이는 다음과 같은 의미이다.

- text의 length는 1이 되어야 하지만 2이다.
- 두 개의 문자로 간주하기 때문에 하나의 문자를 매칭하는 정규 표현식은 실패한다.
- 출력할 문자와 일치하는 16비트 문자가 없으므로 charAt() 메서드는 유효한 문자열을 반환할 수 없다.
- charCodeAt() 또한 문자를 정확히 식별할 수 없다. 이 메서드는 각 코드 유닛의 16비트 숫자를 적절하게 반환하지만, 이는 ECMAScript 5에서 text의 실제 값에 근사한 값을 얻는 방법일 뿐이다.

그러나 ECMAScript 6에서는 이와 같은 문제를 처리하기 위한 UTF-16 문자열 인코딩을 강제한다. UTF-16 문자열 인코딩에 기초한 표준 문자열 연산은 자바스크립트가 서로게이트 페어를 처리하도록 명확하게 설계된 기능을 지원한다는 의미이다. 이 절의 나머지 부분에서 설계된 기능에 대한 몇 가지 핵심 예제를 살펴본다.

2.1.2 codePointAt() 메서드

ECMAScript 6에서는 UTF-16을 완전히 지원하기 위해, 문자열에서 주어진 위치의 유니코드 코드 포인트를 가져오는 codePointAt() 메서드가 추가되었다. 이 메서드는 문자의 위치 대신 코드 유닛의 위치를 받고 하나의 정수 값을 반환한다. 이 결과와 charCodeAt()의 결과를 비교해 보자.

```
var text = "𠮷a";

console.log(text.charCodeAt(0));    // 55362
console.log(text.charCodeAt(1));    // 57271
console.log(text.charCodeAt(2));    // 97

console.log(text.codePointAt(0));   // 134071
console.log(text.codePointAt(1));   // 57271
console.log(text.codePointAt(2));   // 97
```

기본 다국어 평면 문자를 처리할 때 codePointAt() 메서드는 charCodeAt() 메서드와 같은 값을 반환한다. text의 첫 번째 문자는 기본 다국어 평면 문자가 아니므로 두 개의 코드 유닛으로 이루어지고, 이는 length 프로퍼티가 2가 아닌 3이라는 의미이다. charCodeAt() 메서드는 0 위치에 첫 번째 코드 유닛만을 반환하지만, codePointAt()은 코드 포인트가 여러 코드 유닛으로 이어져 있더라도 전체 코드 포인트를 반환한다. 두 메서드는 위치 1(첫 번째 문자의 두 번째 코드 유닛)과 위치 2(문자 "a")에서 같은 값을 반환한다.

문자가 몇 개의 코드 포인트로 표현되는지 확인하는 가장 쉬운 방법은 문자에 codePointAt() 메서드를 호출하는 것이다. 다음 예제에서 코드 포인트를 검사하는 함수를 살펴보자.

```
function is32Bit(c) {
    return c.codePointAt(0) > 0xFFFF;
}
```

```
console.log(is32Bit("古"));        // true
console.log(is32Bit("a"));         // false
```

16비트 문자열의 상한 값은 16진법인 FFFF로 표현되므로, 이보다 큰 코드 포인트는 총 32비트인 두 개의 코드 유닛으로 표현되어야 한다.

2.1.3 String.fromCodePoint() 메서드

자바스크립트에서는 어떤 방법을 제공할 때 그와 정반대로 동작하는 방법도 함께 제공한다. 문자열에서 codePointAt()을 사용해 한 문자의 코드 포인트를 얻을 수 있는 것과 반대로, String.fromCodePoint()를 사용해서 주어진 코드 포인트로부터 한 문자로 이뤄진 문자열을 만들 수 있다. 다음 예제를 보자.

```
console.log(String.fromCodePoint(134071));  // "古"
```

String.fromCodePoint() 메서드를 String.fromCharCode() 메서드보다 완성된 버전으로 생각하면 된다. 기본 다국어 평면의 모든 문자열에서는 둘 다 같은 결과를 제공하며, 기본 다국어 평면 외의 문자열에서 코드 포인트를 전달할 때만 차이가 있다.

2.1.4 normalize() 메서드

유니코드의 흥미로운 부분은 서로 다른 문자들을 정렬이나 비교 연산에서 동등하게 간주할 수 있다는 것이다. 두 가지 방법으로 이러한 관계를 정의할 수 있다. 첫 번째 관계는, **규범적 동등**(Canonical Equivalence)으로 두 코드 포인트 숫자를 모든 측면에서 교환가능한 것으로 간주한다는 의미이다. 예를 들어 두 문자의 조합은 하나의 문자와 규범적으로 동등할 수 있다. 두 번째 관계는 **호환성**(Compatibility)이다. 호환되는 두 코드 포인트 숫자는 다르게 보이지만 특정 상황에서 교환하여 사용될 수 있다.

이러한 관계 때문에, 기본적으로 같은 글자로 보이는 두 문자열은 다른 코드 포인트를 포함할 수 있다. 예를 들어 문자 "æ"와 두 문자로 이루어진 "ae" 문자열은 교환하여 사용될 수도 있지만, 어떤 식으로든 정규화 없이는 엄격히 동등하지 않다.

ECMAScript 6에서는 문자열을 normalize() 메서드에 제공하여 유니코드 정규화 형식(Unicode Normalization Form)을 지원한다. 이 메서드는 다음 유니

코드 정규화 형식에 해당하는 하나의 문자열 매개변수를 선택적으로 받는다.

- Normalization Form Canonical Composition (**"NFC"**), 기본값
- Normalization Form Canonical Decomposition (**"NFD"**)
- Normalization Form Compatibility Composition (**"NFKC"**)
- Normalization Form Compatibility Decomposition (**"NFKD"**)

이 네 가지 형식의 차이를 설명하는 것은 이 책의 범위를 벗어난다. 다만 문자열을 비교할 때 두 문자열이 같은 형식으로 정규화되어야 한다는 것을 명심하자. 다음 예제를 보자.

```
var normalized = values.map(function(text) {
    return text.normalize();
});

normalized.sort(function(first, second) {
    if (first < second) {
        return -1;
    } else if (first === second) {
        return 0;
    } else {
        return 1;
    }
});
```

이 코드는 values 배열 내의 문자열을 정규화된 형태로 변환하여 배열이 적절히 정렬될 수 있도록 한다. 또는 다음 코드처럼 비교하는 부분에서 normalize()를 호출하여 원본 배열을 정렬할 수도 있다.

```
values.sort(function(first, second) {
    var firstNormalized = first.normalize(),
        secondNormalized = second.normalize();

    if (firstNormalized < secondNormalized) {
        return -1;
    } else if (firstNormalized === secondNormalized) {
        return 0;
    } else {
        return 1;
    }
});
```

다시 말해 이 코드에서 주목해야 할 것은 first와 second가 같은 방식으로 정규화

되었다는 것이다. 이 예제들은 기본값인 NFC를 사용했지만, 다음 예제처럼 다른 형식으로 쉽게 지정할 수 있다.

```
values.sort(function(first, second) {
    var firstNormalized = first.normalize("NFD"),
        secondNormalized = second.normalize("NFD");

    if (firstNormalized < secondNormalized) {
        return -1;
    } else if (firstNormalized === secondNormalized) {
        return 0;
    } else {
        return 1;
    }
});
```

유니코드 정규화에 대해 전혀 고민해 본 적이 없다면 이 메서드를 많이 사용하지 않을 것이다. 그러나 언젠가 국제적인 애플리케이션에서 작업한다면, 분명히 normalize() 메서드의 유용함을 알게 될 것이다.

ECMAScript 6에서 유니코드 문자열 처리 관련 개선사항은 이런 메서드만이 아니다. 정규 표현식에 u 플래그가 추가되었고, 다른 문자열과 정규 표현식 관련해서도 여러 개선점이 있다.

2.1.5 정규 표현식의 u 플래그

정규 표현식을 통해 다양한 공통 문자열 연산을 할 수 있다. 그러나 정규 표현식은 각 문자를 16비트 코드 유닛으로 추정한다는 것을 기억해야 한다. 이 문제를 해결하기 위해 ECMAScript 6에서는 정규 표현식 사용을 위한 u 플래그(유니 코드를 나타냄)를 정의한다.

u 플래그 활용

정규 표현식에 u 플래그가 있으면 코드 유닛이 아닌 문자를 처리하는 모드로 전환된다. 즉, 정규 표현식이 문자열에서 서로게이트 페어를 별도로 처리하지 않으며 기대한 대로 동작한다는 의미이다. 다음 코드를 보자.

```
let text = "𠮷";

console.log(text.length);              // 2
console.log(/^.$/.test(text));         // false
console.log(/^.$/u.test(text));        // true
```

정규 표현식 /^.$/은 단일 문자를 가진 모든 문자열 입력과 매칭된다. u 플래그 없이 사용하는 경우, 이 정규 표현식은 코드 유닛으로 매칭하고, 그래서 한자(두 개의 코드 유닛에 의해 표현되는)는 정규 표현식과 매칭되지 않는다. u 플래그를 사용하는 경우, 정규 표현식은 코드 유닛 대신 문자를 비교해서 한자도 정규 표현식에 매칭된다.

코드 포인트의 개수 세기

아쉽게도 ECMAScript 6에서는 문자열이 얼마나 많은 코드 포인트를 가졌는지 확인하는 메서드를 추가하지 않았으나(length의 속성은 여전히 코드 유닛의 수를 반환한다), u 플래그를 사용하여 다음과 같이 코드 포인트의 수를 알아내기 위한 정규 표현식을 사용할 수 있다.

```
function codePointLength(text) {
    var result = text.match(/[\s\S]/gu);
    return result ? result.length : 0;
}

console.log(codePointLength("abc"));    // 3
console.log(codePointLength("古bc"));    // 3
```

이 예제는 match()를 호출하여 text의 공백과 공백이 아닌 문자(패턴이 개행과 일치하는지 보장하기 위해 [\s\S]를 사용)를 모두 검사하고, 유니코드를 사용하도록 전체적으로 적용된 정규 표현식을 사용한다. result는 최소 하나라도 매칭되면 매칭된 배열 하나를 포함하고 그 배열의 길이는 문자열의 코드 포인트 수이다. 유니코드에서 문자열 "abc"와 "古bc"는 세 개의 문자를 가지며 그 배열의 길이는 3이다.

 이 방법은 잘 동작하지만 긴 문자열에 적용했을 때 특히 느리게 동작한다. 같은 방식으로 문자열 이터레이터(8장에서 설명)도 사용할 수 있다. 일반적으로 코드 포인트의 수를 세는 것은 가능한 한 최소화하도록 노력해야 한다.

u 플래그 지원 여부를 판단하기

u 플래그는 문법적 변화이기 때문에, ECMAScript 6와 호환되지 않는 자바스크립트 엔진에서 u 플래그를 사용하면 문법 에러가 발생한다. u 플래그가 지원되는지 확인하는 가장 안전한 방법은 다음과 같은 함수를 사용하는 것이다.

```
function hasRegExpU() {
    try {
        var pattern = new RegExp(".", "u");
        return true;
    } catch (ex) {
        return false;
    }
}
```

이 함수는 u 플래그를 인자로 전달한 RegExp 생성자를 사용한다. 이 문법은 이전 자바스크립트 엔진에서도 유효하지만, u 플래그가 지원되지 않는 경우 생성자는 에러를 발생시킨다.

코드가 이전 자바스크립트 엔진에서도 동작해야 한다면 u 플래그를 사용할 때 항상 RegExp 생성자를 사용해야 한다. 이는 문법 에러를 방지하고 선택적으로 탐지하도록 하여 실행 중단없이 u 플래그를 사용할 수 있도록 한다.

2.2 문자열의 다른 변경 사항

자바스크립트 문자열 조작 능력과 유틸리티는 항상 다른 언어의 유사한 기능에 비해 뒤처져 있었다. 예를 들어, ECMAScript 5에 이르러서야 trim() 메서드가 추가되었고, ECMAScript 6에서도 문자열 파싱 능력을 확장하려는 노력의 일환으로 새로운 기능을 추가했다.

2.2.1 부분 문자열 식별을 위한 메서드

자바스크립트가 처음 도입된 이후 개발자는 문자열이 다른 문자열을 포함하는지 알기 위해 indexOf() 메서드를 사용해 왔고, 부분 문자열을 쉽게 식별할 방법을 오랜시간 요구해 왔다. ECMAScript 6에는 다음과 같은 목적으로 설계된 세 가지 메서드가 포함되었다.

- includes() 메서드는 문자열의 어느 곳에서든 주어진 문자를 찾으면 true를 반환한다. 그렇지 않으면 false를 반환한다.
- startsWith() 메서드는 문자열의 시작점에서 주어진 문자를 찾으면 true를 반환한다. 그렇지 않으면 false를 반환한다.
- endsWith() 메서드는 문자열의 끝에서 주어진 문자를 찾으면 true를 반환한다. 그렇지 않으면 false를 반환한다.

각 메서드는 검색할 문자를 필수 인자로, 검색을 시작할 인덱스를 선택적인 인자로 받는다. 두 인자가 모두 제공되는 경우, includes()와 startsWith()는 인덱스부터 매칭을 시작하고, endsWith()는 문자열의 길이에서 인덱스를 뺀 위치부터 매칭을 시작한다. 두 번째 인자가 생략된 경우, includes()와 startsWith()는 문자열의 시작점부터 검색하고, endsWith()는 문자열의 끝에서부터 시작한다. 사실상 두 번째 인자의 역할은 검색하는 문자열의 양을 줄이는 것이다. 다음 예제에서 이 세 가지 메서드의 동작을 살펴보자.

```
let msg = "Hello world!";

console.log(msg.startsWith("Hello"));        // true
console.log(msg.endsWith("!"));              // true
console.log(msg.includes("o"));              // true

console.log(msg.startsWith("o"));            // false
console.log(msg.endsWith("world!"));         // true
console.log(msg.includes("x"));              // false

console.log(msg.startsWith("o", 4));         // true
console.log(msg.endsWith("o", 8));           // true
console.log(msg.includes("o", 8));           // false
```

처음 여섯 번의 호출은 두 번째 인자를 포함하지 않으므로 필요한 경우 전체 문자열을 검색할 것이다. 마지막 세 번의 호출은 문자열 일부분만 검사한다. msg.startsWith("o", 4) 호출은 msg 문자열의 인덱스 4인 "Hello"의 "o"에서 매칭을 시작한다. msg.endsWith("o", 8) 호출도 인자 8을 문자열의 길이(12)에서 빼기 때문에 인덱스 4에서 매칭을 시작한다. msg.includes("o", 8) 호출은 인덱스 8인 "world"의 "r"에서 매칭을 시작한다.

이 세 가지 메서드는 부분 문자열의 존재를 쉽게 확인할 수 있지만, 각각 불 (boolean) 값만 반환한다. 다른 문자열 안에 있는 부분 문자열의 위치를 찾을 때는 indexOf()나 lastIndexOf() 메서드를 사용하면 된다.

 만약 startsWith()와 endsWith(), includes() 메서드에 문자열 대신 정규 표현식을 전달하면 에러가 발생한다. 반면, indexOf()나 lastIndexOf()는 정규 표현식 인자를 문자열로 변환한 다음 문자열을 검색한다

2.2.2 repeat() 메서드

또한, ECMAScript 6에서는 문자열의 반복 횟수를 인자로 받는 repeat() 메서드가 문자열 객체에 추가되었다. repeat() 메서드는 원본 문자열을 명시한 횟수만큼 반복하여 만든 새로운 문자열을 반환한다. 다음 예제를 보자.

```
console.log("x".repeat(3));      // "xxx"
console.log("hello".repeat(2));  // "hellohello"
console.log("abc".repeat(4));    // "abcabcabcabc"
```

이 메서드는 주로 편의를 위한 함수이며, 특히 텍스트를 조작할 때 유용하다. 다음과 같이 들여쓰기를 만들어야 하는 코드 포매팅 유틸리티에서 유용하게 사용할 수 있다.

```
// 명시한 공백의 숫자만큼 들여쓰기
var indent = " ".repeat(4),
    indentLevel = 0;

// 들여쓰기를 증가시켜야 하는 경우
var newIndent = indent.repeat(++indentLevel);
```

첫 번째 repeat() 호출은 4개의 공백 문자열을 생성하고 indentLevel 변수는 들여쓰기의 정도를 기록한다. 그 후, 공백의 수를 변경하기 위해 indentLevel의 값을 증가시키고 repeat()를 호출한다.

또한, ECMAScript 6에서는 특정 카테고리에 맞지 않는 정규 표현식 기능이 일부 변경되었다. 몇 가지 변경 사항 중 중요한 부분을 다음 절에서 살펴보자.

2.3 정규 표현식의 변경사항

정규 표현식은 자바스크립트에서 문자열을 처리하는 중요한 부분이며, 언어의 다른 부분과 마찬가지로 최근 버전까지 크게 변경되지 않았다. 그러나 EMCAScript 6에서는 문자열이 업데이트되면서 정규 표현식도 일부 개선되었다.

2.3.1 정규 표현식의 y 플래그

y 플래그가 파이어폭스에서 정규 표현식의 확장으로 구현된 후, ECMAScript 6에서 표준화되었다. y 플래그는 정규 표현식 검색의 sticky 프로퍼티에 영향을 주며, sticky 프로퍼티는 문자열에서 정규 표현식의 lastIndex 프로퍼티로 명시

된 위치의 문자에서 매칭을 시작하는 검색을 말한다.

만약 그 위치에서 매칭되지 않으면, 정규 표현식은 매칭을 멈춘다. 다음 코드는 어떤 방식으로 동작하는지를 보여준다.

```
var text = "hello1 hello2 hello3",
    pattern = /hello\d\s?/,
    result = pattern.exec(text),
    globalPattern = /hello\d\s?/g,
    globalResult = globalPattern.exec(text),
    stickyPattern = /hello\d\s?/y,
    stickyResult = stickyPattern.exec(text);

console.log(result[0]);         // "hello1 "
console.log(globalResult[0]);   // "hello1 "
console.log(stickyResult[0]);   // "hello1 "

pattern.lastIndex = 1;
globalPattern.lastIndex = 1;
stickyPattern.lastIndex = 1;

result = pattern.exec(text);
globalResult = globalPattern.exec(text);
stickyResult = stickyPattern.exec(text);

console.log(result[0]);         // "hello1 "
console.log(globalResult[0]);   // "hello2 "
console.log(stickyResult[0]);   // 에러 발생!
```

이 예제에는 세 가지의 정규 표현식이 있다. pattern의 표현식은 플래그가 없으며, globalPattern의 표현식은 g 플래그를 사용하고, stickyPattern의 표현식은 y 플래그를 사용한다. 처음 세 번의 console.log() 호출에서 모든 정규 표현식은 끝에 하나의 공백이 있는 "hello1 "을 출력한다.

그 후, 세 가지 패턴 모두 lastIndex 프로퍼티를 1로 변경하며, 이는 두 번째 문자에서 정규 표현식 매칭을 시작한다는 의미이다. 플래그가 없는 정규 표현식은 lastIndex의 변경을 완전히 무시하고 여전히 "hello1 "을 매칭한다. g 플래그가 있는 정규 표현식은 문자열의 두 번째 문자("e")에서 시작해서 문자열을 검색하기 때문에 "hello2 "가 매칭된다. 스티키 정규 표현식은 두 번째 문자에서 시작하며 어떤 것도 매칭되는 것이 없으므로 stickyResult는 null이다.

y 플래그는 연산이 수행될 때마다 마지막 매칭 후 다음 문자의 인덱스를 lastIndex에 저장한다. 만약 연산에 매칭되는 것이 없다면 그때 lastIndex를 다시 0으로 설정한다. 다음 예제처럼 g 플래그도 스티키와 같은 방식으로 동작한다.

```
var text = "hello1 hello2 hello3",
    pattern = /hello\d\s?/,
    result = pattern.exec(text),
    globalPattern = /hello\d\s?/g,
    globalResult = globalPattern.exec(text),
    stickyPattern = /hello\d\s?/y,
    stickyResult = stickyPattern.exec(text);

console.log(result[0]);            // "hello1 "
console.log(globalResult[0]);      // "hello1 "
console.log(stickyResult[0]);      // "hello1 "

console.log(pattern.lastIndex);          // 0
console.log(globalPattern.lastIndex);    // 7
console.log(stickyPattern.lastIndex);    // 7

result = pattern.exec(text);
globalResult = globalPattern.exec(text);
stickyResult = stickyPattern.exec(text);

console.log(result[0]);            // "hello1 "
console.log(globalResult[0]);      // "hello2 "
console.log(stickyResult[0]);      // "hello2 "

console.log(pattern.lastIndex);          // 0
console.log(globalPattern.lastIndex);    // 14
console.log(stickyPattern.lastIndex);    // 14
```

stickyPattern과 globalPattern 변수 모두 exec()가 처음 호출된 후 lastIndex의 값이 7이 되고 두 번째 호출된 후에 14로 변경된다.

y 플래그에 대해 염두에 두어야 할 두 가지 항목이 있다. 첫째, lastIndex 프로퍼티는 exec()와 test() 메서드처럼 정규 표현식 객체에 존재하는 메서드를 호출할 때만 영향을 받는다. match() 같은 문자열 메서드는 y 플래그를 전달받더라도 스티키처럼 동작하지 않는다.

둘째, 문자열의 시작을 나타내는 ^ 문자를 사용할 때 스티키 정규 표현식은 그 문자열의 시작(또는 멀티라인 모드에서 라인의 시작)부터 매칭된다. lastIndex가 0이더라도, ^가 사용되면 스티키 정규 표현식은 비(非)스티키 정규 표현식과 동일하게 동작한다. 만약 lastIndex가 싱글라인 모드나 멀티라인 모드에서 문자열의 시작과 일치하지 않는다면 스티키 정규 표현식은 매칭되지 않는다.

다른 정규 표현식 플래그처럼 프로퍼티를 사용하여 y 플래그를 확인할 수 있다. y 플래그의 경우 다음 예제처럼 sticky 프로퍼티로 확인할 수 있다.

```
let pattern = /hello\d/y;

console.log(pattern.sticky);    // true
```

sticky 프로퍼티는 y 플래그가 존재하면 true로 설정되고 그렇지 않으면 false로 설정된다. 이 프로퍼티는 플래그가 있는지 판별하는 읽기 전용 프로퍼티로 코드에서 변경될 수 없다.

u 플래그와 마찬가지로 y 플래그도 문법적 변화이므로 이전 자바스크립트 엔진에서 문법 에러가 발생한다. y 플래그를 지원하는지 검사하기 위해 다음과 같은 접근법을 사용할 수 있다.

```
function hasRegExpY() {
    try {
        var pattern = new RegExp(".", "y");
        return true;
    } catch (ex) {
        return false;
    }
}
```

u 플래그 검사와 마찬가지로 이 함수는 y 플래그로 정규 표현식을 생성할 수 없다면 false를 반환한다. 또한 u 플래그와 유사한 점은, 이전 자바스크립트 엔진에서 실행되는 코드에 y 플래그를 사용해야 한다면, 정규 표현식을 정의할 때 문법 에러를 피하기 위한 RegExp 생성자를 사용해야 한다는 것이다.

2.3.2 정규 표현식 복사하기

ECMAScript 5에서는 다음 예제처럼 RegExp 생성자에 정규 표현식을 전달하여 정규 표현식을 복사할 수 있다.

```
var re1 = /ab/i,
    re2 = new RegExp(re1);
```

re2 변수는 re1 변수의 사본이다. 그러나 다음 예제처럼 정규 표현식에 플래그를 명시하여 RegExp 생성자에 두 번째 인자로 주면 코드가 동작하지 않는다.

```
var re1 = /ab/i,

    // ES5에서는 에러가 발생, ES6에서는 잘 동작함
    re2 = new RegExp(re1, "g");
```

ECMAScript 5 환경에서 이 코드를 실행하면 첫 번째 인자가 정규 표현식일 때 두 번째 인자는 사용될 수 없는 에러가 발생한다. ECMAScript 6에서는 두 번째 인자를 허용하여 첫 번째 인자에 있는 어떤 플래그든 무시하고 두 번째 인자로 덮어쓰도록 이 동작을 변경했다. 다음 예제를 살펴보자.

```
var re1 = /ab/i,

    // ES5에서는 에러가 발생, ES6에서는 잘 동작
    re2 = new RegExp(re1, "g");


console.log(re1.toString());        // "/ab/i"
console.log(re2.toString());        // "/ab/g"

console.log(re1.test("ab"));        // true
console.log(re2.test("ab"));        // true

console.log(re1.test("AB"));        // true
console.log(re2.test("AB"));        // false
```

이 코드에서 re1은 i(대소문자를 구별하지 않는) 플래그를 가지는데, re2는 g(전역) 플래그만을 가진다. RegExp 생성자는 re1에서 패턴을 복사하고 i 플래그를 g 플래그로 대체한다. 두 번째 인자가 없다면 re2는 re1과 같은 플래그를 가진다.

2.3.3 flags 프로퍼티

새로운 플래그를 추가하고 플래그의 동작을 변경하는 것 외에도 ECMAScript 6에서는 플래그 관련 프로퍼티를 추가했다. ECMAScript 5에서 source 프로퍼티를 사용하면 정규 표현식 텍스트를 얻을 수 있었지만, 플래그 문자열을 얻기 위해서는 다음 예제처럼 toString() 메서드의 출력 결과를 파싱해야 했다.

```
function getFlags(re) {
    var text = re.toString();
    return text.substring(text.lastIndexOf("/") + 1, text.length);
}

// toString()은 "/ab/g"
```

```
var re = /ab/g;

console.log(getFlags(re));              // "g"
```

이 코드는 getFlags 함수의 정규 표현식을 문자열로 변환하고 나서, 마지막 / 다음에 발견하는 문자를 반환한다. 반환된 문자는 플래그이다. ECMAScript 6에서는 source 프로퍼티와 함께 flags 프로퍼티를 추가하여 더 쉽게 플래그를 얻을 수 있도록 했다. 두 프로퍼티는 읽기 전용으로 만들기 위해 getter만 할당한 프로토타입 접근자 프로퍼티이다. flags 프로퍼티는 디버깅과 상속을 위한 정규 표현식 검사를 쉽게 한다.

ECMAScript 6에서 나중에 추가된 flags 프로퍼티는 정규 표현식에 적용된 플래그의 문자열을 반환한다. 다음 예제를 살펴보자.

```
var re = /ab/g;

console.log(re.source);       // "ab"
console.log(re.flags);        // "g"
```

이 코드는 toString()을 사용한 방식보다 훨씬 간결한 코드로 re의 모든 플래그를 가져와서 콘솔에 출력한다. source와 flags를 함께 사용하면 직접 정규 표현식 문자열을 파싱할 필요 없이 정규 표현식의 일부를 추출할 수 있다.

지금까지 이 장에서 다룬 문자열과 정규 표현식의 변화로 많은 것을 할 수 있게 되었지만, ECMAScript 6에서는 더 좋은 방법으로 문자열 처리를 개선한다. 문자열을 더 유연하게 만드는 리터럴 타입을 소개한다.

2.4 템플릿 리터럴

ECMAScript 6의 **템플릿 리터럴**은 개발자가 더 복잡한 문제를 해결할 수 있도록, ECMAScript 5까지 이용할 수 있었던 것보다 안전한 방법으로 콘텐츠를 처리하는 도메인 특화 언어(Domain-Specific Languages, DSL)를 만드는 문법을 제공한다.

DSL은 자바스크립트 같은 일반적인 목적의 언어와 대조적으로, 특정한 목적을 위해 설계된 프로그래밍 언어이다. ECMAScript 위키(*http://wiki.ecmascript. org/doku.php?id=harmony:quasis*)는 템플릿 리터럴에 대해 다음과 같이 설명한다.

이 스키마는 XSS, SQL Injection 등과 같은 인젝션 공격에 내성이 있거나 잘 견
디는 다른 언어로부터 쉽게 콘텐츠를 만들고 질의하고 조작할 수 있는 DSLs
을 제공하는 라이브러리들을 허용하여 문법 설탕(Syntactic Sugar)[1]과 함께
ECMAScript 문법을 확장한다.

그러나 실제로 템플릿 리터럴은 ECMAScript 5와 이전 버전에서 부족했던 자바
스크립트의 다음 특징에 대한 ECMAScript 6의 해결책이다.

- Multiline strings: 멀티라인 문자열의 공식적인 개념
- Basic string formatting: 변수 값을 문자열 일부분으로 대체하는 능력
- HTML escaping: HTML 안에 안전하게 삽입될 수 있도록 문자열을 변경하는
  능력

템플릿 리터럴은 자바스크립트에 이미 존재하는 문자열에 기능을 더 추가하는
시도라기보다는, 이러한 문제점들을 해결하기 위한 완전히 새로운 접근법이다.

2.4.1 기본 문법

가장 간단하게 설명하면, 템플릿 리터럴은 큰따옴표나 작은따옴표 대신에 백틱
(`)으로 구분한 일반적인 문자열처럼 동작한다. 다음 예제 코드를 보자.

```
let message = `Hello world!`;

console.log(message);           // "Hello world!"
console.log(typeof message);    // "string"
console.log(message.length);    // 12
```

이 코드는 message 변수가 일반적인 자바스크립트 문자열을 포함한다는 것을 보
여준다. 이 템플릿 리터럴 문법은 문자열 값을 만드는 데 사용되며 그때 문자열
값은 message 변수에 할당된다.

문자열에 백틱을 사용하려면, 다음 예제의 message 변수처럼 역슬래시(\)를
사용하여 이스케이프하면 된다.

---

1 (옮긴이) 더 명확하고 간결하게 표현하여 사람이 이해하고 사용하기 쉽도록 도와주는 문법을 의미함. *https://
en.wikipedia.org/wiki/Syntactic_sugar* 참고.

```
let message = `\`Hello\` world!`;

console.log(message);              // "`Hello` world!"
console.log(typeof message);       // "string"
console.log(message.length);       // 14
```

템플릿 리터럴 안에 큰따옴표나 작은따옴표를 이스케이프할 필요는 없다.

2.4.2 멀티라인 문자열

자바스크립트의 첫 버전 이래로 자바스크립트 개발자는 멀티라인 문자열을 만들기 위한 방법을 원했다. 그러나 큰따옴표나 작은따옴표를 사용할 때, 문자열은 모두 한 라인에 완전히 포함되어야만 했다.

ECMAScript 6 이전의 대안

오래된 문법 버그로 인해 자바스크립트에는 멀티라인 문자열을 만드는 회피 방법이 있다. 개행 전에 역슬래시(\)를 사용하면 멀티라인 문자열을 만들 수 있다. 다음 예제를 보자.

```
var message = "Multiline \
string";

console.log(message);        // "Multiline string"
```

역슬래시는 개행 없이 연속되는 것처럼 처리되기 때문에 message 문자열은 콘솔에 출력될 때 개행을 포함하지 않는다. 출력에서 개행이 보이게 하려면, 수동으로 개행을 포함해야 한다.

```
var message = "Multiline \n\
string";

console.log(message);        // "Multiline
                             //  string"
```

이 코드는 모든 주요 자바스크립트 엔진에서 message 변수의 내용을 두 라인으로 분리하여 출력한다. 그러나 이것은 버그로 정의된 동작이므로 개발자는 대부분 이 방식을 추천하지 않는다.

멀티라인 문자열을 만들기 위해 ECMAScript 6 이전에 시도한 다른 방식은 다음 예제처럼 배열이나 문자열 연결을 이용하는 것이다.

```
var message = [
    "Multiline ",
    "string"
].join("\n");

let message = "Multiline \n" +
    "string";
```

자바스크립트에 멀티라인 문자열이 없어서 개발자가 고안한 대안들은 실용적이
거나 편리하지 않았다.

멀티라인 문자열을 만드는 쉬운 방법

ECMAScript 6의 템플릿 리터럴은 특별한 문법 없이 멀티라인 문자열을 쉽게 만
들어 준다. 그저 원하는 위치에서 줄바꿈을 하면 다음과 같이 바로 결과에 나타
난다.

```
let message = `Multiline
string`;

console.log(message);          // "Multiline
                               //  string"
console.log(message.length);   // 16
```

백틱 내의 모든 공백은 문자열 일부분이므로 들여쓰기에 주의해야 한다. 다음
예제를 살펴보자.

```
let message = `Multiline
               string`;

console.log(message);          // "Multiline
                               //                string"
console.log(message.length);   // 31
```

이 코드에서 템플릿 리터럴 두 번째 라인의 모든 공백은 문자열 일부로 간주한
다. 적절한 들여쓰기가 있는 텍스트로 정렬하는 것이 중요하다면, 다음과 같이
멀티라인 템플릿 리터럴의 첫 번째 라인을 비우고 다음 라인에서 들여쓰기하면
된다.

```
let html = `

<div>
```

```
    <h1>Title</h1>

 </div>`.trim();
```

이 코드는 첫 번째 라인부터 템플릿 리터럴을 시작했지만 두 번째 라인까지 어떠한 텍스트도 없다. HTML 태그는 올바르게 들여쓰기가 되고 trim() 메서드는 처음 비어 있는 라인을 제거하기 위해 호출된다.

원한다면 템플릿 리터럴 안에 개행이 삽입되는 위치를 나타내는 \n을 사용할 수도 있다.

```
let message = `Multiline\nstring`;

console.log(message);          // "Multiline
                               //  string"
console.log(message.length);   // 16
```

2.4.3 치환자 만들기

현시점에서는 템플릿 리터럴이 일반적인 자바스크립트 문자열의 복잡한 버전처럼 보일 수도 있다. 템플릿 리터럴과 자바스크립트 문자열의 실질적인 차이는 템플릿 리터럴 **치환자**에 있다. 치환자는 템플릿 리터럴 안에 모든 유효한 자바스크립트 표현식 사용을 허용하고 그 결과를 문자열 일부로 출력하게 해준다.

치환자는 내부에 어떤 자바스크립트 표현식이든 가질 수 있고 ${로 열고 }로 닫음으로써 구분된다. 가장 간단한 치환자는 다음처럼 결과 문자열 안에 직접 지역 변수를 넣는 것이다.

```
let name = "Nicholas",
    message = `Hello, ${name}.`;

console.log(message);        // "Hello, Nicholas."
```

${name} 치환자는 name에 접근하여 message 문자열 안에 삽입한다. 그때 message 변수는 즉시 치환된 결과를 갖는다.

> ✓ 템플릿 리터럴은 리터럴이 정의된 스코프에서 접근 가능한 모든 변수에 접근할 수 있다. 정의되지 않은 변수를 템플릿 리터럴에 사용하려는 시도는 strict와 non-strict 모드에서 에러를 발생시킨다.

모든 치환자는 자바스크립트 표현식이기 때문에 간단한 변수 이름 외에도 다양한 것을 치환할 수 있다. 다음 예제처럼 계산식, 함수 호출 등도 쉽게 넣을 수 있다.

```
let count = 10,
    price = 0.25,
    message = `${count} items cost $$${(count * price).toFixed(2)}.`;

console.log(message);        // "10 items cost $2.50."
```

이 코드는 템플릿 리터럴의 일부로서 계산을 수행한다. 변수 count와 price를 곱하여 결과를 얻은 다음 .toFixed()를 사용하여 소수점 둘째 자리까지만 나타낸다. 두 번째 치환자 앞의 달러 기호는 뒤에 여는 중괄호가 없으므로 그대로 출력된다.

템플릿 리터럴 또한 자바스크립트 표현식이므로, 다음 예제처럼 다른 템플릿 리터럴 안에 템플릿 리터럴을 중첩할 수 있다.

```
let name = "Nicholas",
    message = `Hello, ${
        `my name is ${ name }`
    }.`;

console.log(message);        // "Hello, my name is Nicholas."
```

이 코드는 첫 번째 템플릿 리터럴 안에 두 번째 템플릿 리터럴이 중첩되어 있다. 첫 번째 ${ 문자 다음에 다른 템플릿 리터럴이 시작된다. 두 번째 ${는 중첩된 템플릿 리터럴 안에 있는 표현식의 시작을 나타낸다. 그 표현식은 변수 name이며 결과에 삽입된다.

2.4.4 템플릿 태그

템플릿 리터럴로 멀티라인 문자열을 만들고 문자열 연결 없이 값을 삽입하는 방법에 대해 살펴 보았다. 그러나 템플릿 리터럴의 진정한 힘은 태그된 템플릿에서 온다. **템플릿 태그**는 템플릿 리터럴을 변환하고 마지막 문자열 값을 반환한다. 다음 예제처럼 태그는 템플릿의 첫 ` 문자 앞에 명시한다.

```
let message = tag`Hello world`;
```

이 예제에서, tag는 \`Hello world\` 템플릿 리터럴에 적용된 템플릿 태그이다.

태그 정의하기

태그(tag)는 처리된 템플릿 리터럴 데이터와 함께 호출되는 간단한 함수다. 태그는 개별 조각으로 분해된 템플릿 리터럴에 관한 데이터를 전달 받고 결과를 만들기 위해 개별 조각들을 결합해야 한다. 첫 번째 인자는 자바스크립트가 리터럴을 해석(interpreted)하여 얻은 리터럴 문자열로 이루어진 배열이다. 그 다음에 전달되는 인자들은 각 치환자의 해석된 값이다.

다음 예제처럼 더 쉽게 데이터를 처리하기 위해, 태그 함수는 일반적으로 개별적으로 지정된 인자를 사용하는 것보다 나머지 인자(rest arguments, 3장에서 자세히 다룬다)를 사용하여 정의한다.

```
function tag(literals, ...substitutions) {
    // 문자열 반환
}
```

태그로 전달되는 것이 무엇인지 더 잘 이해하기 위해 다음 예제를 살펴보자.

```
let count = 10,
    price = 0.25,
    message = passthru`${count} items cost $$${(count * price).toFixed(2)}.`;
```

passthru() 함수가 정의되어 있다면, 템플릿 리터럴 태그로 사용될 때 세 개의 인자를 전달받을 것이다. 첫 번째 인자는 다음과 같은 요소를 가진 literals 배열일 것이다.

- 첫 번째 치환자 앞 빈 문자열 ("")
- 첫 번째 치환자 뒤에서 두 번째 치환자 앞까지의 문자열 (" items cost $")
- 두 번째 치환자 뒤 문자열 (".")

다음 인자는 count 변수가 인터프리트된 값인 10이고 이 값은 substitutions 배열의 첫 번째 요소가 된다. 마지막 인자는 (count * price).toFixed(2)가 인터프리트된 값인 "2.50"이며 substitutions 배열의 두 번째 요소가 된다.

literals의 첫 번째 요소는 빈 문자열이라는 것에 주목하자. 이는 literals [literals.length - 1]이 항상 문자열의 끝인 것처럼 literals[0]이 항상 문

자열의 시작이라는 것을 보장한다. 치환자 배열 요소의 수는 항상 리터럴 배열 요소의 수보다 하나 더 적은데, 그것은 표현식 `substitutions.length === literals.length - 1`이 항상 참이라는 의미이다.

이 패턴을 사용하면 `literals`과 `substitutions` 배열을 섞어 결과 문자열을 만들 수 있다. `literals`의 첫 번째 요소가 먼저 오고, `substitutions`의 첫 번째 요소는 그다음, 그리고 기타 등등의 요소가 문자열이 끝날 때까지 반복된다. 예를 들어 다음 코드와 같이 이 두 배열의 값을 교차시킴으로써 기본적인 템플릿 리터럴의 처리를 흉내 낼 수 있다.

```javascript
function passthru(literals, ...substitutions) {
    let result = "";

    // 치환자의 개수만큼 반복 수행
    for (let i = 0; i < substitutions.length; i++) {
        result += literals[i];
        result += substitutions[i];
    }

    // 마지막 리터럴 추가
    result += literals[literals.length - 1];

    return result;
}

let count = 10,
    price = 0.25,
    message = passthru`${count} items cost $${(count * price).toFixed(2)}.`;

console.log(message);        // "10 items cost $2.50."
```

이 예제는 기본적인 템플릿 리터럴 처리와 똑같이 동작하는 passthru 태그를 정의한다. `substitutions` 배열의 끝을 넘지 않도록 하는 한 가지 트릭은 반복문에서 `literals.length`가 아닌 `substitutions.length`를 사용하는 것이다. 이 트릭은 ECMAScript 6에서 `literals`과 `substitutions` 사이의 관계가 명확하게 정의되어 있기 때문에 문제없이 동작한다.

 substitutions에 포함된 값이 반드시 문자열인 것은 아니다. 표현식이 숫자로 평가된다면 앞의 예제처럼 숫자 값이 전달된다. 어떤 형태로 값이 결과에 출력되는지 결정하는 것은 태그의 역할이다.

템플릿 리터럴에서 원본값 사용하기

템플릿 태그는 또한 원본 문자열 정보에 접근할 수 있고, 이는 대응되는 문자로 변경되기 전 문자 이스케이프에 접근하는 것을 의미한다. 원본 문자열 값을 그대로 사용하는 가장 간단한 방법은 내장된 String.raw() 태그를 사용하는 것이다. 다음 예제를 살펴보자.

```
let message1 = `Multiline\nstring`,
    message2 = String.raw`Multiline\nstring`;

console.log(message1);          // "Multiline
                                //  string"
console.log(message2);          // "Multiline\\nstring"
```

이 코드에서 message1 내의 \n은 개행으로 인터프리트되고, message2 내의 \n은 "\\n"(슬래시와 n 문자)의 원본 형태로 반환된다. 이처럼 원본 문자열 정보를 가져오는 기능은 필요한 경우 더 복잡한 처리를 가능하게 한다.

또한, 원본 문자열 정보는 템플릿 태그에 전달된다. 태그 함수의 첫 번째 인자는 raw라 불리는 추가적인 프로퍼티를 가진 배열이다. raw 프로퍼티는 각 리터럴 값에 해당하는 원본 문자를 포함한 배열이다. 예를 들어 literals[0] 내의 값은 항상 원본 문자열 정보를 포함한 literals.raw[0]을 가진다. 이를 이용하면 다음 코드처럼 String.raw()를 흉내 낼 수 있다.

```
function raw(literals, ...substitutions) {
    let result = "";

    // 치환자의 개수만큼 반복 수행
    for (let i = 0; i < substitutions.length; i++) {
        // 원본 문자열을 대신 사용
        result += literals.raw[i];
        result += substitutions[i];
    }

    // 마지막 리터럴 추가
    result += literals.raw[literals.length - 1];

    return result;
}

let message = raw`Multiline\nstring`;

console.log(message);           // "Multiline\\nstring"
console.log(message.length);    // 17
```

이 코드는 결과 문자열을 출력하기 위해 `literals` 대신에 `literals.raw`를 사용한다. 즉, 유니코드 코드 포인트 이스케이프를 포함한 모든 문자 이스케이프는 문자의 원본 형태로 반환될 수 있다는 의미이다. 원본 문자열은 이스케이프된 문자가 있는 코드를 포함하여 문자열을 출력하고 싶을 때 유용하다. 예를 들어 어떤 코드에 대한 문서를 만들려고 한다면 문서에 실제 코드가 잘 출력되길 원할 것이다.

2.5 요약

ECMAScript 6에서는 유니코드를 완전하게 지원함으로써 자바스크립트가 논리적인 방법으로 UTF-16 문자를 처리할 수 있도록 한다. `codePointAt()`과 `String.fromCodePoint()`를 통해 얻은 코드 포인트와 문자 사이의 변환 능력은 문자열 처리의 가장 중요한 단계이다. 정규 표현식에 추가된 u 플래그는 16비트 문자 대신에 코드 포인트로 처리하는 것을 가능하게 하고, `normalize()` 메서드는 더 적절한 문자열 비교를 가능하게 한다.

또한, ECMAScript 6에서는 문자열 처리를 위해 새로운 메서드를 추가했고, 부모 문자열에서의 위치와 상관없이 부분 문자열을 더 쉽게 찾을 수 있도록 했다. 문자열 처리 기능은 정규 표현식에도 추가되었다.

템플릿 리터럴은 더 쉽게 문자열을 만드는 도메인 특화 언어(DSL)를 생성할 수 있도록 ECMAScript 6에 추가된 중요한 기능이다. 템플릿 리터럴 안에 직접 변수를 넣는 기능은 개발자가 변수를 사용하여 긴 문자열을 구성할 때 문자열 연결 방식보다 안전한 도구를 가지게 되었다는 의미이다.

또한, 템플릿 리터럴은 멀티라인 문자열 지원 기능을 내장함으로써 그 기능이 없던 일반적인 자바스크립트 문자열보다 유용하게 업그레이드되었다. 이로 인해 템플릿 리터럴에 직접 개행을 사용할 수 있지만, \n과 그 외 다른 문자 이스케이프도 여전히 사용할 수 있다.

템플릿 태그는 DSL를 만들 수 있는 것이 가장 중요한 특징이다. 태그는 여러 개로 나눠진 템플릿 리터럴의 조각들을 인자로 받는 함수이다. 그리고 적절한 문자열 값을 반환하도록 데이터를 사용할 수 있다. 제공되는 데이터에는 리터럴, 리터럴에 대응하는 원본, 치환 값이 포함된다. 그리고 이러한 정보의 조각들은 태그를 위한 적절한 출력을 결정하는 데 도움이 된다.

함수

함수는 모든 프로그래밍 언어에서 중요한 부분이지만, ECMAScript 6 이전의 자바스크립트 함수는 만들어진 이후 큰 변화가 없었다. 그로 인해 실수하기 쉬운 동작과 여러 가지 문제가 남아있었고, 아주 간단한 동작을 구현할 때도 많은 코드가 필요했다.

ECMAScript 6에서는 개발자의 수많은 불편사항과 요청을 받아들여 함수를 크게 발전시켰다. 결과적으로 ECMAScript 5 함수의 기능을 향상시키고 에러를 줄이는 개선사항을 다수 추가했다.

3.1 함수의 매개변수 기본값

자바스크립트의 함수는 함수 정의에 선언된 매개변수의 개수와 상관없이 몇 개의 매개변수든 전달할 수 있도록 허용하는 특징이 있다. 이러한 특징으로 인해, 함수에 매개변수가 제공되지 않을 때 기본값을 추가함으로써, 다양한 개수의 매개변수를 처리하도록 함수를 정의할 수 있게 되었다. 이 절에서는 ECMAScript 6와 그 이전 버전에서 기본 매개변수가 동작하는 방식을 다루고, arguments 객체의 중요 정보와 표현식을 매개변수로 사용하는 방법, 또 다른 형태의 TDZ를 알아 본다.

3.1.1 ECMAScript 5의 매개변수 기본값

ECMAScript 5까지는 함수 매개변수에 기본값을 정의하기 위해 보통 다음과 같은 방식을 사용했다.

```
function makeRequest(url, timeout, callback) {

    timeout = timeout || 2000;
    callback = callback || function() {};

    // 함수의 나머지 부분

}
```

이 예제에서 매개변수 timeout과 callback은 값이 없는 경우 기본값을 제공하기 때문에 사실상 선택적인 매개변수이다. 논리 연산자 OR(||)는 연산자 좌측 첫 번째 값을 불(boolean) 값으로 변환하여 false이면 연산자 우측의 값을 반환한다. 명시적으로 제공되지 않은 함수 매개변수는 undefined가 되기 때문에, 제공되지 않은 매개변수의 기본값을 제공하기 위해 논리 연산자 OR가 빈번하게 사용된다. 그러나 이러한 방식은 timeout에 0이 전달되는 경우, 0은 불 값 변환 시 false이므로 2000으로 변경되는 문제가 있다.

그런 경우, 다음 예제처럼 typeof를 사용하여 인자의 타입을 확인하는 것이 더 안전하다.

```
function makeRequest(url, timeout, callback) {

    timeout = (typeof timeout !== "undefined") ? timeout : 2000;
    callback = (typeof callback !== "undefined") ? callback : function() {};

    // 함수의 나머지 부분

}
```

이러한 접근은 더 안전하지만, 기본적인 작업을 위해 여전히 많은 코드가 필요하다. 이는 일반적인 방식이며, 인기 있는 자바스크립트 라이브러리도 유사한 방식을 사용한다.

3.1.2 ECMAScript 6의 매개변수 기본값

ECMAScript 6에서는 매개변수가 전달되지 않았을 때 실행되는 초기화 구문을 제공하여 기본값을 더 쉽게 지정할 수 있다. 예제를 살펴보자.

```
function makeRequest(url, timeout = 2000, callback = function() {}) {

    // 함수의 나머지 부분

}
```

이 함수에서 데이터를 항상 전달받아야 하는 매개변수는 첫 번째 것뿐이다. 나머지 두 매개변수는 기본값을 가지고 있으므로, 빠뜨린 값을 확인하는 코드를 추가할 필요가 없기 때문에 함수가 훨씬 간결해진다.

세 개의 매개변수와 함께 makeRequest()를 호출했을 때는 기본값을 사용하지 않는다. 다음 예제를 살펴보자.

```
// timeout과 callback 기본값 사용
makeRequest("/foo");

// callback 기본값 사용
makeRequest("/foo", 500);

// 기본값 사용 안 함
makeRequest("/foo", 500, function(body) {
    doSomething(body);
});
```

ECMAScript 6에서는 url을 필수 매개변수로 간주하기 때문에 "/foo"가 세 번의 호출 모두에 전달되었다. 기본값이 있는 두 개의 매개변수는 선택적인 매개변수로 간주한다.

함수 선언 시 인자의 위치에 관계없이 모든 인자에 기본 값을 명시할 수 있기 때문에, 다음 예제 또한 잘 동작한다.

```
function makeRequest(url, timeout = 2000, callback) {

    // 함수의 나머지 부분

}
```

이 예제의 경우 timeout의 기본값은 두 번째 인자를 전달하지 않거나 명시적으로 undefined로 전달했을 때에만 사용될 것이다. 다음 예제에서 확인할 수 있다.

```
// timeout 기본값 사용
makeRequest("/foo", undefined, function(body) {
    doSomething(body);
});

// timeout 기본값 사용
makeRequest("/foo");

// timeout 기본값 사용 안 함
makeRequest("/foo", null, function(body) {
    doSomething(body);
});
```

세 번째 makeRequest() 호출에서 null은 유효한 값으로 간주하여 timeout의 매개변수 기본값은 사용되지 않는다.

3.1.3 매개변수 기본값이 arguments 객체에 미치는 영향

매개변수 기본값이 존재할 때 arguments 객체는 다르게 동작한다는 것을 명심하자. ECMAScript 5 non-strict 모드에서 arguments 객체는 매개변수가 변경되면 함께 변경된다. 다음 예제에서 이러한 동작을 설명한다.

```
function mixArgs(first, second) {
    console.log(first === arguments[0]);
    console.log(second === arguments[1]);
    first = "c";
    second = "d";
    console.log(first === arguments[0]);
    console.log(second === arguments[1]);
}

mixArgs("a", "b");
```

출력 결과는 다음과 같다.

```
true
true
true
true
```

non-strict 모드에서는 매개변수의 변경을 반영하기 위해 arguments 객체를 항상 업데이트 한다. 따라서 first와 second에 새로운 값을 할당하면, arguments[0]과 arguments[1]은 함께 업데이트되고, === 비교연산 역시 true가 된다.

그러나 ECMAScript 5의 strict 모드에서는 arguments 객체의 혼란스러운 부분이 제거되었다. strict 모드에서 arguments 객체는 매개변수의 변경을 반영하지 않는다. 다음 예제는 mixArgs() 함수를 strict 모드에서 실행했을 때의 결과를 보여준다.

```
function mixArgs(first, second) {
    "use strict";

    console.log(first === arguments[0]);
    console.log(second === arguments[1]);
    first = "c";
    second = "d"
    console.log(first === arguments[0]);
    console.log(second === arguments[1]);
}

mixArgs("a", "b");
```

mixArgs() 호출 시 출력 결과는 다음과 같다.

```
true
true
false
false
```

이번엔 first와 second의 변경이 arguments 객체에 영향을 미치지 않아서, 기대한 결과가 출력된다.

ECMAScript 6에서 매개변수 기본값을 사용하는 함수의 arguments 객체는 모드에 상관없이 ECMAScript 5 strict 모드와 동일하게 동작하고, 매개변수 기본값의 존재는 arguments 객체를 매개변수로부터 분리한다. 이는 arguments 객체가 어떻게 사용되는지에 대한 문제이기 때문에 중요하다. 다음 예제를 살펴보자.

```
// strict 모드가 아닌 경우
function mixArgs(first, second = "b") {
    console.log(arguments.length);
    console.log(first === arguments[0]);
    console.log(second === arguments[1]);
    first = "c";
    second = "d"
    console.log(first === arguments[0]);
    console.log(second === arguments[1]);
}

mixArgs("a");
```

출력 결과는 다음과 같다.

```
true
false
false
false
```

이 예제에서 mixArgs()에 하나의 인자만 전달되었으므로 arguments.length는 1
이다. 그것은 함수에 하나의 인자만 전달되었을 때, 예상대로 arguments[1]도
undefined라는 의미이다. 또한, first는 arguments[0]와 같다. first와 second를 변
경해도 arguments는 영향을 받지 않는다. non-strict와 strict 모드에서 모두 이렇
게 동작하기 때문에 항상 초기 호출 상태를 반영하기 위해 arguments를 활용할
수 있다.

3.1.4 매개변수 기본값 표현식

흥미롭게도 매개변수 기본 값의 형태는 원시 값(primitive value)으로 한정되지
않는다. 예를 들면, 다음 예제처럼 함수를 실행하여 반환된 값을 매개변수 기본
값으로 사용할 수 있다.

```
function getValue() {
    return 5;
}

function add(first, second = getValue()) {
    return first + second;
}

console.log(add(1, 1));    // 2
console.log(add(1));       // 6
```

마지막 인자가 없으면 올바른 기본값을 얻기 위해 getValue()가 호출된다.
getValue()는 자바스크립트 엔진에 의해 함수 선언이 처음 해석될 때가 아니
라, 두 번째 인자 없이 add()를 호출할 때만 호출된다는 것을 명심하자. 이는 get
Value()가 앞의 예제와 다른 방식으로 작성되는 경우, 다른 값을 반환할 가능성
이 있다는 의미이다. 다음 예제를 살펴보자.

```
let value = 5;

function getValue() {
```

```
        return value++;
}

function add(first, second = getValue()) {
        return first + second;
}

console.log(add(1, 1));      // 2
console.log(add(1));         // 6
console.log(add(1));         // 7
```

이 예제에서 value는 5부터 시작하며 getValue()를 호출할 때마다 증가한다. 처음 add(1)를 호출하면 6을 반환하고, 두 번째 add(1)를 호출하면 value가 증가했기 때문에 7을 반환한다. second의 기본값은 함수가 호출될 때만 평가되기 때문에 값은 언제든지 바뀔 수 있다.

 함수 호출을 매개변수 기본값으로 사용할 때는 주의해야 할 부분이 있다. 만약 예제에 second = getValue처럼 괄호를 빠뜨리고 사용하면 함수 호출의 결과값 대신 함수의 참조만 전달하게 될 것이다.

흥미롭게도, 이러한 동작은 또 다른 유용한 기능을 제공한다. 나중에 선언된 매개변수의 기본값으로 앞에서 선언한 매개변수를 사용할 수도 있다. 다음 예제를 보자.

```
function add(first, second = first) {
        return first + second;
}

console.log(add(1, 1));      // 2
console.log(add(1));         // 2
```

이 예제에서는 second 매개변수에 first가 기본값으로 주어지므로 하나의 인자만 전달해도 모든 인자가 같은 값이 된다. 그래서 add(1, 1)도 2를 반환하고 add(1)도 2를 반환한다. 한발 더 나아가, 다음 예제처럼 second를 얻는 함수에 first를 전달할 수도 있다.

```
function getValue(value) {
        return value + 5;
}

function add(first, second = getValue(first)) {
```

```
        return first + second;
    }

    console.log(add(1, 1));    // 2
    console.log(add(1));       // 7
```

이 예제는 getValue(first)의 실행 결과를 second에 할당하므로, add(1, 1)은 여전히 2를 반환하지만 add(1)은 7 (1 + 6)을 반환한다.

매개변수 기본값을 할당할 때 다른 매개변수를 참조하는 것은 그 인자보다 먼저 정의된 인자를 참조하는 경우만 가능하다. 그래서 앞에 정의된 인자에서 뒤의 인자를 참조할 수는 없다. 다음 예제를 살펴보자.

```
function add(first = second, second) {
    return first + second;
}

console.log(add(1, 1));        // 2
console.log(add(undefined, 1)); // 에러 발생
```

add(undefined, 1)를 호출하면 에러가 발생하는데, second는 first 이후에 정의되어 기본값으로 이용할 수 없기 때문이다. 그 이유를 이해하기 위해 TDZ(temporal dead zone)를 다시 살펴보자.

3.1.5 TDZ에서의 매개변수 기본값

1장에서 let, const와 관련해 TDZ를 소개했고, 매개변수 기본값 역시 접근할 수 없는 TDZ를 갖는다. 각 매개변수는 let 선언과 유사하게 초기화 이전에 접근하면 에러가 발생하는 새로운 식별자 바인딩을 만든다. 매개변수는 함수가 호출되면서 값이 전달되거나 기본값을 사용하게 될 때 초기화된다.

매개변수 기본값 TDZ를 알아보기 위해 45쪽의 예제를 다시 보자.

```
function getValue(value) {
    return value + 5;
}

function add(first, second = getValue(first)) {
    return first + second;
}

console.log(add(1, 1));    // 2
console.log(add(1));       // 7
```

add(1, 1)과 add(1)를 호출하면, 실제로는 first와 second 매개변수 값을 만들기
위해 다음 코드를 실행한다.

```
// add(1, 1) 호출 시 실행되는 자바스크립트 코드
let first = 1;
let second = 1;

// add(1) 호출 시 실행되는 자바스크립트 코드
let first = 1;
let second = getValue(first);
```

add() 함수를 처음 실행하면 first와 second는 매개변수 고유의 TDZ에 추가된다
(let 동작 방식과 유사함). first는 항상 먼저 초기화되기 때문에 second는 first
값으로 초기화할 수 있지만 반대의 경우는 아니다. 그러면 다시 작성한 add()를
확인해보자.

```
function add(first = second, second) {
    return first + second;
}

console.log(add(1, 1));        // 2
console.log(add(undefined, 1)); // 에러 발생
```

이 예제에서 add(1, 1)과 add(undefined, 1) 호출은 실제로는 다음 코드와 같이
동작한다.

```
// add(1, 1) 호출 시 실행되는 자바스크립트 코드
let first = 1;
let second = 1;

// add(undefined, 1) 호출 시 실행되는 자바스크립트 코드
let first = second;
let second = 1;
```

이 예제에서 add(undefined, 1)를 호출하면 first가 초기화될 때 second는 아직
초기화되지 않았기 때문에 에러가 발생한다. 그 시점에 second는 TDZ 내에 있
으므로 second에 대한 모든 참조는 에러를 발생시킨다. 이 예제는 1장에서 논의
한 let 바인딩과 유사하게 동작한다.

함수 매개변수는 함수 본문 스코프로부터 별도로 분리된 자체적인 스코프와 TDZ를 가진다.
그것은 매개변수 기본값이 함수 내부에 선언된 어떤 변수에도 접근할 수 없다는 의미이다.

3.2 이름을 명시하지 않은 매개변수 다루기

지금까지 이 장의 예제는 함수 정의에 명시된 매개변수만을 다뤘다. 그러나 자바스크립트 함수는 함수 정의에 명시된 매개변수의 개수만큼만 매개변수를 전달하도록 제한하지 않는다. 그래서 명시된 것보다 적거나 많은 매개변수를 함수에 전달할 수 있다. 매개변수 기본값은 함수에 정의한 것보다 적은 매개변수를 받는 경우 발생할 수 있는 문제를 개선했고, ECMAScript 6에서는 정의한 것보다 많은 매개변수를 전달하는 문제 또한 개선한다.

3.2.1 ECMAScript 5에서의 이름을 명시하지 않은 매개변수

초기에 자바스크립트에서는 각 매개변수를 정의할 필요 없이 모든 함수의 매개변수를 검사하기 위한 방법으로 arguments 객체를 제공했다. arguments 검사는 대부분 잘 동작하지만, 이 객체는 약간 다루기 번거로울 수 있다. 다음 예제에서 arguments 객체를 사용하는 코드를 살펴보자.

```
function pick(object) {
    let result = Object.create(null);

    // 두 번째 매개변수에서 시작
    for (let i = 1, len = arguments.length; i < len; i++) {
        result[arguments[i]] = object[arguments[i]];
    }

    return result;
}

let book = {
    title: "Understanding ECMAScript 6",
    author: "Nicholas C. Zakas",
    year: 2016
};

let bookData = pick(book, "author", "year");

console.log(bookData.author);   // "Nicholas C. Zakas"
console.log(bookData.year);     // 2016
```

이 함수는 Underscore.js 라이브러리의 pick() 메서드를 흉내 낸 것으로, 지정된 프로퍼티 부분집합으로 이뤄진 원본 객체의 복사본을 반환한다. 이 예제는 인자를 하나만 정의하고 그 인자는 프로퍼티를 복사하기 위한 객체이다. 전달된 다른 인자는 반환되는 객체에 복사되어야 할 프로퍼티의 이름이다.

앞의 pick() 함수에는 몇 가지 유의할 것이 있다. 첫 번째로, 이 함수는 매개변수를 하나 이상 처리할 수 있다는 것이 명확하지 않다. 더 많은 매개변수를 정의할 수도 있지만 어떻게 해도 이 함수가 처리할 수 있는 매개변수의 개수를 정확하게 표현할 수 없다. 두 번째로, 첫 번째 매개변수는 명시하여 바로 사용하기 때문에, 복사하기 위한 프로퍼티를 찾을 때 arguments 객체 탐색을 0 대신 1에서 시작해야만 한다. arguments의 적절한 색인을 기억하여 사용하는 것이 어려운 일은 아니지만, 지속해서 파악해야 하는 문제가 있다.

ECMAScript 6에서는 이런 문제들을 해결하기 위해 나머지 매개변수가 도입되었다.

3.2.2 나머지 매개변수

나머지 매개변수는 매개변수 앞에 세 개의 점(...)을 붙여서 나타낸다. 이렇게 나타낸 매개변수는 함수에 전달된 매개변수의 나머지를 포함한 배열이 되기 때문에 '나머지' 매개변수라는 이름이 붙었다. 예를 들면, pick()는 다음 예제처럼 나머지 매개변수를 사용하여 다시 작성할 수 있다.

```
function pick(object, ...keys) {
    let result = Object.create(null);

    for (let i = 0, len = keys.length; i < len; i++) {
        result[keys[i]] = object[keys[i]];
    }

    return result;
}
```

새로 작성된 예제에서 keys는 object 뒤에 전달되는 모든 매개변수를 포함하는 나머지 매개변수이다(처음 하나를 포함해, 모든 매개변수를 의미하는 arguments 와 다르다). 이는 고민 없이 처음부터 끝까지 keys를 순회할 수 있다는 의미이다. 또한, 함수를 살펴보면 매개변수가 몇 개든지 처리할 수 있다는 것을 알 수 있다.

나머지 매개변수는 함수 선언에 명시한 매개변수의 수를 나타내는 함수의 length 프로퍼티에 영향을 주지 않는다. 이 예제에서 pick()의 length 값은 object만 포함하기 때문에 1이다.

나머지 매개변수의 제한

나머지 매개변수에는 두 가지 제한이 있다. 첫 번째 제한은 나머지 매개변수는 반드시 하나여야 하며, 마지막 위치에만 사용할 수 있다는 것이다. 다음 예제의 코드는 문법 에러가 발생한다.

```
// 문법 에러: 나머지 매개변수 뒤에 다른 매개변수를 쓸 수 없음
function pick(object, ...keys, last) {
    let result = Object.create(null);

    for (let i = 0, len = keys.length; i < len; i++) {
        result[keys[i]] = object[keys[i]];
    }

    return result;
}
```

이 예제에서 나머지 매개변수인 keys 뒤에 사용한 last 매개변수는 문법 에러를 발생시킨다.

두 번째 제한은 객체 리터럴 setter에는 나머지 매개변수를 사용할 수 없다는 것이다. 다음 예제코드도 마찬가지로 문법 에러가 발생한다.

```
let object = {

    // 문법 에러: setter에는 나머지 매개변수를 쓸 수 없음
    set name(...value) {
        // 동작 정의
    }
};
```

객체 리터럴 setter는 하나의 인자만 받도록 제한되기 때문에 이러한 제한이 있다. 정의대로라면 나머지 매개변수는 인자를 무한으로 받을 수 있으므로 setter에는 사용할 수 없다.

나머지 매개변수가 arguments 객체에 미치는 영향

나머지 매개변수는 자바스크립트에서 arguments를 대체하기 위해 설계되었다.

원래 ECMAScript 4에서는 함수에 인자를 개수 제한 없이 전달하도록 하기 위해 arguments를 제거하고 나머지 매개변수를 추가했다. ECMAScript 4는 표준화되지 않았고 arguments도 제거되지 않았지만, 이 아이디어는 남아 ECMAScript 6에 재도입되었다.

다음 예제와 같이 arguments 객체는 함수를 호출할 때 전달한 인자를 그대로 반영하여 나머지 매개변수와 함께 잘 동작한다.

```javascript
function checkArgs(...args) {
    console.log(args.length);
    console.log(arguments.length);
    console.log(args[0], arguments[0]);
    console.log(args[1], arguments[1]);
}

checkArgs("a", "b");
```

checkArgs() 호출 시 출력 결과는 다음과 같다.

```
2
2
a a
b b
```

arguments 객체는 나머지 매개변수와 관계없이 함수에 전달된 매개변수를 항상 정확하게 반영한다.

지금까지 나머지 매개변수를 사용하기 위해 알아야 할 필수 지식을 모두 살펴보았다.

3.3 Function 생성자의 확장된 역할

새로운 함수를 동적으로 작성하게 해주는 Function 생성자는 자바스크립트에서 거의 사용되지 않는다. 생성자의 인자는 함수 매개변수와 함수 내부의 실행문이고 모두 문자열로 전달된다.

다음 예제를 보자.

```javascript
var add = new Function("first", "second", "return first + second");

console.log(add(1, 1));     // 2
```

ECMAScript6에서는 매개변수 기본값과 나머지 매개변수를 허용하기 위해 Function 생성자의 기능을 확장했다. 다음 예제처럼 등호와 매개변수 이름에 대응하는 값을 추가하면 된다.

```
var add = new Function("first", "second = first",
        "return first + second");

console.log(add(1, 1));     // 2
console.log(add(1));        // 2
```

이 예제에서 매개변수가 하나만 전달되면 second에 first의 값이 할당된다. 문법적인 부분은 Function을 사용하지 않는 함수 선언과 같다.

또한, 나머지 매개변수는 다음 예제처럼 마지막 매개변수 앞에 ...를 추가한다.

```
var pickFirst = new Function("...args", "return args[0]");

console.log(pickFirst(1, 2));    // 1
```

이 코드는 하나의 나머지 매개변수를 사용하고, 전달받은 첫 번째 인자를 반환하는 함수를 만든다.

매개변수 기본값과 나머지 매개변수가 추가되면서, Function 생성자도 선언 형식으로 함수를 만들 때와 동일한 기능을 가지게 되었다.

3.4 전개 연산자

전개 연산자(spread operator)는 나머지 매개변수와 밀접하게 연관되어 있다. 나머지 매개변수가 여러 개의 독립적인 인자를 배열로 합쳐주는 반면, 전개 연산자는 배열을 나누어 함수에 개별적인 인자로 전달한다. 여러 인자를 받아서 가장 큰 값을 반환하는 내장된 Math.max() 메서드를 생각해보자. 다음 예제에서 확인해 볼 수 있다.

```
let value1 = 25,
    value2 = 50;

console.log(Math.max(value1, value2));     // 50
```

이 예제처럼 값이 두 개일 때 Math.max()는 매우 쉽게 사용할 수 있다. 두 개의 값이 전달되고, 더 큰 값이 반환된다. 그러나 배열에서 가장 큰 값을 찾고자 할 때는 어떻게 해야 할까? ECMAScript 5까지는 `Math.max()` 메서드에 배열을 전달할 수 없으므로, 어쩔 수 없이 배열을 수동으로 검색하거나 `apply()`를 사용해야 했다.

```
let values = [25, 50, 75, 100]

console.log(Math.max.apply(Math, values)); // 100
```

이런 식으로 `apply()`를 사용한 방법은 잘 동작하지만 조금 어렵게 느껴진다. 추가적인 문법이 코드의 본래 목적을 흐리기 때문이다.

ECMAScript 6 전개 연산자는 이런 상황을 매우 쉽게 해결한다. `apply()`를 호출하는 대신, 나머지 매개변수에서 사용했던 `...`를 `Math.max()`에 전달하려는 배열 앞에 붙여 바로 전달할 수 있다. 자바스크립트 엔진은 다음 예제처럼 배열을 각각의 인자로 나누어 전달한다.

```
let values = [25, 50, 75, 100]

// console.log(Math.max 25, 50, 75, 100));과 같다.
console.log(Math.max(...values));          // 100
```

이 예제의 `Math.max()` 호출은 좀 더 일반적인 방식으로, 간단한 수학 연산을 하기 위해 복잡한 this 바인딩[1](이 예제의 `Math.max.apply()`의 첫 번째 인자)을 사용할 필요가 없다.

그리고 전개 연산자는 다른 인자와 함께 사용할 수 있다. (배열에 음수가 들어있는 경우) `Math.max()`에서 반환되는 가장 작은 값이 0이길 원한다고 가정해보자. 다음 예제처럼 별도로 인자를 전달할 수 있으며 다른 인자에 전개 연산자를 사용할 수도 있다.

```
let values = [-25, -50, -75, -100]

console.log(Math.max(...values, 0));       // 0
```

이 예제에서 `Math.max()`에 전달된 0은 전개 연산자로 전달된 인자 뒤에 마지막

---

1 (옮긴이) 자바스크립트에서 this에는 문맥에 따라 다른 데이터가 바인딩되어 혼란을 준다.

인자로 전달된다.

인자를 전달할 때 전개 연산자를 사용하면 함수 인자에 배열을 사용하기가 훨씬 쉽다. 전개 연산자는 대부분의 경우 apply() 메서드의 적절한 대안이 될 것이다.

우리는 이제 ECMAScript 6의 매개변수 기본값과 나머지 매개변수의 사용법을 학습했고, 자바스크립트 Function 생성자에도 두 가지 매개변수 타입을 적용할 수 있게 되었다.

3.5 name 프로퍼티

다양한 함수 정의 방법이 있는 자바스크립트에서 함수를 식별하는 것은 어려운일이다. 더욱이 익명 함수 표현식이 일반화되면서 디버깅이 까다로워졌고, 많은 경우 스택 트레이스(stack trace)를 읽고 해석하기 어려워졌다. 이러한 이유로 ECMAScript 6에서는 모든 함수에 name 프로퍼티를 추가했다.

3.5.1 적절한 이름 선택하기

ECMAScript 6 프로그램에서 모든 함수는 name 프로퍼티에 적절한 값을 갖는다. 함수와 함수 표현식을 설명하고 name 프로퍼티를 출력하는 다음 예제를 살펴보자.

```
function doSomething() {
    // 비어 있음
}

var doAnotherThing = function() {
    // 비어 있음
};

console.log(doSomething.name);        // "doSomething"
console.log(doAnotherThing.name);     // "doAnotherThing"
```

이 코드에서 doSomething()은 함수 선언이기 때문에 "doSomething"을 name 프로퍼티로 가진다. 익명 함수 표현식 doAnotherThing()은 할당된 변수의 이름이므로 "doAnotherThing"을 name 프로퍼티로 가진다.

3.5.2 특별한 name 프로퍼티의 예

함수 선언과 함수 표현식을 위한 적절한 이름은 찾기 쉽지만, ECMAScript 6에서는 더 나아가 모든 함수가 그에 맞는 이름을 가지도록 보장한다. 자세한 설명을 위해 다음 프로그램을 살펴보자.

```javascript
var doSomething = function doSomethingElse() {
    // ...
};

var person = {
    get firstName() {
        return "Nicholas"
    },
    sayName: function() {
        console.log(this.name);
    }
}

console.log(doSomething.name);        // "doSomethingElse"
console.log(person.sayName.name);     // "sayName"

var descriptor = Object.getOwnPropertyDescriptor(person, "firstName");
console.log(descriptor.get.name);     // "get firstName"
```

이 예제에서 doSomething.name은 함수 표현식에 "doSomethingElse"라는 이름이 있고, 그 함수가 할당된 변수 이름인 doSomething보다 우선순위가 높으므로 "doSomethingElse"이다. person.sayName()의 name 프로퍼티는 객체 리터럴로부터 인터프리트되었기 때문에 "sayName"이다. 유사하게 person.firstName은 getter 함수이므로, 일반적인 메서드와 차이를 나타내는 "get firstName"이다. setter 함수도 마찬가지로 "set"을 앞에 붙인다(getter와 setter 함수는 Object.getOwnPropertyDescriptor()를 사용하여 반환해야 한다).

함수 이름에는 두 가지 특별한 경우가 더 있다. 다음 예제처럼 bind()를 사용해 만든 함수는 이름 앞에 "bound"와 공백이 붙고 Function 생성자를 사용하여 만들어진 함수의 이름은 "anonymous"이다.

```javascript
var doSomething = function() {
    // 비어 있음
};

console.log(doSomething.bind().name);   // "bound doSomething"

console.log((new Function()).name);        // "anonymous"
```

바인딩된 함수의 name은 "bound" 문자가 항상 앞에 붙어 doSomething()의 바인딩된 버전은 "bound doSomething"이다.

어떤 함수의 name 값이 반드시 같은 이름의 변수를 나타내진 않는다는 것을 명심하자. name 프로퍼티는 디버깅을 돕기 위한 정보를 주는 것일 뿐 name 값을 사용해 함수의 참조를 얻는 방법은 없다.

3.6 함수의 두 가지 용도를 명확히 하기

ECMAScript 5까지의 함수는 new 없이 호출하거나 new와 함께 호출하는 두 가지 용도로 쓰이고 있었다. 다음 예제처럼 new와 함께 호출하면 함수 내부의 this 값은 새로운 하나의 객체이고 그 객체를 반환한다.

```
function Person(name) {
    this.name = name;
}

var person = new Person("Nicholas");
var notAPerson = Person("Nicholas");

console.log(person);       // "[Object object]"
console.log(notAPerson);   // "undefined"
```

notAPerson을 만들 때 new 없이 Person()을 호출하면 undefined를 반환한다(그리고 non-strict 모드에서는 전역 객체에 name 프로퍼티를 지정한다). 대문자로 시작하는 Person은 자바스크립트 프로그래밍에서 보통 new를 사용하여 호출하는 함수를 가리킨다. 이러한 함수의 이중적인 역할은 혼란을 일으킬 수 있기 때문에, ECMAScript 6에서 몇 가지 개선이 이루어졌다.

자바스크립트 함수에는 [[Call]]과 [[Construct]]라는 두 가지 다른 내부 전용 메서드가 있다. 함수를 new 없이 호출할 때는 함수를 실행하는 [[Call]] 메서드가 실행된다. 함수를 new로 호출할 때 [[Construct]] 메서드가 실행된다. [[Construct]] 메서드는 인스턴스라 부르는 새 객체를 만들어 this에 그 인스턴스를 할당하고 함수를 실행하는 역할을 한다. [[Construct]] 메서드를 가진 함수는 생성자로 불린다.

 모든 함수가 [[Construct]]를 갖지는 않으므로, 모든 함수가 new로 호출될 수 없다는 것을 명심하자. 61쪽에 "화살표 함수" 절에서 살펴볼 화살표 함수는 [[Construct]] 메서드를 가지지 않는다.

3.6.1 ECMAScript 5에서 함수 호출 방식을 결정하는 요인

ECMAScript 5에서 함수를 (생성자로서) new와 호출했는지 판단하는 가장 일반
적인 방법은 instanceof를 사용하는 것이다. 다음 예제를 살펴보자.

```
function Person(name) {
    if (this instanceof Person) {
        this.name = name;    // new를 사용하여 호출한 경우
    } else {
        throw new Error("You must use new with Person.")
    }
}

var person = new Person("Nicholas");
var notAPerson = Person("Nicholas");  // 에러 발생
```

이 예제에서는 this 값을 사용하여 인자가 생성자의 인스턴스인지 확인하고, 만
약 그렇다면 계속 실행한다. 그리고 this가 Person의 인스턴스가 아니라면 에러
를 발생시킨다. 이러한 접근법은 [[Construct]] 메서드가 Person의 새로운 인스
턴스를 만들어 this에 할당하기 때문에 동작한다. 불행히도 다음에 살펴볼 예제
처럼 this가 new를 사용하지 않고도 Person의 인스턴스가 될 수 있기 때문에, 이
접근법은 완벽하다고 할 수 없다.

```
function Person(name) {
    if (this instanceof Person) {
        this.name = name;    // new를 사용하여 호출한 경우
    } else {
        throw new Error("You must use new with Person.")
    }
}

var person = new Person("Nicholas");
var notAPerson = Person.call(person, "Michael");    // 정상 실행!
```

Person.call()은 person 변수를 첫 번째 인자로 전달하여 Person 함수 내부의
this에 person을 설정한다. 결국, person 함수에서 person 인스턴스가 Person.
call()(또는 Person.apply())을 통해 호출되었는지 아니면 new와 함께 호출되었
는지를 구별할 방법이 없다.

3.6.2 new.target 메타 프로퍼티

new를 사용하여 호출한 함수인지 식별하는 문제를 해결하기 위해 ECMAScript 6
에서는 new.target 메타 프로퍼티가 도입되었다. 메타 프로퍼티는 객체가 아닌 프
로퍼티로, 연산자(new와 같은)의 실행 대상에 관련된 부가정보를 제공한다. 함
수의 [[Construct]] 메서드가 호출될 때 new.target에는 new 연산자의 실행 대
상이 할당된다. 그 실행 대상은 보통 새롭게 생성되어 함수 내부의 this가 되는,
객체 인스턴스의 생성자이다. 만약 [[Call]]이 실행되면 new.target은 undefined
이다.

이 새로운 메타 프로퍼티를 사용하면 다음 예제처럼 new.target을 확인하여,
함수가 new와 함께 호출되었는지 보다 안전하게 확인할 수 있다.

```
function Person(name) {
    if (typeof new.target !== "undefined") {
        this.name = name;
    } else {
        throw new Error("You must use new with Person.")
    }
}

var person = new Person("Nicholas");
var notAPerson = Person.call(person, "Michael");    // 에러 발생!
```

this instanceof Person 대신 new.target을 사용하면, Person 생성자가 new 없
이 사용될 때 정확하게 에러를 발생시킨다.

또한, new.target이 특정 생성자와 호출되었는지도 확인할 수 있다. 다음 예제
를 살펴보자.

```
function Person(name) {
    if (new.target === Person) {
        this.name = name;
    } else {
        throw new Error("You must use new with Person.")
    }
}

function AnotherPerson(name) {
    Person.call(this, name);
}

var person = new Person("Nicholas");
var anotherPerson = new AnotherPerson("Nicholas");  // 에러 발생!
```

이 코드가 올바르게 동작하려면 new.target이 Person이어야 한다. new Another Person("Nicholas")를 호출했을 때, Person 생성자 내의 new.target은 (new 없이 호출되어) undefined이므로, 이어서 호출되는 Person.call(this, name)에서 에러가 발생한다.

> **!** 함수 바깥에서 new.target를 사용하면 문법 에러가 발생한다.

ECMAScript 6에서는 new.target을 추가하여 함수 호출과 관련된 모호한 부분을 명확히 한다. ECMAScript 6에서 해결된 기존 언어의 또 다른 모호한 부분인 블록 내 함수 선언을 살펴보자.

3.7 블록 레벨 함수

ECMAScript 3까지, 블록 내부의 함수 선언(블록 레벨 함수)은 기술적으로는 문법 에러가 맞지만, 모든 브라우저가 여전히 지원하고 있다. 아쉽게도 각 브라우저는 조금씩 다른 방식으로 문법이 동작하므로, 블록의 내부에서 함수 선언은 피하는 것이 좋다(가장 좋은 대안은 함수 표현식을 사용하는 것이다).

이렇게 호환되지 않는 동작을 통제하기 위한 시도로, ECMAScript 5 strict 모드는 블록 내부에서 함수 선언을 할 때마다 에러를 발생시킨다.

```
"use strict";

if (true) {

    // ES5에서는 문법 에러가 발생, ES6에서는 발생하지 않음
    function doSomething() {
        // 비어 있음
    }
}
```

ECMAScript 5에서 이 코드는 문법 에러가 발생한다. 반면 ECMAScript 6에서는 doSomething() 함수를 블록 레벨 선언으로 간주하여, 정의한 것과 같은 블록 내에서 접근할 수 있고 호출할 수 있다. 다음 예제를 살펴보자.

```
"use strict";

if (true) {
```

```
        console.log(typeof doSomething);        // "function"

        function doSomething() {
            // 비어 있음
        }

        doSomething();
    }

    console.log(typeof doSomething);            // "undefined"
```

블록 레벨 함수는 정의된 블록의 최상단으로 호이스팅된다. 그래서 함수 선언 이전에 typeof doSomething을 실행해도 "function"이 반환된다. if 블록이 실행 완료되면 doSomething()은 더 이상 존재하지 않는다.

3.7.1 블록 레벨 함수의 사용 시기

블록 레벨 함수는 함수가 정의된 블록을 벗어나면 제거된다는 점에서 let 함수 표현식과 유사하다. 주요 차이점은 블록 레벨 함수는 정의된 블록의 최상단으로 호이스팅 된다는 것이다. 다음 예제에서 볼 수 있듯이 let 함수 표현식은 호이스 팅되지 않는다.

```
"use strict";

if (true) {

    console.log(typeof doSomething);        // 에러 발생

    let doSomething = function () {
        // 비어 있음
    }

    doSomething();
}

console.log(typeof doSomething);
```

여기서 typeof doSomething이 실행될 때, 아직 let 선언이 실행되지 않았고 TDZ 안에 doSomething()이 있으므로, 코드 실행이 멈춘다. 이런 차이를 알고 있다면, 호이스팅 동작을 원하는지에 따라 블록 레벨 함수를 사용할지 let 표현식을 사용할지를 선택할 수 있다.

3.7.2 Non-Strict 모드의 블록 레벨 함수

ECMAScript 6에서는 non-strict 모드에서도 블록 레벨 함수를 허용하지만 동작은 약간 다르다.

블록 레벨 함수 선언을 블록의 상단으로 호이스팅하는 대신, 둘러싼 함수나 전역 환경의 최상단까지 호이스팅한다. 다음 예제를 보자.

```
// ECMAScript 6 behavior
if (true) {

    console.log(typeof doSomething);        // "function"

    function doSomething() {
        // 비어 있음
    }

    doSomething();
}

console.log(typeof doSomething);            // "function"
```

이 예제에서 doSomething()은 전역 스코프로 호이스팅되어 if 블록의 바깥 부분에도 존재한다. ECMAScript 6에서는 기존의 호환되지 않는 브라우저 동작들을 제거하기 위해 이러한 동작을 표준화했으므로, 모든 ECMAScript 6 런타임은 같은 방식으로 동작해야 한다.

블록 레벨 함수를 허용하면서 자바스크립트 함수 선언 능력이 향상되었지만, ECMAScript 6에서는 완전히 새로운 함수 선언 방식 또한 도입했다.

3.8 화살표 함수

화살표 함수는 ECMAScript 6의 가장 흥미로운 부분 중 하나이다. 화살표 함수는 이름에서 알 수 있듯이 화살표(=>)를 사용하는 새로운 문법으로 정의한다. 그러나 화살표 함수는 중요한 몇 가지 부분에서 기존의 자바스크립트 함수와 다르게 동작한다.

- this와 super, arguments, new.target 바인딩: 함수 내에서 this와 super, arguments, new.target의 값은 그 화살표 함수를 가장 근접하게 둘러싸고 있는 일반함수에 의해 정의된다. (super는 4장에서 다룬다.)
- new를 사용할 수 없음 화살표: 함수는 [[Construct]] 메서드가 없으므로 생

성자로 사용될 수 없다. 화살표 함수는 new와 함께 사용하면 에러를 발생시킨다.

- 프로토타입이 없음: 화살표 함수에 new를 사용할 수 없기 때문에 프로토타입이 필요 없다. 화살표 함수에는 prototype 프로퍼티가 없다.
- this를 변경할 수 없음: 함수 내부의 this는 변경할 수 없다. 함수의 전체 생명주기 내내 같은 값으로 유지된다.
- arguments 객체 없음: 화살표 함수는 arguments 바인딩이 없기 때문에 함수 인자에 접근하기 위해서는 명시한 매개변수와 나머지 매개변수에 의존해야 한다.
- 같은 이름의 매개변수를 중복하여 사용할 수 없음: 기존 함수가 strict 모드에서만 매개변수를 중복하여 사용할 수 없는 데 반해, 화살표 함수는 strict 모드와 non-strict 모드 양쪽 모두에서 매개변수를 중복하여 사용할 수 없다.

이러한 차이에는 몇 가지 이유가 있다. 먼저 가장 큰 이유는 this 바인딩이 자바스크립트에서 에러의 주요 원인이기 때문이다. 함수 내 this 값은 추적하기 어렵고 의도치 않은 동작을 발생시킬 수 있는데, 화살표 함수에서는 이런 혼란스러운 동작이 제거되었다. 둘째로, 생성자처럼 사용되거나 그 외 다른 방법으로 수정될 수 있는 기존의 보통 함수와 달리, 하나의 this 값으로 코드가 단순하게 실행되도록 화살표 함수를 제한하면, 자바스크립트 엔진이 더 쉽게 최적화할 수 있기 때문이다.

나머지 차이점들도 화살표 함수 내 모호함과 에러를 줄이는 데 초점을 맞추고 있다. 그로 인해 자바스크립트 엔진이 화살표 함수 실행을 더욱 최적화할 수 있게 되었다.

 화살표 함수는 다른 함수와 같은 규칙을 따르는 name 프로퍼티도 가진다.

3.8.1 화살표 함수 문법

화살표 함수 문법은 목적에 따라 다양한 형태로 나타난다. 모든 변형은 함수 인자로 시작하여 화살표가 나오고 함수의 내용이 나온다. 인자와 본문은 사용법에 따라 둘 다 다른 형태를 취할 수 있다. 예를 들면, 다음 예제의 화살표 함수는 단순히 하나의 인자를 전달받아서 반환한다.

```
var reflect = value => value;

// 사실상 같은 코드:

var reflect = function(value) {
    return value;
};
```

화살표 함수의 인자가 하나일 때, 그 인자는 어떤 추가 문법 없이 바로 사용될 수 있다. 그 인자 다음에 화살표가 오고, 화살표의 오른쪽에 있는 표현식은 실행되어 반환된다. 비록 return문을 명시하지 않았지만, 이 화살표 함수는 전달받은 첫 번째 인자를 반환할 것이다.

만약 하나 이상의 인자를 전달하려면 다음 예제처럼 인자를 괄호로 감싸야 한다.

```
let sum = (num1, num2) => num1 + num2;

// 사실상 같은 코드:

let sum = function(num1, num2) {
    return num1 + num2;
};
```

sum() 함수는 단순히 두 개의 인자를 더하여 결과값을 반환한다. 이 화살표 함수와 앞에서 살펴본 reflect() 함수의 차이점은 인자를 쉼표로 나눠서 괄호로 감싸고 있다는 것뿐이다(기존의 함수처럼).

만약 함수에 인자가 없다면 다음 예제처럼 선언에 빈 괄호를 사용해야만 한다.

```
let getName = () => "Nicholas";

// 사실상 같은 코드:

let getName = function() {
    return "Nicholas";
};
```

하나 이상의 표현식으로 구성된 기존 함수 형태로 제공하려면, 다음 예제의 sum()처럼 함수 본문을 중괄호로 감싸고 명시적으로 반환 값을 정의해야 한다.

```
let sum = (num1, num2) => {
    return num1 + num2;
```

```
    };

    // 사실상 같은 코드:

    let sum = function(num1, num2) {
        return num1 + num2;
    };
```

`arguments`를 이용할 수 없는 것을 제외하고는 기존 함수에서와 동일하게 중괄호 내부를 더 다루거나 덜 다룰 수 있다.

만약 아무것도 하지 않는 함수를 만들고 싶다면 다음 예제처럼 중괄호를 사용해야 한다.

```
    let doNothing = () => {};

    // 사실상 같은 코드:

    let doNothing = function() {};
```

중괄호는 함수 본문을 주로 나타내고, 지금까지 살펴본 경우에는 잘 동작했다. 그러나 함수 본문의 바깥에 객체 리터럴을 반환하는 화살표 함수는 괄호로 객체 리터럴을 감싸야만 한다. 예제를 살펴보자.

```
    let getTempItem = id => ({ id: id, name: "Temp" });

    // 사실상 같은 코드:

    let getTempItem = function(id) {

        return {
            id: id,
            name: "Temp"
        };
    };
```

객체 리터럴을 괄호로 감싸는 것은, 이 괄호가 함수 본문이 아니라 객체 리터럴임을 나타낸다.

3.8.2 즉시 실행 함수 표현식 만들기

자바스크립트 함수를 사용하는 한 가지 유용한 방법은 즉시 실행 함수 표현식 (IIFE)을 사용하는 것이다. 즉시 실행 함수 표현식은 익명함수로 정의되며 참조

값을 저장하지 않고 즉시 호출할 수 있다. 이러한 방식은 프로그램에서 접근할 수 없는 스코프를 만들 때 유용하다. 다음 예제를 살펴보자.

```
let person = function(name) {

    return {
        getName: function() {
            return name;
        }
    };

}("Nicholas");

console.log(person.getName());      // "Nicholas"
```

이 코드에서는 즉시 실행 함수 표현식을 사용하여 getName() 메서드를 가진 객체를 만든다. getName() 메서드는 반환 값으로 name 인자를 사용하며, name 인자는 사실상 반환된 객체의 비공개 멤버가 된다.

화살표 함수를 괄호로 감싸는 방법으로도 같은 결과를 얻을 수 있다.

```
let person = ((name) => {

    return {
        getName: function() {
            return name;
        }
    };

})("Nicholas");

console.log(person.getName());      // "Nicholas"
```

괄호가 ("Nicholas")를 제외한 화살표 함수 정의 부분만 감싸고 있다는 것을 명심하자. 이는 괄호가 함수 정의뿐 아니라 전달되는 매개변수의 바깥 부분에도 위치할 수 있는 일반적인 함수 정의와 다르다.

3.8.3 No this 바인딩

함수 내 this 바인딩은 자바스크립트에서 가장 흔하게 에러가 발생하는 부분이다. 같은 함수에서도 this 값은 함수가 호출되는 컨텍스트에 따라 변경될 수 있기 때문에, 다른 객체에 영향을 주려다 실수로 원래 객체에 영향을 미칠 수 있다.

다음 예제를 살펴보자.

```
let PageHandler = {

    id: "123456",

    init: function() {
        document.addEventListener("click", function(event) {
            this.doSomething(event.type);      // 에러 발생
        }, false);
    },

    doSomething: function(type) {
        console.log("Handling " + type  + " for " + this.id);
    }
};
```

이 코드에서 PageHandler 객체는 페이지에서 상호작용을 처리하기 위해 설계되었다. init() 메서드는 상호작용을 설정하기 위해 호출되고, 그다음에 this.doSomething()을 호출하기 위한 이벤트 핸들러를 할당한다. 그러나 이 코드는 정확하게 의도한 대로 동작하지 않는다.

this.doSomething()를 호출하면 this가 PageHandler에 바인딩되는 대신 이벤트의 대상이 되는 객체(여기서는 document)를 참조하기 때문에 제대로 동작하지 않는다. 이 코드를 실행시켜 보면 대상 객체인 document에는 this.doSomething()이 없으므로 이벤트 핸들러가 실행될 때 에러가 발생한다.

다음 코드처럼 함수에 bind() 메서드를 사용하여 this 값이 PageHandler에 명시적으로 바인딩되도록 고칠 수 있다.

```
let PageHandler = {

    id: "123456",

    init: function() {
        document.addEventListener("click", (function(event) {
            this.doSomething(event.type);      // 에러가 발생하지 않음
        }).bind(this), false);
    },

    doSomething: function(type) {
        console.log("Handling " + type  + " for " + this.id);
    }
};
```

이제 의도한 대로 코드가 동작하지만, 다소 어색해 보일 수 있다. bind(this)를 호출하여 사실상 새로운 함수를 만들고 있고, 그 함수는 PageHandler를 가리키는 현재 스코프의 this로 바인딩된다. 추가적인 함수를 만들지 않고 이 코드를 고치는 더 나은 방법은 화살표 함수를 사용하는 것이다.

화살표 함수는 this 바인딩을 하지 않으므로, 화살표 함수 내 this 값은 스코프 체인을 통해서만 결정된다. 만약 화살표 함수가 일반 함수 안에 포함되는 형태로 있으면 this 값은 화살표 함수를 감싸는 함수에서의 값과 같을 것이고, 그렇지 않으면 this는 전역 스코프의 this 값과 같다. 다음 예제에서 화살표 함수를 사용해 작성하는 방법을 살펴볼 수 있다.

```
let PageHandler = {

    id: "123456",

    init: function() {
        document.addEventListener("click",
                event => this.doSomething(event.type), false);
    },

    doSomething: function(type) {
        console.log("Handling " + type  + " for " + this.id);
    }
};
```

이 예제에서 이벤트 핸들러는 this.doSomething()을 호출하는 화살표 함수이다. this 값은 init() 내의 값과 같고, 이 예제 코드는 bind(this)를 사용한 예제와 유사하게 동작한다. 비록 doSomething() 메서드는 값을 반환하지 않지만, 함수 본문 안에 실행문만 있기에 중괄호로 감쌀 필요가 없다.

화살표 함수는 '일회성' 함수로 설계되어, 새로운 타입을 정의하기 위해 사용될 수 없다. 이는 보통의 함수에는 있는 prototype 프로퍼티가 화살표 함수에는 없다는 점에서 명백히 알 수 있다. 다음 예제처럼 화살표 함수에 new 연산자를 사용하려 하면 에러가 발생한다.

```
var MyType = () => {},
    object = new MyType();    // 에러 발생 - 화살표 함수는 'new'와 함께 호출할 수 없음
```

이 코드에서 MyType은 화살표 함수이므로 [[Construct]] 기능이 없기 때문에 new MyType() 호출은 실패한다. 화살표 함수가 new와 함께 사용될 수 없다는 사

실은 자바스크립트 엔진이 화살표 함수를 좀 더 최적화할 수 있다는 의미이다.

또한 화살표 함수의 this 값은 감싸고 있는 함수에 의해 결정되기 때문에 call()과 apply(), bind()를 사용하여 this 값을 변경할 수 없다.

3.8.4 화살표 함수와 배열

화살표 함수의 간결한 문법은 배열을 가공하는 데도 적합하다. 예를 들어 사용자 정의 비교자로 배열을 정렬할 때 보통은 다음 예제처럼 작성한다.

```
var result = values.sort(function(a, b) {
    return a - b;
});
```

매우 단순한 처리를 위해 많은 구문이 필요하다. 간결한 화살표 함수 버전과 비교해 보자.

```
var result = values.sort((a, b) => a - b);
```

sort()와 map(), reduce() 같은 콜백 함수를 받는 배열 메서드에서는 화살표 함수 문법을 사용하면, 대개 외관상 복잡한 처리를 더 단순한 코드로 변경할 수 있다.

3.8.5 No arguments 바인딩

비록 화살표 함수는 arguments 객체를 가지고 있지 않지만, 둘러싼 함수의 arguments 객체에 접근할 수 있다. 그 arguments 객체는 나중에 화살표 함수가 실행되는 곳 어디든 이용할 수 있다. 다음 예제를 보자.

```
function createArrowFunctionReturningFirstArg() {
    return () => arguments[0];
}

var arrowFunction = createArrowFunctionReturningFirstArg(5);

console.log(arrowFunction());       // 5
```

화살표 함수는 createArrowFunctionReturningFirstArg() 내의 arguments[0]를 참조한다. 참조는 createArrowFunctionReturningFirstArg()에 전달된 인자

의 첫 번째 값을 가진다. 화살표 함수는 나중에 실행될 때, createArrowFunction
ReturningFirstArg()에 전달된 첫 번째 인자 5를 반환한다. 화살표 함수는 더 이
상 그것을 만든 함수의 스코프 안에 있지 않지만 arguments 식별자의 스코프 체
인 방식 때문에 arguments에 접근할 수 있다.

3.8.6 화살표 함수 식별하기

문법은 다르지만 화살표 함수는 여전히 함수이며 함수로 식별된다. 다음 예제를
살펴보자.

```javascript
var comparator = (a, b) => a - b;

console.log(typeof comparator);               // "function"
console.log(comparator instanceof Function);  // true
```

console.log()의 출력 결과는 typeof와 instanceof가 화살표 함수에도 일반적인
함수와 똑같이 동작한다는 것을 보여준다.

또한, 함수의 this-바인딩은 영향을 받지 않겠지만, 다른 함수처럼 화살표 함
수에도 여전히 call()과 apply(), bind()를 사용할 수 있다. 다음 예제를 살펴
보자.

```javascript
var sum = (num1, num2) => num1 + num2;

console.log(sum.call(null, 1, 2));     // 3
console.log(sum.apply(null, [1, 2]));  // 3

var boundSum = sum.bind(null, 1, 2);

console.log(boundSum());               // 3
```

sum() 함수는 다른 함수와 마찬가지로 인자를 전달하기 위해 call()과 apply()를
사용하여 호출된다. bind() 메서드는 1과 2를 인자로 직접 전달할 필요가 없도록
두 인자를 바인딩한 boundSum()를 만든다.

화살표 함수는 콜백처럼 익명 함수 표현식을 사용하는 곳 어디든지 적절하게
사용할 수 있다. 다음 절에서는 새로운 문법은 아니지만, ECMAScript 6 개발에
중요한 내부 동작을 다룬다.

3.9 꼬리 호출 최적화

아마도 ECMAScript 6에서 함수의 가장 흥미로운 변화는 꼬리 호출 시스템을 변경하는 엔진 최적화일 것이다. 꼬리 호출은 다음 예제에서 볼 수 있듯이 함수가 다른 함수의 마지막에 호출될 때를 말한다.

```
function doSomething() {
    return doSomethingElse();    // 꼬리 호출
}
```

ECMAScript 5 엔진에 구현된 꼬리 호출은 일반적인 함수 호출처럼 처리된다. 즉, 함수 호출을 나타내기 위하여 호출 스택에 새로운 스택 프레임을 만들고 추가한다. 그것은 이전의 모든 스택 프레임이 메모리에 유지되고, 호출 스택이 너무 커지면 메모리에 문제가 발생할 수 있다는 의미이다.

3.9.1 ECMAScript 6 꼬리 호출의 차이점

ECMAScript 6에서는 strict 모드에서 특정 꼬리 호출을 위한 호출 스택의 크기를 줄인다(non-strict 모드의 꼬리 호출은 그대로 남아 있다). 이러한 최적화로, 다음의 조건을 만족하면 꼬리 호출을 위한 새로운 스택 프레임을 만드는 대신 현재 스택 프레임을 지우고 재사용한다.

- 꼬리 호출이 현재 스택 프레임의 변수에 접근하지 않음(함수가 클로저가 아님을 의미)
- 꼬리 호출을 만드는 함수가 꼬리 호출 반환 후에 남은 작업이 없음
- 꼬리 호출의 결과가 함수의 값으로서 반환됨

예를 들면, 다음 코드는 세 가지 기준에 만족하기 때문에 쉽게 최적화될 수 있다.

```
"use strict";

function doSomething() {
    // 최적화 됨
    return doSomethingElse();
}
```

이 함수는 doSomethingElse()로 꼬리 호출을 하고, 결과를 바로 반환하고, 지역

스코프의 변수에 접근하지 않는다. 결과를 반환하지 않도록 조금만 변경해도, 최적화되지 않는다.

```
"use strict";

function doSomething() {
    // 최적화되지 않음 - 반환 값 없음
    doSomethingElse();
}
```

마찬가지로, 함수에 꼬리 호출 후 명령을 수행하도록 하면 그 함수는 최적화될 수 없다.

```
"use strict";

function doSomething() {
    // 최적화되지 않음 - 반환 후 추가 작업이 있음
    return 1 + doSomethingElse();
}
```

이 예제는 값을 반환하기 전에 doSomethingElse()의 결과값에 1을 더하므로, 최적화 기준을 충족시키지 못한다.

다음 예제처럼 함수 호출의 결과를 변수에 저장하여 반환하는 방식은 의도치 않은 최적화를 막는 일반적인 방식이다.

```
"use strict";

function doSomething() {
    // 최적화되지 않음 - 마지막 위치가 아닌 곳에서 호출
    var result = doSomethingElse();
    return result;
}
```

이 예제는 doSomethingElse() 값이 바로 반환되지 않기 때문에 최적화될 수 없다.

최적화 조건을 만족시키기 가장 어려운 상황은 클로저를 사용하는 경우이다. 클로저는 스코프를 감싸는 곳의 변수에 접근하기 때문에, 꼬리 호출 최적화는 작동하지 않을 것이다. 다음 예제를 보자.

```
"use strict";

function doSomething() {
    var num = 1,
        func = () => num;

    // 최적화되지 않음 - 함수가 클로저로 동작
    return func();
}
```

이 예제에서 func() 클로저는 num 지역변수에 접근한다. func() 호출이 결과를
바로 반환하지만 num 변수 참조 때문에 최적화할 수 없다.

3.9.2 꼬리 호출 최적화를 이용하는 방법

실제 꼬리 호출 최적화는 내부적으로 동작하므로, 함수를 최적화하려 시도하지
않는 한 고민할 필요가 없다. 꼬리 호출 최적화는 주로 최적화가 크게 영향을 미
치는 재귀 함수에 사용한다. 팩토리얼 값을 계산하는 다음 예제의 함수를 살펴
보자.

```
function factorial(n) {

    if (n <= 1) {
        return 1;
    } else {

        // 최적화되지 않음 - 반환 후에 곱셈을 해야 함
        return n * factorial(n - 1);
    }
}
```

이 예제의 함수는 factorial() 재귀 호출 후 곱셈이 계속 일어나기 때문에 최적
화되지 않는다. 만약 n이 매우 크면, 호출 스택 크기는 늘어날 것이고 스택 오버
플로를 발생시킬 수도 있다.

함수를 최적화 하기 위해서는 마지막 함수 호출 후 곱셈을 하지 않아야 한다.
그러기 위해 기본 매개변수를 사용하여 곱셈 연산을 return문 바깥으로 옮길 수
있다. 결과 함수는 다음 반복에 임시 결과를 함께 전달하고, 똑같이 동작하지만
ECMAScript 6 엔진에 의해 **최적화될 수 있는** 함수를 만든다. 다음 예제의 새로운
코드를 살펴보자.

```
function factorial(n, p = 1) {

    if (n <= 1) {
        return 1 * p;
    } else {
        let result = n * p;

        // 최적화 됨
        return factorial(n - 1, result);
    }
}
```

이렇게 재작성된 버전의 factorial()에서 두 번째 인자 p는 기본값이 1인 매개변수로 추가된다. p 매개변수는 이전 곱셈 결과를 가지고 있어서 함수 호출 없이 다음 결과를 계산할 수 있다. n이 1보다 클 때, 곱셈은 먼저 실행되고 factorial()에 두 번째 인자로 전달된다. 이렇게 변경하면 ECMAScript 6 엔진이 재귀 호출 최적화를 수행할 수 있다.

꼬리 호출 최적화는 특히 계산 비용이 많이 드는 함수에 적용할 때 상당히 성능을 개선할 수 있기 때문에, 재귀 함수를 작성할 때는 항상 고려해야만 한다.

> 이 글을 쓰는 시점에 ECMAScript 6 꼬리 호출 최적화에 대한 변경이 검토되고 있다. 꼬리 호출 최적화는 명확함을 증가시키기 위해 특별한 구문이 필요할 수도 있다. 진행 중인 논의는 ECMAScript 8(ECMAScript 2017)에 영향을 미칠 수 있다.

3.10 요약

ECMAScript 6에서의 함수는 크게 변경되기보다는 더 쉽게 사용할 수 있도록 기능이 강화되었다.

함수의 매개변수 기본값은 각 인자가 전달되지 않았을 때 사용하기 위한 값의 지정을 쉽게 한다. ECMAScript 6 이전에는 함수 인자의 존재를 확인하고 특정 값을 할당하는 동작을 구현하기 위해 추가적인 코드가 필요했다.

나머지 매개변수는 남아 있는 모든 매개변수를 하나의 배열로 지정할 수 있도록 한다. 실제 배열을 사용하고 포함할 매개변수를 직접 지정하도록 하는 기능은 나머지 매개변수가 arguments보다 훨씬 더 유연한 해결책이 되도록 한다.

전개 연산자는 나머지 매개변수와 같이 사용하여, 함수를 호출할 때 하나의 배열을 분리된 매개변수로 구조분해할 수 있게 한다. ECMAScript 6 이전에 배열을 각각 매개변수로 전달하는 방법은 수동으로 매개변수를 명시하거나 apply()를 사용하는 두 가지뿐이었다. ECMAScript 6에서는 전개 연산자를 사용하여 함수의 this 바인딩에 대한 고민 없이 어떤 함수에나 쉽게 배열을 전달할 수 있다.

name 프로퍼티가 추가되면서 명확한 용도를 확인하고 디버깅하기 위한 함수 식별이 쉬워졌다. ECMAScript 6에서는 공식적으로 블록 레벨 함수의 동작이 정의되었고, 그로 인해 블록 레벨 함수는 strict 모드에서 더 이상 문법 에러가 발생하지 않는다.

ECMAScript 6에서 함수의 동작은, 일반적인 함수 실행은 [[Call]]에 의해, 그리고 new와 함께 호출될 때는 [[Construct]]에 의해 정의된다. new.target 메타 프로퍼티를 통해 함수가 new를 사용하여 호출되었는지를 확인할 수 있다.

ECMAScript 6 함수의 가장 큰 변화는 화살표 함수가 추가되었다는 것이다. 화살표 함수는 익명 함수 표현식 대신 사용되도록 설계되었다. 화살표 함수는 더 간결한 문법과 이해가 쉬운 this 바인딩을 가지며, arguments 객체가 없다. 그리고 화살표 함수는 this 바인딩을 변경할 수 없으므로 생성자로써 사용될 수 없다.

꼬리 호출 최적화는 호출 스택을 더 작게 유지하고, 메모리를 절약하고, 스택 오버플로 에러를 방지하기 위해 일부 함수 호출을 최적화한다. 꼬리 호출 최적화는 최적화를 안전하게 적용할 수 있을 때에만 엔진에 의해 자동으로 적용된다. 그러나 꼬리 호출 최적화의 이점을 얻기 위해서는 재귀 함수를 재작성해야 할 수도 있다.

Understanding ECMAScript 6

확장된 객체 기능

자바스크립트 대부분이 객체 타입이기 때문에 ECMAScript 6에서는 객체를 더 유용하게 만드는 데 중점을 두었다. 자바스크립트 애플리케이션이 복잡해질수록, 개발자들이 사용하는 자바스크립트 프로그램 객체의 수도 점점 증가했다. 프로그램 안에 객체가 많아질수록 효과적으로 사용해야 한다.

ECMAScript 6에서는 간단한 문법 확장부터 조작과 상호 작용을 위한 옵션까지 다양한 방법으로 객체를 개선했다. 이 장에서는 이러한 개선 사항을 자세히 설명한다.

4.1 객체 카테고리

자바스크립트에서는 표준 객체를 설명하기 위해 브라우저와 같은 실행 환경에서 추가된 용어와는 다른 용어를 사용한다. ECMAScript 6 명세에서는 각 카테고리를 명확하게 정의한다. 언어 전체를 이해하기 위해 이런 용어는 반드시 이해해야 한다. 객체 카테고리는 다음과 같다.

- 일반 객체(ordinary objects) 자바스크립트 객체의 모든 기본 내부 동작을 가진다.
- 이형 객체(exotic objects) 기본과 다른 내부 동작을 가진다.
- 표준 객체(standard objects) ECMAScript 6에 정의되었으며, Array, Date 등이 있다. 표준 객체는 일반 객체이거나 이형 객체일 수 있다.
- 내장 객체(built-in objects) 스크립트가 실행되는 자바스크립트 실행 환경에 존

4.1 객체 카테고리　　**75**

재한다. 모든 표준 객체는 내장 객체이다.

이 책에서는 ECMAScript 6에서 정의한 여러 가지 객체를 설명하기 위해 이 용어들을 사용한다.

4.2 객체 리터럴의 문법 확장

객체 리터럴은 자바스크립트에서 가장 인기 있는 방식 중 하나이다. JSON은 객체 리터럴 문법에 기반을 두며, 인터넷의 거의 모든 자바스크립트 파일에서 사용된다. 객체 리터럴이 인기 있는 이유는 코드를 여러 라인으로 적지 않고도 간단한 문법으로 객체를 생성할 수 있기 때문이다. 다행히 ECMAScript 6에서는 개발자를 위해 몇 가지 문법을 확장하여 객체 리터럴을 좀 더 강력하고 간결하게 만들었다.

4.2.1 프로퍼티 초기자 축약

ECMAScript 5까지, 객체 리터럴은 단순히 이름-값 쌍의 컬렉션이었으며, 이는 컬렉션에서 프로퍼티 값을 초기화할 때 중복이 생길 수 있다는 의미였다. 다음 예제를 살펴보자.

```
function createPerson(name, age) {
    return {
        name: name,
        age: age
    };
}
```

createPerson() 함수는 함수 매개변수 이름과 같은 프로퍼티 이름을 갖는 객체를 생성한다. 그 결과, 하나는 객체 프로퍼티 이름이고 다른 하나는 그 프로퍼티에 할당될 값이지만 name과 age가 중복처럼 보인다. 반환할 객체의 name에 변수 name의 값을 할당하고, 객체의 age에 변수 age의 값을 할당한다.

　ECMAScript 6에서는 프로퍼티 초기자(property initializer) 축약 문법을 이용하여 프로퍼티 이름과 지역 변수의 중복을 제거할 수 있다. 객체 프로퍼티 이름이 지역 변수 이름과 같으면, 콜론(:)과 값을 명시하지 않고 간단하게 이름만 사용할 수 있다. 예를 들면, ECMAScript 6에서 createPerson()은 다음 예제처럼 수정할 수 있다.

```
function createPerson(name, age) {
    return {
        name,
        age
    };
}
```

객체 리터럴의 프로퍼티가 축약되어 이름만 있을 때, 자바스크립트 엔진은 주변 스코프에 같은 이름을 가진 변수가 있는지 찾는다. 그리고 이름을 찾았다면 찾은 변수의 값을 객체 리터럴의 같은 이름으로 할당한다. 이 예제에서는, 지역 변수 name의 값을 객체 리터럴의 프로퍼티 name에 할당한다.

프로퍼티 축약 문법은 객체 리터럴 초기화를 더 간결하게 하고 네이밍 에러를 없애는 데 도움이 된다. 지역 변수와 같은 이름의 프로퍼티에 값을 할당하는 것은 자바스크립트에서 매우 흔한 방식이기 때문에 객체 리터럴 문법 확장은 더욱 환영받는다.

4.2.2 간결한 메서드(concise methods)

ECMAScript 6에서는 객체 리터럴에서 메서드 할당을 위한 문법이 개선되었다. ECMAScript 5까지는, 객체에 메서드를 추가하기 위해 이름과 함수 정의 전체를 명시해야 했다. 다음 예제를 보자.

```
var person = {
    name: "Nicholas",
    sayName: function() {
        console.log(this.name);
    }
};
```

ECMAScript 6에서는 콜론과 function 키워드가 제거되어 문법이 좀 더 간결해졌다. 즉, 앞의 예제를 다음 예제처럼 변경할 수 있다.

```
var person = {
    name: "Nicholas",
    sayName() {
        console.log(this.name);
    }
};
```

간결한 메서드(concise methods) 문법이라고도 불리는 이 축약 문법은 앞의 예제와 마찬가지로 person 객체에 메서드를 만든다. sayName() 프로퍼티에는 익명 함수 표현식이 할당되고 ECMAScript 5의 sayName() 함수와 같은 특성을 가진다. 한 가지 다른 점은 간결한 메서드는 super(super는 87쪽의 "Super 참조를 통한 쉬운 프로토타입 접근"에서 설명한다)를 사용할 수 있지만, 간결한 메서드가 아닌 경우에는 super를 사용할 수 없다.

 간결한 메서드 축약을 사용하여 생성한 메서드의 name 프로퍼티는 괄호 앞에 사용된 이름이다. 이 예제에서 person.sayName()의 name 프로퍼티는 "sayName"이다.

4.2.3 계산된(computed) 프로퍼티 이름

ECMAScript 5까지는 점 표기법이 아닌 대괄호 표기법을 사용할 때만 객체 인스턴스의 프로퍼티 이름을 계산할 수 있었다. 대괄호 표기법에서는 변수와 문자열 리터럴을 사용해 프로퍼티 이름을 명시할 수 있는데, 여기에는 식별자로 사용하면 문법 에러를 발생시킬 수 있는 문자도 포함된다. 다음 예제를 살펴보자.

```
var person = {},
    lastName = "last name";

person["first name"] = "Nicholas";
person[lastName] = "Zakas";

console.log(person["first name"]);     // "Nicholas"
console.log(person[lastName]);         // "Zakas"
```

lastName에 "last name"이 할당되었기 때문에, 공백 문자가 포함된 이 예제의 두 프로퍼티 이름은 점 표기법을 사용하여 참조할 수 없다. 그러나 대괄호 표기법에서는 어떤 문자열 값이든 프로퍼티 이름으로 사용할 수 있으므로, "first name"에 "Nicholas"를 그리고 "last name"에 "Zakas"를 할당하는 것이 가능하다.

추가로, 객체 리터럴 안에 프로퍼티 이름으로 문자열 리터럴을 바로 사용할 수 있다. 예제를 보자.

```
var person = {
    "first name": "Nicholas"
};

console.log(person["first name"]);     // "Nicholas"
```

이 방식은 미리 정의되어 있고 문자열 리터럴로 표현될 수 있는 프로퍼티 이름의 경우에는 잘 동작한다. 그러나 만약 프로퍼티 이름 "first name"이 변수에 할당되어 있거나(앞 예제의 lastName처럼) 계산되어야 한다면 ECMAScript 5에서 기존의 객체 리터럴을 사용하여 정의하는 방법은 없다.

ECMAScript 6에서, 계산된 프로퍼티 이름은 객체 리터럴 문법의 일부이며 대괄호 표기법을 사용하여 객체 인스턴스에 계산된 프로퍼티 이름을 참조할 수 있다. 다음 예제를 보자.

```js
let lastName = "last name";

let person = {
    "first name": "Nicholas",
    [lastName]: "Zakas"
};

console.log(person["first name"]);      // "Nicholas"
console.log(person[lastName]);          // "Zakas"
```

객체 리터럴 안에 대괄호는 프로퍼티 이름을 계산한다는 것을 나타내며, 대괄호의 내용은 문자열로 평가된다. 또한 다음 예제와 같이 표현식을 포함할 수도 있다.

```js
var suffix = " name";

var person = {
    ["first" + suffix]: "Nicholas",
    ["last" + suffix]: "Zakas"
};

console.log(person["first name"]);      // "Nicholas"
console.log(person["last name"]);       // "Zakas"
```

이 예제의 프로퍼티들은 "first name"과 "last name"으로 평가되고, 이후에 프로퍼티를 참조하는 데 평가된 문자열이 사용될 수 있다. 객체 인스턴스에 괄호 표기법을 사용할 때, 대괄호 안에 입력하는 어떤 값이든 객체 리터럴 안에서 계산된 프로퍼티 이름으로 처리될 것이다.

4.3 새로운 메서드

ECMAScript 5부터 시작된 ECMAScript의 설계 목표 중 하나는 가능한 한 전역 함수와 `Object.prototype` 메서드를 추가하지 않는 것이었다. 그 대신 개발자가 표준에 새로운 메서드를 추가하려고 할 때, 그 메서드를 적절한 기존의 객체에서 이용할 수 있도록 했다. 그 결과 적절한 객체가 없을 때마다 전역 `Object`의 메서드 개수가 증가했다. ECMAScript 6에서는 더 쉽게 작업할 수 있도록 설계한 두 개의 새로운 메서드를 전역 `Object`에 도입했다.

4.3.1 Object.is() 메서드

자바스크립트에서 두 값을 비교할 때, 동등 연산자(==)나 일치 연산자(===)를 사용했을 것이다. 많은 개발자가 타입 강제 변환을 피하고자 일치 연산자를 선호했다. 그러나 일치 연산자도 완벽하진 않다. 예를 들면, 자바스크립트 엔진은 +0과 -0 값을 다르게 표현하지만 ===는 같은 것으로 간주한다. 또한, NaN === NaN의 반환 값은 `false`이며, NaN를 제대로 찾기 위해서는 `isNaN()`를 사용해야 했다.

ECMAScript 6에서는 일치 연산자를 보완하기 위해 `Object.is()` 메서드가 도입되었다. `Object.is()` 메서드는 두 인자를 받아서 두 인자가 일치한다면 true를 반환한다. 두 인자가 타입과 값 모두 같을 때, 두 인자는 일치하는 것으로 간주한다.

```
console.log(+0 == -0);           // true
console.log(+0 === -0);          // true
console.log(Object.is(+0, -0));  // false

console.log(NaN == NaN);         // false
console.log(NaN === NaN);        // false
console.log(Object.is(NaN, NaN)); // true

console.log(5 == 5);             // true
console.log(5 == "5");           // true
console.log(5 === 5);            // true
console.log(5 === "5");          // false
console.log(Object.is(5, 5));    // true
console.log(Object.is(5, "5"));  // false
```

`Object.is()`는 === 연산자와 대부분 똑같이 동작한다. 유일한 차이점은 +0과 -0은 동등하지 않고 NaN과 NaN은 동등하게 간주하는 것뿐이다. 그러나 동등 연산자를 사용하지 않을 필요는 없다. NaN 같은 특별한 경우가 코드에 어떤 영향을 주는지에 따라 ==나 === 대신 `Object.is()`를 사용할지 선택해야 한다.

4.3.2 Object.assign() 메서드

믹스인(Mixin)은 자바스크립트에서 객체를 합성할 때 가장 인기 있는 패턴이다. 믹스인에서, 한 객체는 다른 객체의 프로퍼티와 메서드를 받는다. 자바스크립트 라이브러리 중 다수가 다음 코드와 유사한 믹스인 메서드를 가지고 있다.

```
function mixin(receiver, supplier) {
    Object.keys(supplier).forEach(function(key) {
        receiver[key] = supplier[key];
    });

    return receiver;
}
```

mixin() 함수는 supplier의 프로퍼티를 순회하여 receiver로 복사(얕은 복사 (shallow copy), 프로퍼티 값이 객체이면 그 객체의 참조값만 복사됨)한다. 믹스인을 사용하여 상속 없이 receiver에 새로운 프로퍼티를 추가할 수 있다. 다음 예제를 보자.

```
function EventTarget() { /*...*/ }
EventTarget.prototype = {
    constructor: EventTarget,
    emit: function() { /*...*/ },
    on: function() { /*...*/ }
};

var myObject = {};
mixin(myObject, EventTarget.prototype);

myObject.emit("somethingChanged");
```

이 예제에서 myObject는 EventTarget.prototype 객체의 속성을 받는다. myObject는 받은 emit()와 on()을 사용하여 각각의 이벤트를 발생시키고 받을 수 있다.

　믹스인 패턴은 ECMAScript 6에 Object.assign() 메서드가 추가될 만큼 인기를 얻었다. Object.assign() 메서드는 믹스인 패턴과 마찬가지로 하나의 수신자와 여러 개의 공급자를 받아 수신자를 반환하는 방식으로 동작한다. 실제 일어나는 연산을 반영하여 mixin()에서 assign()으로 이름을 변경했다. 함수 mixin()은 할당 연산자(=)를 사용하기 때문에, 접근자 프로퍼티를 수신자의 접근자 프로퍼티로 복사할 수 없다.

이 차이를 반영하여 `Object.assign()`이라고 이름 붙였다.

 다양한 라이브러리에서 유사한 메서드들은 기본적으로 같은 기능에 다른 이름을 가지고 있다. 대체로 인기 있는 라이브러리에서 사용하는 메서드 이름은 extend()나 mix()이다. `Object.assign()` 메서드 외에도 `Object.mixin()` 메서드가 일시적으로 ECMAScript 6에 추가 되었다. 주요한 차이점은 `Object.mixin()`이 접근자 프로퍼티를 복사하는 것이었지만, `Object.mixin()` 메서드는 super 사용에 대한 우려 때문에 제거되었다(87쪽의 "Super 참조를 통한 쉬운 프로토타입 접근"에서 논의한다).

`mixin()` 함수가 사용된 곳 어디든지 `Object.assign()`을 사용할 수 있다. 예제를 살펴보자.

```
function EventTarget() { /*...*/ }
EventTarget.prototype = {
    constructor: EventTarget,
    emit: function() { /*...*/ },
    on: function() { /*...*/ }
}

var myObject = {}
Object.assign(myObject, EventTarget.prototype);

myObject.emit("somethingChanged");
```

`Object.assign()` 메서드는 다수의 공급자를 받고, 수신자는 순차적으로 공급자의 프로퍼티를 받는다. 이는 두 번째 공급자가 첫 번째 공급자로부터 받은 수신자의 값을 덮어쓸 수 있다는 의미이다. 다음 코드를 살펴보자.

```
var receiver = {};

Object.assign(receiver,
    {
        type: "js",
        name: "file.js"
    },
    {
        type: "css"
    }
);

console.log(receiver.type);     // "css"
console.log(receiver.name);     // "file.js"
```

두 번째 공급자가 첫 번째 값을 덮어썼기 때문에 receiver.type의 값은 "css" 이다.

접근자 프로퍼티의 동작

공급자가 접근자 프로퍼티를 가질 때, Object.assign() 메서드는 수신자에 접근자 프로퍼티를 생성하지 않는다는 것을 명심하자. Object.assign() 메서드는 할당 연산자를 사용하기 때문에 공급자의 접근자 프로퍼티는 수신자의 데이터 프로퍼티가 된다. 다음 예제를 보자.

```
var receiver = {},
    supplier = {
        get name() {
            return "file.js"
        }
    };

Object.assign(receiver, supplier);

var descriptor = Object.getOwnPropertyDescriptor(receiver, "name");

console.log(descriptor.value);       // "file.js"
console.log(descriptor.get);         // undefined
```

이 코드에서, supplier는 name이라는 접근자 프로퍼티를 가진다. Object.assign()이 호출될 때 supplier.name이 "file.js"를 반환하기 때문에 Object.assign() 메서드를 사용한 후 receiver.name은 "file.js"의 값을 가진 데이터 프로퍼티로 존재한다.

4.4 객체 리터럴 프로퍼티의 중복

ECMAScript 5 strict 모드는 객체 리터럴 프로퍼티를 검사하여 중복을 발견하면 에러를 발생시킨다. 다음 예제 코드를 살펴보자.

```
"use strict";

var person = {
    name: "Nicholas",
    name: "Greg"        // ES5 strict 모드에서 에러 발생
};
```

ECMAScript 5 strict 모드에서 실행 시, 두 번째 프로퍼티 name은 문법 에러를 발생시킨다. 그러나 ECMAScript 6에서는 프로퍼티의 중복 검사 기능이 제거되었다.

strict와 non-strict 모드는 더 이상 중복 프로퍼티를 위한 검사를 하지 않는다. 대신에 주어진 이름의 마지막 프로퍼티가 프로퍼티의 실제 값이 된다. 다음 예제를 보자.

```
"use strict";

var person = {
    name: "Nicholas",
    name: "Greg"          // ECMAScript 6 strict 모드에서 에러가 발생하지 않음
};

console.log(person.name);     // "Greg"
```

이 예제에서, 마지막 값이 프로퍼티에 지정되기 때문에 person.name의 값은 "Greg"이다.

4.5 객체 내 프로퍼티 열거 순서

ECMAScript 5에서는 객체 프로퍼티의 열거 순서를 정의하지 않았고, 자바스크립트 엔진 벤더[1]들에게 맡겼다. 그러나 ECMAScript 6에서는 객체의 프로퍼티를 열거할 때 반환하는 순서를 엄격하게 정의한다. 객체 프로퍼티의 열거 순서는 Object.getOwnPropertyNames()와 Reflect.ownKeys를 사용하여 프로퍼티를 반환하는 경우 영향을 준다(12장에서 다룬다). 또한, Object.assign()으로 처리되는 프로퍼티 순서에도 영향을 준다.

객체 내 프로퍼티 열거를 위한 기본적인 순서는 다음과 같다.

- 모든 숫자 키는 오름차순
- 모든 문자열 키는 객체에 추가된 순서
- 모든 심벌 키(6장에서 다룬다)는 객체에 추가된 순서

다음 예제를 보자.

```
var obj = {
    a: 1,
    0: 1,
    c: 1,
    2: 1,
```

1   (옮긴이) 마이크로소프트나 구글처럼 자바스크립트 엔진을 구현하고 있는 기업을 의미.

```
        b: 1,
        1: 1
    };

    obj.d = 1;

    console.log(Object.getOwnPropertyNames(obj).join(""));     // "012acbd"
```

Object.getOwnPropertyNames() 메서드는 obj의 프로퍼티를 0, 1, 2, a, c, b, d 순
서대로 반환한다. 객체 리터럴 안에서는 순서대로 보이지 않더라도, 숫자 키는
숫자 키끼리 그룹화되어 정렬된다.

문자열 키는 숫자 키 뒤에 obj에 추가된 순서대로 보인다. 객체 리터럴 키가
먼저 온 다음, 나중에 동적으로 추가된 키가 이어진다(이 경우에는 d).

 모든 자바스크립트 엔진이 같은 방식으로 for-in 반복문을 구현하지 않았기 때문에 여전
히 for-in 반복문은 열거 순서가 명시되어 있지 않다. 메서드 Object.keys()와 JSON.
stringify() 역시 for-in문과 같은(지정되지 않은) 열거 순서를 사용한다.

열거 순서는 자바스크립트 동작 방식의 작은 변화일 뿐이지만, 올바른 동작을
위해 특정 열거 순서에 의존하는 프로그램을 쉽게 발견할 수 있다. ECMAScript
6에서는 열거 순서를 정의하여, 열거 순서에 의존하는 자바스크립트 코드가 실
행환경에 관계없이 제대로 동작하는 것을 보장한다.

4.6 프로토타입 개선

자바스크립트에서 상속의 기초가 되는 프로토타입은 ECMAScript 6에서 더욱
유용해졌다. 자바스크립트의 초기 버전에서는 프로토타입으로 할 수 있는 것을
엄격하게 제한했다. 그러나 언어가 발전하고 프로토타입의 동작 방식에 점점 익
숙해지면서 개발자는 프로토타입을 더 잘 관리하고 더 쉽게 작업하길 원했다.
그 결과, ECMAScript 6에서는 프로토타입의 일부가 개선되었다.

4.6.1 객체의 프로토타입 변경하기

일반적으로 객체의 프로토타입은 Object.create()나 생성자를 통해 객체
를 생성할 때 지정된다. 객체의 프로토타입이 인스턴스화 된 후 변하지 않는
다는 것은 ECMAScript 5 자바스크립트 프로그래밍에서 가장 주요한 가정
이었다. ECMAScript 5에서 주어진 객체의 프로토타입을 검색하는 Object.

getPrototypeOf() 메서드가 추가되었지만, 여전히 인스턴스화 된 후 객체의 프로토타입을 변경하기 위한 표준적인 방법이 부족했다.

    ECMAScript 6에서는 주어진 객체의 프로토타입을 변경할 수 있는 `Object.setPrototypeOf()` 메서드를 추가하여, 객체 프로토타입이 인스턴스화 된 후 변하지 않을 것이라는 가정을 변경했다. `Object.setPrototypeOf()` 메서드는 프로토타입을 변경할 객체와 프로토타입이 될 객체를 인자로 받는다. 다음 예제를 보자.

```
let person = {
    getGreeting() {
        return "Hello";
    }
};

let dog = {
    getGreeting() {
        return "Woof";
    }
};

// prototype은 person
let friend = Object.create(person);
console.log(friend.getGreeting());                 // "Hello"
console.log(Object.getPrototypeOf(friend) === person);  // true

// prototype을 dog로 설정
Object.setPrototypeOf(friend, dog);
console.log(friend.getGreeting());                 // "Woof"
console.log(Object.getPrototypeOf(friend) === dog);  // true
```

이 예제에서는 두 개의 객체 person과 dog를 정의한다. 두 객체는 문자열을 반환하는 getGreeting() 메서드를 가진다. friend 객체는 person 객체를 상속받고, getGreeting()은 "Hello"를 출력한다. 프로토타입이 dog 객체가 되면, person과의 관계가 깨지기 때문에 friend.getGreeting()은 "Woof"를 출력한다.

    객체 프로토타입의 실제 값은 [[Prototype]]이라는 내부 전용 프로퍼티에 저장된다. Object.getPrototypeOf() 메서드는 [[Prototype]]에 저장된 값을 반환하고, Object.setPrototypeOf() 메서드는 [[Prototype]]에 저장된 값을 변경한다. 그러나 이것이 [[Prototype]] 값을 이용하는 유일한 방법은 아니다.

4.6.2 Super 참조를 통한 쉬운 프로토타입 접근

앞에서 언급한 것처럼, 프로토타입은 자바스크립트에서 매우 중요하다. 그리고 ECMAScript 6에서는 프로토타입을 쉽게 다룰 수 있도록 많은 부분이 추가되었다. 또 다른 개선 사항은 객체의 프로토타입에 쉽게 접근할 수 있는 참조인 super의 도입이다. 예를 들어 객체 인스턴스의 메서드를 오버라이드하려면 다음 예제처럼 같은 이름의 프로토타입 메서드를 호출한다.

```javascript
let person = {
    getGreeting() {
        return "Hello";
    }
};

let dog = {
    getGreeting() {
        return "Woof";
    }
};

let friend = {
    getGreeting() {
        return Object.getPrototypeOf(this).getGreeting.call(this) + ", hi!";
    }
};

// prototype을 person으로 설정
Object.setPrototypeOf(friend, person);
console.log(friend.getGreeting());                      // "Hello, hi!"
console.log(Object.getPrototypeOf(friend) === person);  // true

// prototype을 dog로 설정
Object.setPrototypeOf(friend, dog);
console.log(friend.getGreeting());                      // "Woof, hi!"
console.log(Object.getPrototypeOf(friend) === dog);     // true
```

이 예제에서, friend의 getGreeting()은 같은 이름의 프로토타입 메서드를 호출한다. Object.getPrototypeOf() 메서드는 올바른 프로토타입이 호출되는 것을 보장하고, 추가적인 문자열이 덧붙여져 출력된다. 추가된 .call(this)는 프로토타입 메서드 내부의 this 값이 올바르게 설정된다는 것을 보장한다.

프로토타입 메서드를 호출하기 위해 Object.getPrototypeOf()와 .call(this)를 사용하는 것은 복잡하기 때문에 ECMAScript 6에서는 super를 도입했다. 간단하게 말해 super는 현재 객체의 프로토타입을 가리키는 포인터이며, 사실상 Object.getPrototypeOf(this) 값이다. 이것을 사용하여 다음 예제처럼

getGreeting() 메서드를 단순화할 수 있다.

```
let friend = {
    getGreeting() {

        // 앞의 예제는 이렇게 사용했었음
        // Object.getPrototypeOf(this).getGreeting.call(this)
        return super.getGreeting() + ", hi!";
    }
};
```

이 함수 컨텍스트에서 super.getGreeting() 호출은 Object.getPrototypeOf
(this).getGreeting.call(this)와 같다. 마찬가지로, 간결한 메서드 안에서
super 참조를 사용하여 객체 프로토타입의 어떤 메서드든 호출할 수 있다. 간
결한 메서드 바깥에서 super를 사용한다면 문법 에러가 발생한다. 다음 예제를
보자.

```
let friend = {
    getGreeting: function() {
        //  에러 발생
        return super.getGreeting() + ", hi!";
    }
};
```

이 예제는 함수로 명시된 프로퍼티를 사용하지만 super가 해당 컨텍스트에서는
유효하지 않기 때문에 super.getGreeting() 호출은 문법 에러를 발생시킨다.

여러 단계에 걸쳐 상속하는 경우 Object.getPrototypeOf()가 모든 상황에서
정확히 동작하지 않기 때문에 super 참조는 정말 유용하다. 다음 예제를 보자.

```
let person = {
    getGreeting() {
        return "Hello";
    }
};

// 프로토타입은 person
let friend = {
    getGreeting() {
        return Object.getPrototypeOf(this).getGreeting.call(this) + ", hi!";
    }
};
Object.setPrototypeOf(friend, person);
```

```
// 프로토타입은 friend
let relative = Object.create(friend);

console.log(person.getGreeting());          // "Hello"
console.log(friend.getGreeting());          // "Hello, hi!"
console.log(relative.getGreeting());        // 에러!
```

relative.getGreeting()이 호출되었을때, Object.getPrototypeOf() 호출에서
에러가 발생한다. 그 이유는 this가 relative이고, relative의 프로토타입은
friend 객체이기 때문이다. this가 relative인 상태로 friend.getGreeting().
call()이 호출되면 프로세스가 스택 오버플로 에러를 발생시킬 때까지 재귀적
으로 반복 호출된다.

이 문제는 ECMAScript 5에서는 해결하기 어려웠지만, ECMAScript 6에서
super를 사용하면 쉽게 해결할 수 있다. 다음 예제를 보자.

```
let person = {
    getGreeting() {
        return "Hello";
    }
};

// 프로토타입은 person
let friend = {
    getGreeting() {
        return super.getGreeting() + ", hi!";
    }
};
Object.setPrototypeOf(friend, person);


// 프로토타입은 friend
let relative = Object.create(friend);

console.log(person.getGreeting());          // "Hello"
console.log(friend.getGreeting());          // "Hello, hi!"
console.log(relative.getGreeting());        // "Hello, hi!"
```

super 참조는 동적이지 않기 때문에, 항상 올바른 객체를 참조한다. 이 경우,
super.getGreeting()은 얼마나 많은 객체가 그 메서드를 상속했는지와 상관없이
person.getGreeting()을 참조한다.

4.7 공식적인 메서드 정의

ECMAScript 6 이전에 '메서드'의 개념은 공식적으로 정의되지 않았다. 메서드는 단지 데이터 대신에 함수를 가진 객체 프로퍼티였다. ECMAScript 6에서는, 메서드가 속한 객체를 내부 [[HomeObject]] 프로퍼티로 가진 함수가 메서드라고 공식적으로 정의한다. 다음 예제를 보자.

```
let person = {

    // 메서드
    getGreeting() {
        return "Hello";
    }
};

// 메서드가 아님
function shareGreeting() {
    return "Hi!";
}
```

이 예제는 getGreeting()이라는 메서드로 person을 정의한다. 객체에 함수를 직접 할당했기 때문에 getGreeting()의 [[HomeObject]]는 person이다. 그러나 함수 shareGreeting()은 생성될 때 객체에 할당되지 않았기 때문에 [[HomeObject]]가 없다. 대부분의 경우 이 차이는 중요하지 않지만, super 참조를 사용할 때는 매우 중요하다.

어디서든 super를 참조할 때는 언제나 [[HomeObject]]를 사용하여 동작을 결정한다. 첫 번째 단계로 프로토타입 참조를 검색하기 위해 [[HomeObject]]의 Object.getPrototypeOf()를 호출한다. 그 다음 프로토타입에서 같은 이름의 함수를 검색한다. 마지막으로 this를 바인딩하고 그 메서드를 호출한다. 만약 함수가 [[HomeObject]]를 가지지 않거나, 기대하는 것과 다른 [[HomeObject]]를 가지면 이 프로세스는 동작하지 않고, 에러가 발생한다. 다음 예제를 보자.

```
let person = {
    getGreeting() {
        return "Hello";
    }
};

// 프로토타입은 person
let friend = {
    getGreeting() {
        return super.getGreeting() + ", hi!";
```

```
        }
    };
    Object.setPrototypeOf(friend, person);


    console.log(friend.getGreeting());  // "Hello, hi!"
```

friend.getGreeting()을 호출하면 person.getGreeting()와 ", hi!"를 연결한 문자열을 반환한다. friend.getGreeting()의 [[HomeObject]]는 friend이고 friend의 프로토타입은 person이므로, super.getGreeting()은 person.getGreeting.call(this)과 같다.

4.8 요약

객체는 자바스크립트 프로그래밍의 중심이며, ECMAScript 6에서는 객체를 쉽게 다룰 수 있고 유연하게 동작하도록 변경했다.

ECMAScript 6에서는 객체 리터럴을 몇 가지 변경했다. 축약 프로퍼티를 정의함으로써 같은 스코프 내의 변수를 같은 이름을 가진 프로퍼티에 간단하게 할당할 수 있게 되었다. 계산된 프로퍼티 이름을 통해 프로퍼티 이름으로 리터럴이 아닌 값을 지정할 수 있게 되었으며, 이는 언어의 다른 영역에서 가능했던 부분이다. 또한 축약 메서드는 콜론과 function 키워드를 완전히 생략함으로써, 객체 리터럴의 메서드를 간략하게 정의할 수 있다. ECMAScript 6에서는 객체 리터럴 프로퍼티 이름의 중복에 대한 strict 모드를 느슨하게 만듦으로서, 단일 객체 리터럴에 에러 없이 같은 이름을 가진 두 개의 프로퍼티를 가질 수 있다.

Object.assign() 메서드를 사용하면 한 객체의 여러 프로퍼티를 한번에 쉽게 변경할 수 있으며, 이는 믹스인 패턴을 사용할 때 매우 유용하다. Object.is() 메서드는 모든 값을 엄격하게 비교하며, 특별한 자바스크립트 값을 다룰 때 ===의 안전한 버전으로 사용될 수 있다.

ECMAScript 6에서는 프로퍼티의 열거 순서를 명확하게 정의한다. 숫자 키는 오름차순으로, 문자열 키와 심벌 키는 추가된 순서대로 열거된다.

ECMAScript 6의 Object.setPrototypeOf() 덕분에, 생성된 객체의 프로토타입을 수정하는 것이 가능하다.

또한, 객체의 프로토타입 메서드를 호출하는 super 키워드를 사용할 수 있다. super()를 사용하여 호출한 메서드 내의 this 바인딩은 현재 this 값으로 자동 설정된다.

구조분해를 이용한
보다 쉬운 데이터 접근

객체와 배열의 리터럴은 자바스크립트에서 가장 자주 쓰이는 두 가지 표기법이며, JSON 형식의 인기 덕분에 자바스크립트 언어에서 특별히 중요한 요소가 되었다. 일반적으로 객체와 배열을 정의하고, 그 구조 안에서 필요한 정보를 체계적으로 추출하는 것은 매우 흔한 작업이다. ECMAScript 6에서는 **구조분해** (destructuring)[1]를 도입하여, 데이터 구조를 더 작게 쪼개는 작업을 단순화했다. 이 장에서는 객체와 배열에 구조분해를 활용하는 방법을 살펴본다.

5.1 구조분해는 왜 유용한가

ECMAScript 5까지는 객체와 배열로부터 정보를 가져오거나 지역 변수에 특정 데이터를 가져오는 경우, 코드를 중복해서 작성했다. 다음 예제를 살펴보자.

```
let options = {
        repeat: true,
        save: false
    };

// 객체로부터 데이터를 추출
```

---

1 destructuring 단어 번역에 대해서는 그동안 많은 논의가 있었고, 다양한 책에서 여러 단어가 쓰이고 있다. 옮긴이 또한 "해체", "구조분해", "디스트럭쳐링" 등 여러 후보군과 새롭고 창의적인 단어에 대해 고민했고, 결국 "구조분해"라는 단어와 영문을 병기하여 사용하기로 결정했다. "구조분해"라는 단어가 기능을 잘 설명해내는지에 대해서는 이견이 있을 수 있지만, 원 단어를 쉽게 떠올릴 수 있다는 장점을 긍정적으로 판단하여 사용했음을 밝힌다. 관련하여 다른 번역서에서 같은 이슈로 논의되었던 내용 역시 참고하기 바란다. *https:// groups.google.com/forum/#!topic/clojure-kr/g34ctSr2kFc*

```
let repeat = options.repeat,
    save = options.save;
```

이 예제는 options 객체로부터 repeat, save의 값을 추출하고 같은 이름의 지역 변수에 저장한다. 이 코드는 단순해 보이지만, 할당할 변수가 많다면 모든 변수에 일일이 할당해야 할 것이다. 그리고 탐색해야 하는 중첩된 데이터 구조가 있다면, 단 하나의 데이터를 찾기 위해 전체 구조를 탐색해야만 한다.

이러한 이유로 ECMAScript 6에서는 객체와 배열에 구조분해가 도입되었으며, 자료구조를 작은 부분으로 나누어서 원하는 정보를 더 쉽게 가져올 수 있게 되었다. 많은 프로그래밍 언어에서, 이 구조분해를 간단히 사용할 수 있도록 최소한의 문법으로 구현했다. ECMAScript 6 역시 객체와 배열의 리터럴처럼 개발자에게 친숙한 문법을 사용하여 구조분해를 구현했다.

5.2 객체 구조분해

객체 구조분해 문법은 할당 연산자의 왼쪽에 객체 리터럴을 사용한다. 다음 예제를 보자.

```
let node = {
        type: "Identifier",
        name: "foo"
    };

let { type, name } = node;

console.log(type);      // "Identifier"
console.log(name);      // "foo"
```

이 예제에서 node.type 값은 type 변수에 저장되고, node.name 값은 name 변수에 저장된다. 이 문법은 4장에서 소개된 객체 리터럴의 프로퍼티 초기자 축약과 같은 문법이다. type, name 식별자는 지역 변수이면서 동시에 node 객체의 값을 읽기 위한 프로퍼티로 선언되었다.

> **초기자(initializer)를 잊지 말자**
>
> 구조분해를 사용할 때 var와 let, const로 변수를 선언한다면 반드시 (등호 다음에 오는) 초기자를 제공해야 한다. 다음 예제는 초기자가 빠져 문법 에러를 발생시키는 코드이다.

```
// 문법 에러!
var { type, name };

// 문법 에러!
let { type, name };

// 문법 에러!
const { type, name };
```

const는 구조분해에 사용하지 않는 경우에도 언제나 초기자가 필요하지만, var와 let은 구조분해에 사용하는 경우에만 초기자가 필요하다.

5.2.1 구조분해 할당

지금까지 객체 구조분해 예제는 변수를 선언할 때 사용되었다. 그러나 구조분해는 변수에 값을 할당할 때도 사용할 수 있다. 예를 들면, 다음 예제와 같이 변수를 정의한 후에 구조분해로 그 값을 변경할 수 있다.

```
let node = {
        type: "Identifier",
        name: "foo"
    },
    type = "Literal",
    name = 5;

// 구조분해로 다른 값을 할당
({ type, name } = node);

console.log(type);      // "Identifier"
console.log(name);      // "foo"
```

이 예제에서 type과 name은 선언과 동시에 특정 값으로 초기화되었고, 똑같은 이름을 가진 두 변수는 다른 값으로 초기화되었다. 그리고 다음 줄에서, 두 변수의 값은 구조분해 할당을 사용하여 node 객체로부터 읽은 값으로 변경되었다. 구조분해 할당문은 괄호로 감싸야 한다는 것을 명심하자. 이는 여는 중괄호가 블록문의 시작을 의미하며, 원래 블록문은 할당문 왼쪽에 위치할 수 없기 때문이다. 괄호는 다음에 오는 중괄호가 블록문이 아님을 알리고, 표현식으로 인터프리트되어 할당이 완료되도록 한다.

구조분해 할당 표현식은 표현식의 오른쪽(= 뒤)에 있는 값으로 평가된다. 이는 값이 사용될 수 있는 어디든 구조분해 할당 표현식을 사용할 수 있다는 의미이다. 예를 들어, 함수에 값을 전달하는 다음 예제를 살펴보자.

```
let node = {
        type: "Identifier",
        name: "foo"
    },
    type = "Literal",
    name = 5;

function outputInfo(value) {
    console.log(value === node);        // true
}

outputInfo({ type, name } = node);

console.log(type);        // "Identifier"
console.log(name);        // "foo"
```

outputInfo() 함수는 구조분해 할당 표현식과 함께 호출되었다. 표현식이 node
로 평가된 이유는, node가 표현식 오른쪽에 위치한 값이기 때문이다. type과
name 할당은 정상적으로 수행되고 node는 outputInfo() 함수에 전달된다.

 구조분해 할당 표현식(= 다음에 오는 표현식)의 오른쪽이 null이나 undefined로 평가된다
면 에러가 발생한다. 이는 null이나 undefined의 프로퍼티를 읽으려 하면 런타임 에러가
발생하기 때문이다.

5.2.2 기본값

구조분해 할당문을 사용하고 객체 안에 존재하지 않는 프로퍼티 이름으로 지역
변수를 명시하면, 그 지역 변수에는 undefined 값이 할당된다. 다음 예제를 보자.

```
let node = {
        type: "Identifier",
        name: "foo"
    };

let { type, name, value } = node;

console.log(type);        // "Identifier"
console.log(name);        // "foo"
console.log(value);       // undefined
```

이 코드는 추가적인 지역 변수 value를 정의하고 값을 할당한다. 그러나 node 객
체에 value 프로퍼티가 없으므로, undefined 값이 value 변수에 할당된다.

이렇게 명시된 프로퍼티가 없을 때 기본값을 선택적으로 정의할 수 있는데,

바로 프로퍼티 이름 뒤에 등호(=)를 추가하고 기본값을 명시하는 것이다. 다음 예제를 보자.

```
let node = {
        type: "Identifier",
        name: "foo"
    };

let { type, name, value = true } = node;

console.log(type);      // "Identifier"
console.log(name);      // "foo"
console.log(value);     // true
```

이 예제에서 value는 true 값을 기본값으로 가진다. 이 기본값은 node 객체에 해당 프로퍼티가 존재하지 않거나, 해당 프로퍼티의 값이 undefined일 때만 사용된다. node.value 프로퍼티가 존재하지 않기 때문에, 변수 value는 기본값을 사용한다. 기본값은 3장에서 논의했던 함수의 매개변수 기본값과 유사하게 동작한다.

5.2.3 이름이 다른 지역 변수에 할당하기

지금까지 구조분해 할당 예제는 객체의 프로퍼티 이름을 지역 변수 이름으로 사용했다. 예를 들어 node.type의 값은 type 변수에 저장되었다. 그러면 저장하려는 객체 프로퍼티와 다른 이름의 변수에 할당하고 싶다면 어떻게 해야 할까? ECMAScript 6에는 객체 프로퍼티를 그와 다른 이름의 지역 변수에 할당할 수 있는 확장 문법이 있는데, 이것은 객체 리터럴의 축약되지 않은 프로퍼티 초기자 문법과 유사해 보인다.

다음 예제를 보자.

```
let node = {
        type: "Identifier",
        name: "foo"
    };

let { type: localType, name: localName } = node;

console.log(localType);     // "Identifier"
console.log(localName);     // "foo"
```

이 코드는 node.type과 node.name 프로퍼티로부터 값을 얻는 localType, localName 변수를 각각 선언하기 위해 구조분해 할당을 사용했다. type: localType 문법은 이름이 type인 프로퍼티를 읽어서 localType 변수에 읽은 값을 저장하는 것을 나타낸다. 이러한 문법은 이름이 콜론 왼쪽에 위치하고 값이 오른쪽에 위치하는 전통적인 객체 리터럴 문법과는 정반대이다. 이 예제에서 이름은 콜론의 오른쪽이고 읽을 값의 위치는 왼쪽이다.

물론 다른 이름의 변수에도 기본값을 추가할 수 있다. 등호와 기본값은 지역 변수 이름 다음에 위치한다. 다음 예제를 살펴보자.

```javascript
let node = {
        type: "Identifier"
    };

let { type: localType, name: localName = "bar" } = node;

console.log(localType);     // "Identifier"
console.log(localName);     // "bar"
```

여기 예제에서 변수 localName은 기본값으로 "bar"를 갖는다. 이 변수는 node.name 프로퍼티가 존재하지 않기 때문에 기본값이 할당된다.

지금까지 원시타입의 프로퍼티를 가진 객체의 구조분해를 어떻게 다루는지 살펴보았다. 또한 객체 구조분해는 중첩된 객체 구조 안에서 값을 읽을 때도 사용할 수 있다.

5.2.4 중첩된 객체 구조분해

객체 리터럴과 유사한 문법을 사용하여, 원하는 정보를 얻기 위해 중첩된 객체 구조를 탐색할 수 있다. 다음 예제를 살펴보자.

```javascript
let node = {
        type: "Identifier",
        name: "foo",
        loc: {
            start: {
                line: 1,
                column: 1
            },
            end: {
                line: 1,
                column: 4
            }
```

```
        }
    };

let { loc: { start }} = node;

console.log(start.line);        // 1
console.log(start.column);      // 1
```

이 예제의 구조분해 패턴은 node 내의 프로퍼티인 loc에서 start 프로퍼티를 찾기 위한 지시자로 중괄호를 사용한다. 이전 절을 돌이켜보면 구조분해 패턴에 콜론이 있을 때마다 콜론 앞에 있는 식별자는 탐색할 위치 정보를 주고, 오른쪽에는 값을 할당했다. 콜론 뒤의 중괄호는 객체 내에 중첩되어 있는 다른 단계의 깊이를 가리키는 것이다.

한걸음 더 나아가면, 다음 예제처럼 지역 변수에 다른 이름을 사용할 수 있다.

```
let node = {
        type: "Identifier",
        name: "foo",
        loc: {
            start: {
                line: 1,
                column: 1
            },
            end: {
                line: 1,
                column: 4
            }
        }
    };

// node.loc.start 추출
let { loc: { start: localStart }} = node;

console.log(localStart.line);    // 1
console.log(localStart.column); // 1
```

이 코드에서 node.loc.start는 새로운 지역 변수인 localStart에 저장된다. 구조분해 패턴은 임의의 깊이로 중첩될 수 있고, 깊이의 단계마다 적용될 수 있다.

객체 구조분해는 다양한 옵션을 가지고 있기 때문에 매우 강력하지만, 배열 구조분해는 배열에서 정보를 추출할 수 있게 하는 배열 구조분해만의 독특한 기능을 제공한다.

문법의 함정

중첩된 구조분해를 사용할 때, 의도치 않게 아무 영향 없는 실행문을 만들 수도 있으므로 주의해야 한다. 빈 중괄호는 객체 구조분해에서 사용할 수는 있지만, 아무 동작도 하지 않는 코드이다.

다음 예제를 보자.

```
// 아무 변수도 선언되지 않았다!
let { loc: {} } = node;
```

이 실행문 안에는 어떤 바인딩도 선언되지 않았다. 오른쪽에 있는 중괄호 때문에 loc은 변수 생성을 위한 바인딩이 아닌 탐색을 위한 위치 정보로 사용되었다. 이는 :를 사용하여 위치 정보를 정의하려는 게 아니라 기본값을 정의하기 위해 =을 사용하려는 의도였을 것이다. 이 문법은 추후 잘못된 문법으로 정해질 수 있지만, 당장은 주의해야 할 문법 함정이다.

5.3 배열 구조분해

배열 구조분해 문법은 객체 구조분해와 매우 유사하다. 단지 객체 리터럴 문법 대신 배열 리터럴 문법을 사용하면 된다. 배열 구조분해는 객체의 이름이 있는 프로퍼티가 아니라 배열의 위치를 기반으로 동작한다.

다음 예제를 보자.

```
let colors = [ "red", "green", "blue" ];

let [ firstColor, secondColor ] = colors;

console.log(firstColor);        // "red"
console.log(secondColor);       // "green"
```

이 예제에서 배열 구조분해는 colors 배열에서 "red"와 "green" 값을 꺼내어 변수 firstColor와 secondColor에 저장한다. 이 값은 배열에서의 위치를 기준으로 선택되었고, 실제 변수 이름은 어떤 것이어도 상관없다. 구조분해 패턴에서 명시적으로 언급되지 않은 배열 요소는 무시된다. 이 배열은 어떤 방법으로도 변경되지 않는다는 것을 명심하자.

또한, 구조분해 패턴에서 일부 배열 요소를 제외하고 필요한 요소의 변수 이름만을 제공할 수 있다. 예를 들어 배열의 세 번째 요소의 값만 원한다면, 첫 번째와 두 번째 요소의 변수 이름을 제공할 필요가 없다. 다음 예제를 살펴보자.

```
let colors = [ "red", "green", "blue" ];

let [ , , thirdColor ] = colors;

console.log(thirdColor);          // "blue"
```

이 예제는 colors 배열의 세 번째 요소를 얻기 위해 구조분해 할당을 사용한다. 이 구조분해 패턴에서 thirdColor 앞에 있는 쉼표는 thirdColor 이전 배열 요소의 자리를 표시하는 플레이스홀더이다. 이러한 접근법을 사용하여, 배열 요소를 위한 변수 이름을 제공할 필요 없이, 배열의 중간에서 몇 개의 요소든지 쉽게 꺼낼 수 있다.

✅ 객체 구조분해와 마찬가지로 배열 구조분해를 사용할 때도 var와 let, const에 초기자를 반드시 제공해야 한다.

5.3.1 구조분해 할당

배열 구조분해는 할당 컨텍스트 안에서 사용할 수 있지만, 객체 구조분해와는 다르게 괄호로 표현식을 감쌀 필요가 없다. 다음 예제를 살펴보자.

```
let colors = [ "red", "green", "blue" ],
    firstColor = "black",
    secondColor = "purple";

[ firstColor, secondColor ] = colors;

console.log(firstColor);          // "red"
console.log(secondColor);         // "green"
```

이 코드에서 구조분해 할당은 배열 구조분해의 예제와 유사하게 동작한다. 유일한 차이점은 firstColor와 secondColor가 미리 정의되었다는 것이다. 보통 배열 구조분해 할당에 대해 이 정도만 알아도 충분하지만, 알아두면 유용한 부분을 더 살펴보도록 하자.

배열 구조분해 할당은 두 변수의 값 교환을 더 쉽게 만들어주는데, 이는 매우 독특한 사용례이다. 값 교환은 정렬 알고리즘에서 일반적인 동작이고, ECMAScript 5에서는 두 변수의 값을 교환하기 위해 세 번째 임시 변수가 필요하다. 다음 예제를 살펴보자.

```
// ECMAScript 5에서 값 교환하기
let a = 1,
    b = 2,
    tmp;

tmp = a;
a = b;
b = tmp;

console.log(a);    // 2
console.log(b);    // 1
```

중간에 있는 변수 tmp는 a와 b의 값을 교환하는 데 필요하다. 그러나 배열 구조
분해 할당을 사용한다면 추가 변수가 필요 없다. 다음 예제는 ECMAScript 6에
서 어떻게 변수의 값을 교환하는지 설명한다.

```
// ECMAScript 6에서 변수 교환하기
let a = 1,
    b = 2;

[ a, b ] = [ b, a ];

console.log(a);    // 2
console.log(b);    // 1
```

이 예제에서 배열 구조분해 할당은 마치 거울에 비친 것 같은 모습이다. 할당문
의 왼쪽(등호 기호 이전)은 다른 배열 구조분해 예제와 유사한 구조분해 패턴이
다. 오른쪽은 값을 바꾸기 위해 임시로 만들어진 배열 리터럴이다. 구조분해는
배열 리터럴의 b와 a의 값이 첫 번째와 두 번째 위치에 복사된 임시 배열 위에서
실행된다. 결과적으로 변수는 서로 바뀐 값을 갖는다.

 객체 구조분해 할당처럼, 배열 구조분해 할당 표현식의 오른쪽이 null이나 undefined로
평가되면 에러가 발생한다.

5.3.2 기본값

배열 구조분해 할당 역시 배열의 어느 위치에서든 기본값을 명시할 수 있다. 기
본값은 주어진 위치의 프로퍼티가 존재하지 않거나 undefined 값일 때 사용된다.
다음 예제를 살펴보자.

```
let colors = [ "red" ];

let [ firstColor, secondColor = "green" ] = colors;

console.log(firstColor);        // "red"
console.log(secondColor);       // "green"
```

이 코드에서, colors 배열은 하나의 요소만 가지므로, secondColor에 대응하는 요소는 존재하지 않는다. 기본값이 있으므로, secondColor는 undefined 대신 "green"으로 저장된다.

5.3.3 중첩된 배열 구조분해

중첩된 객체의 구조분해와 유사한 방식으로 중첩된 배열도 구조분해할 수 있다. 구조분해는 전체 패턴에 또 다른 배열 패턴을 넣는 방식으로 중첩된 배열을 탐색할 수 있다. 다음 예제를 보자.

```
let colors = [ "red", [ "green", "lightgreen" ], "blue" ];

// later

let [ firstColor, [ secondColor ] ] = colors;

console.log(firstColor);        // "red"
console.log(secondColor);       // "green"
```

이 예제에서 변수 secondColor는 colors 배열 내부에 있는 "green" 값을 참조한다. 이 요소는 두 번째 배열 안에 있으므로 이 구조분해 패턴에서 secondColor를 감싸는 추가 대괄호가 필요하다. 객체와 마찬가지로 배열도 임의의 깊이로 중첩할 수 있다.

5.3.4 나머지 요소

3장에서 소개했던 함수의 나머지 매개변수처럼 배열 구조분해에도 나머지 요소(rest items)로 불리는 유사한 개념이 있다. 나머지 요소는 배열의 나머지 배열요소들을 특정 변수에 할당하기 위해 ... 문법을 사용한다. 다음 예제를 살펴보자.

```
let colors = [ "red", "green", "blue" ];

let [ firstColor, ...restColors ] = colors;
```

```
console.log(firstColor);        // "red"
console.log(restColors.length); // 2
console.log(restColors[0]);     // "green"
console.log(restColors[1]);     // "blue"
```

colors의 첫 번째 요소는 firstColor에 할당되었고, 나머지는 새로운 배열 restColors에 할당된다. 따라서 배열 restColors는 "green"과 "blue"를 요소로 갖는다. 나머지 요소는 배열에서 특정 요소를 추출하고 나머지를 계속 사용할 수 있게끔 유지하는데 유용하며, 그 외에도 유용한 경우가 더 있다.

자바스크립트 배열에서 유독 부족하게 느껴지는 부분은 배열을 쉽게 복제하는 기능이 빠졌다는 것이다. ECMAScript 5에서 개발자는 배열을 복제하는 쉬운 방법으로 concat() 메서드를 주로 사용했다.

다음 예제를 살펴보자.

```
// ECMAScript 5에서 배열 복제
var colors = [ "red", "green", "blue" ];
var clonedColors = colors.concat();

console.log(clonedColors);      // "[red,green,blue]"
```

concat() 메서드는 두 배열을 연결하려는 의도로 설계되었지만, 인자없이 호출하면 배열의 복사본을 반환한다. ECMAScript 6에서는 배열을 쉽게 복제할 수 있도록 만들어진 나머지 요소를 사용하여 동일한 작업을 할 수 있다. 다음 예제를 살펴보자.

```
// ECMAScript 6에서 배열 복제
let colors = [ "red", "green", "blue" ];
let [ ...clonedColors ] = colors;

console.log(clonedColors);      // "[red,green,blue]"
```

이 예제에서 나머지 요소는 colors 배열에서 clonedColors 배열로 값을 복사하기 위해 사용되었다. 이 기술이 concat() 메서드를 사용하는 것보다 개발자의 의도를 명확하게 하는지는 견해에 따라 다르겠지만, 알아두면 유용한 기능인 것은 사실이다.

 나머지 요소는 구조분해된 배열에서 반드시 마지막 요소여야 하고, 쉼표가 뒤에 올 수 없다. 나머지 요소 뒤에 쉼표가 오면 문법 에러가 발생한다.

5.4 혼합된 구조분해

객체 구조분해와 배열 구조분해를 함께 사용하여 더 복잡한 표현식을 만들 수 있다. 이렇게 하면 객체와 배열이 섞여 있는 가운데서 필요한 정보를 추출할 수 있다. 다음 예제를 살펴보자.

```
let node = {
        type: "Identifier",
        name: "foo",
        loc: {
            start: {
                line: 1,
                column: 1
            },
            end: {
                line: 1,
                column: 4
            }
        },
        range: [0, 3]
    };

let {
    loc: { start },
    range: [ startIndex ]
} = node;

console.log(start.line);        // 1
console.log(start.column);      // 1
console.log(startIndex);        // 0
```

이 코드는 node.loc.start와 node.range[0]를 추출하여 start와 startIndex에 각각 저장한다. 이 구조분해 패턴의 loc:와 range:는 node 객체에서 일치하는 프로퍼티를 찾기 위한 단순한 위치 정보라는 것을 명심하자. 객체 구조분해와 배열 구조분해를 혼합하여 사용하면, node 객체에서 구조분해로 추출하지 못하는 프로퍼티는 없다. 이 접근법은 JSON으로 구성된 구조에서 전체 구조를 탐색하지 않고도 필요한 값을 꺼내는 데 특히 유용하다.

5.5 구조분해된 매개변수

구조분해에는 특히 더 유용한 쓰임새가 있는데, 바로 함수에 인자를 전달하는 경우이다. 자바스크립트 함수가 선택적인 매개변수를 많이 가질 때 사용하는 일반적인 패턴은 추가적인 매개변수를 명시하는 프로퍼티를 갖는 options 객체를 만드는 것이다. 다음 예제를 살펴보자.

```javascript
// 부가적인 매개변수를 표현하는 options의 프로퍼티
function setCookie(name, value, options) {

    options = options || {};

    let secure = options.secure,
        path = options.path,
        domain = options.domain,
        expires = options.expires;

    // cookie를 설정하는 코드
}

// 세 번째 인자는 options에 전달됨
setCookie("type", "js", {
    secure: true,
    expires: 60000
});
```

많은 자바스크립트 라이브러리가 이 예제와 유사한 setCookie() 함수를 포함한다. 이 예제의 함수에서, name과 value는 필수지만, secure와 path, domain, expires는 선택적이다. 그리고 다른 데이터에는 우선순위가 없으므로 추가적인 매개변수를 나열하는 것보단 명시적인 프로퍼티로 구성된 객체 options를 두는 것이 효율적이다. 이러한 접근법은 잘 동작하지만 함수 정의를 통해서 어떤 값이 입력될지 예상할 수 없으므로 함수 본문을 살펴봐야 한다.

구조분해된 매개변수를 사용하면 함수에 어떤 값이 전달될지 예상할 수 있다. 구조분해된 매개변수는 객체나 배열의 구조분해 패턴을 명시적인 매개변수 위치에 사용한다. 이러한 동작을 이해하기 위해 앞 예제의 함수 setCookie()를 재작성한 버전을 살펴보자.

```javascript
function setCookie(name, value, { secure, path, domain, expires }) {

    // cookie를 설정하는 코드
}

setCookie("type", "js", {
    secure: true,
    expires: 60000
});
```

이 함수는 앞의 예제와 유사하게 동작하지만, 세 번째 인자로 필요한 데이터를

가져오기 위해 구조분해를 사용한다. 구조분해된 매개변수가 아닌 매개변수들도 명확하고, setCookie()를 사용할 때 추가 인자로 어떤 옵션이 가능한지도 명확하다. 그리고 세 번째 인자가 필요한 경우에는 어떤 값이 포함되어야 하는지 또한 매우 명확하다. 구조분해된 매개변수 역시 보통의 매개변수처럼 전달되지 않으면 undefined로 설정된다.

 구조분해된 매개변수는 이 장에서 지금까지 소개된 구조분해의 모든 기능을 갖추고 있다. 기본값을 사용하고, 객체와 배열의 구조분해 패턴을 혼합하고, 읽을 객체의 프로퍼티와 다른 변수 이름을 사용할 수 있다.

5.5.1 필수로 요구되는 구조분해된 매개변수

구조분해된 매개변수를 사용하면서 명심해야 할 것은, 함수 호출 시 해당 매개변수를 전달하지 않으면 기본적으로 에러가 발생한다는 것이다. 다음 코드와 같이 이전 예제의 함수 setCookie()를 호출하면 에러가 발생한다.

```
// 에러 발생!
setCookie("type", "js");
```

세 번째 인자가 전달되지 않아서, 해당 인자는 예상대로 undefined로 평가된다. 이 경우 구조분해된 매개변수 역시 구조분해 선언이나 다름없으므로 에러가 발생한다. setCookie() 함수가 호출될 때 자바스크립트 엔진은 다음과 같이 동작한다.

```
function setCookie(name, value, options) {

    let { secure, path, domain, expires } = options;

    // 쿠키를 설정하는 코드
}
```

구조분해는 오른쪽의 표현식이 null이나 undefined로 평가될 때 에러가 발생하기 때문에, setCookie() 함수에 세 번째 인자가 전달되지 않을 때도 에러가 발생한다.

만약 구조분해된 매개변수를 필수로 하고 싶다면, 이 동작은 전혀 문제가 되지 않는다. 그러나 구조분해된 매개변수가 선택적 매개변수이길 원한다면, 다음 예제와 같이 구조분해된 매개변수에 기본값을 제공하여 대안을 찾을 수 있다.

```
function setCookie(name, value, { secure, path, domain, expires } = {}) {

    // ...
}
```

이 예제는 세 번째 매개변수의 기본 값으로 새로운 객체를 제공한다. 구조분해된 매개변수에 기본 값을 제공하면 setCookie()의 세 번째 인자가 제공되지 않았을 때, secure와 path, domain, expires가 undefined가 되어 에러가 발생하지 않을 것이다.

5.5.2 구조분해된 매개변수의 기본값

구조분해 할당에서 했던 것처럼, 구조분해된 매개변수를 위한 기본값을 명시할 수 있다. 매개변수 다음에 등호를 추가하고 기본값을 명시하면 된다. 다음 예제를 살펴보자.

```
function setCookie(name, value,
    {
        secure = false,
        path = "/",
        domain = "example.com",
        expires = new Date(Date.now() + 360000000)
    } = {}
) {

    // ...
}
```

이 예제에서 구조분해된 매개변수의 각 프로퍼티는 기본값을 가지므로, 올바른 값을 사용하기 위해 주어진 프로퍼티가 포함되었는지를 검사하지 않아도 된다. 또한, 모든 구조분해된 매개변수가 선택적일 수 있도록 빈 객체를 기본값으로 가진다. 이 방법은 함수 선언을 조금 복잡하게 만들지만, 이는 각 인자가 사용할 수 있는 값을 갖도록 보장하기 위한 작은 비용에 불과하다.

5.6 요약

자바스크립트에서는 구조분해(destructuring)를 사용하여 객체와 배열을 쉽게 다룰 수 있다. 익숙한 객체 리터럴과 배열 리터럴의 문법을 사용하여, 데이터 구조를 분석해 관심 있는 정보를 얻을 수 있다. 객체 구조분해 패턴을 통해 객체로부터 데이터를 추출할 수 있고, 배열 구조분해 패턴을 통해 배열에서 데이터를 추출할 수 있다.

객체와 배열의 구조분해는 undefined인 프로퍼티나 배열요소를 위해 기본 값을 명시할 수 있고, 두 경우 모두 할당문 오른쪽이 null이나 undefined로 평가될 때 에러가 발생한다. 중첩된 데이터 구조 또한 객체와 배열의 구조분해를 통해 점진적으로 내부로 들어가며 깊이 탐색할 수 있다.

구조분해 선언 시에는 변수를 만들기 위해 var와 let, const를 사용하고, 반드시 초기자를 두어야 한다. 다른 할당 대신 구조분해 할당을 사용함으로써 객체 프로퍼티와 이미 존재하는 변수를 구조분해할 수 있다.

구조분해된 매개변수에서는 함수 매개변수로 사용될 때 "options" 객체를 더 투명하게 만들기 위해 구조분해 문법을 사용한다. 관심 있는 모든 실제 데이터를 다른 명시적인 매개변수와 함께 나열할 수 있다. 구조분해된 매개변수는 배열 패턴이나 객체 패턴, 혼합 패턴으로 사용될 수 있으며, 구조분해의 모든 기능을 사용하여 조작할 수 있다.

심벌과 심벌 프로퍼티

ECMAScript 6에서는 새로운 원시 타입인 심벌이 도입되었다(자바스크립트에는 이미 문자열과 숫자, 불(boolean), null, undefined의 다섯 가지 원시 타입이 있다). 심벌은 자바스크립트 개발자가 오랫동안 원하던 기능으로, 비공개 객체 멤버를 만들기 위한 한 가지 방법으로 출발했다. 심벌이 도입되기 전에는 문자열 이름을 가진 모든 프로퍼티에 그 이름을 알고 있는지와 상관없이 쉽게 접근할 수 있었고, 이 '비공개 이름' 기능은 개발자가 문자열이 아닌 프로퍼티 이름을 만들 수 있도록 하기 위한 것이었다. 그러므로, 일반적인 방식으로는 비공개 이름을 알아낼 수 없다.

비공개 이름에 대한 제안은 결국 ECMAScript 6 심벌로 발전했고, 이 장에서는 심벌을 효과적으로 사용하는 방법을 살펴볼 것이다. 심벌을 통해 문자열이 아닌 프로퍼티 이름을 추가했지만, 외부 접근 방지를 위한 목표는 제외되었다. 그 대신 심벌 프로퍼티는 다른 객체 프로퍼티와는 별개로 분류된다.

6.1 심벌 만들기

심벌은 불의 true나 숫자의 42처럼 리터럴 형태가 없다는 점에서, 자바스크립트 원시 타입 가운데서도 특별하다. 다음 예제처럼 전역 함수 Symbol을 사용하여 심벌을 만들 수 있다.

```
let firstName = Symbol();
let person = {};
```

```
person[firstName] = "Nicholas";
console.log(person[firstName]);        // "Nicholas"
```

이 예제에서, 심벌 firstName은 person 객체에 새로운 프로퍼티를 할당하기 위해 만들어지고 사용된다. 프로퍼티를 할당할 때 심벌을 사용하면, 같은 프로퍼티에 접근하려 할 때마다 그 심벌을 사용해야 한다. 심벌 변수 이름을 적절하게 지으면, 심벌이 무엇을 나타내는지 쉽게 알려줄 수 있다.

 심벌은 원시 값이기 때문에, new Symbol()을 호출하면 에러가 발생한다. new Object(yourSymbol)을 사용하여 Symbol의 인스턴스를 만들 수 있지만, 이 기능은 그다지 유용하지 않다.

Symbol 함수는 또한 선택적인 인자로 심벌의 서술 문자열을 받는다. 이 서술 문자열은 프로퍼티에 접근하기 위한 용도로 사용할 수 없지만, 심벌을 쉽게 읽고 디버깅할 수 있도록 항상 제공하는 것이 좋다.

```
let firstName = Symbol("first name");
let person = {};

person[firstName] = "Nicholas";

console.log("first name" in person);      // false
console.log(person[firstName]);           // "Nicholas"
console.log(firstName);                   // "Symbol(first name)"
```

심벌의 서술 문자열은 내부적으로 [[Description]] 프로퍼티에 저장된다. 이 프로퍼티는 명시적으로나 암묵적으로 심벌의 toString() 메서드가 호출될 때 사용된다. 이 예제에서 firstName 심벌의 toString() 메서드는 console.log()에 의해 암묵적으로 호출되므로, 서술 문자열이 로그에 출력된다. 그 외에, 코드에서 [[Description]]에 직접 접근하는 것은 불가능하다.

심벌 식별하기

심벌은 원시값이기 때문에, 변수가 심벌인지 아닌지 구별하기 위해 typeof 연산자를 사용할 수 있다. ECMAScript 6에서는 심벌에 typeof를 사용하면 "symbol"을 반환하도록 기능을 확장했다. 다음 예제를 살펴보자.

```
let symbol = Symbol("test symbol");
console.log(typeof symbol);          // "symbol"
```

변수가 심벌인지 아닌지를 검사하는 다른 간접적인 방법이 있지만, typeof 연산자를 사용하는 것이 가장 정확하고 바람직한 방식이다.

6.2 심벌 사용하기

계산된 프로퍼티 이름을 사용하는 곳에는 모두 심벌을 사용할 수 있다. 이미 앞에서 심벌과 함께 사용된 대괄호 표기법을 보아왔는데, Object.defineProperty()와 Object.defineProperties() 뿐만 아니라 계산된 객체 리터럴 프로퍼티 이름에도 심벌을 사용할 수 있다.

```
let firstName = Symbol("first name");

// 계산된 객체 리터럴 프로퍼티에 사용
let person = {
    [firstName]: "Nicholas"
};

// 프로퍼티를 읽기 전용으로 만듦
Object.defineProperty(person, firstName, { writable: false });

let lastName = Symbol("last name");

Object.defineProperties(person, {
    [lastName]: {
        value: "Zakas",
        writable: false
    }
});

console.log(person[firstName]);    // "Nicholas"
console.log(person[lastName]);     // "Zakas"
```

이 예제는 먼저 firstName 심벌 프로퍼티를 만들기 위해 계산된 객체 리터럴 프로퍼티를 사용한다. 그리고 그다음 줄에서 프로퍼티를 읽기 전용으로 설정한다. 그 후, Object.defineProperties() 메서드를 사용하여 읽기 전용인 lastName 심벌 프로퍼티를 만든다. 계산된 객체 리터럴 프로퍼티는 다시 한번 사용되는데, 이번에는 Object.defineProperties() 호출 두 번째 인자의 일부로 사용된다.

　심벌은 계산된 프로퍼티 이름이 허용되는 곳에는 모두 사용할 수 있지만, 효율적으로 사용하기 위해서는 서로 다른 코드들 사이에 심벌을 공유하기 위한 시스템이 있어야만 한다.

6.3 심벌 공유하기

종종 코드의 여러 부분에서 심벌을 공유하길 원할 수 있다. 예를 들어 유일한 식별자를 나타내는 동일한 심벌 프로퍼티를 사용해야만 하는 애플리케이션에, 두 개의 다른 객체 타입이 있다고 해보자. 여러 파일이나 커다란 코드 베이스에 걸쳐 사용되는 심벌을 추적하는 것은 어렵고 에러가 발생하기 쉽다. 그런 이유로, ECMAScript 6에서는 언제든지 접근할 수 있는 전역 심벌 저장소를 제공한다.

심벌이 공유되길 원한다면 Symbol() 메서드를 호출하는 대신 Symbol.for() 메서드를 사용하면 된다. Symbol.for() 메서드는 만들려는 심벌을 위해 문자열 식별자 하나를 매개변수로 받는다. 이 매개변수는 심벌의 서술 문자열에도 사용된다. 예제를 살펴보자.

```
let uid = Symbol.for("uid");
let object = {};

object[uid] = "12345";

console.log(object[uid]);        // "12345"
console.log(uid);                // "Symbol(uid)"
```

Symbol.for() 메서드는 먼저 "uid"를 키로 하는 심벌이 존재하는지 확인하기 위해 전역 심벌 저장소를 검색한다. 만약 심벌이 존재하면, 메서드는 그 심벌을 반환한다. 만약 심벌이 존재하지 않으면, 명시한 키를 사용하여 새로운 심벌을 만들고 전역 심벌 저장소에 등록한다. 그리고 나서 새로운 심벌이 반환된다.

이후 같은 키를 사용하여 Symbol.for()를 호출하면 같은 심벌이 반환된다.

```
let uid = Symbol.for("uid");
let object = {
    [uid]: "12345"
};

console.log(object[uid]);        // "12345"
console.log(uid);                // "Symbol(uid)"

let uid2 = Symbol.for("uid");
```

```
console.log(uid === uid2);      // true
console.log(object[uid2]);      // "12345"
console.log(uid2);              // "Symbol(uid)"
```

이 예제에서, uid와 uid2는 같은 심벌을 가지며 대체하여 사용될 수 있다. 처음 Symbol.for() 호출은 심벌을 만들고, 두 번째 호출은 전역 심벌 저장소로부터 심벌을 반환 받는다.

공유되는 심벌의 또 다른 독특한 특징은 Symbol.keyFor() 메서드를 호출하여 전역 심벌 저장소에서 심벌과 관련된 키를 탐색할 수 있다는 것이다. 다음 예제를 살펴보자.

```
let uid = Symbol.for("uid");
console.log(Symbol.keyFor(uid));     // "uid"

let uid2 = Symbol.for("uid");
console.log(Symbol.keyFor(uid2));    // "uid"

let uid3 = Symbol("uid");
console.log(Symbol.keyFor(uid3));    // undefined
```

uid와 uid2가 "uid" 키를 반환한다는 것에 주목하자. uid3 심벌은 전역 심벌 저장소에 존재하지 않으므로, 관련된 키가 없어 Symbol.keyFor()는 undefined를 반환한다.

 전역 심벌 저장소는 전역 스코프처럼 공유된 환경이다. 이는 그 환경에 키가 이미 존재하는지 아닌지에 대해 추정할 수 없다는 의미이다. 써드파티 컴포넌트를 사용할 때 이름 충돌의 가능성을 줄이기 위해서는 심벌 키에 네임스페이스를 사용해야 한다. 예를 들면, jQuery 코드는 "jquery.element"처럼, 모든 키의 접두어에 "jquery."를 사용할 수 있다.

6.4 심벌 타입 변환

타입 자동 변환은 자바스크립트의 중요한 부분이며, 자바스크립트는 한 가지 데이터 타입을 다른 타입으로 변환하는 능력이 매우 유연하다. 그러나 심벌은 다른 타입들과 논리적 동치가 성립하지 않기 때문에, 타입 변환에 대해 유연하지 않다. 특히 심벌은 문자열이나 숫자로 변환될 수 없는데, 이는 심벌로서 예측되는 동작과 다르게 프로퍼티로 사용되는 것을 방지하기 위함이다.

이 장의 예제는 심벌을 출력할 때 console.log()를 사용했고, console.log()는 유용한 출력을 만들기 위해 String()을 호출하기 때문에 잘 동작한다. 같은 결과를 얻기 위해 직접 String()을 사용할 수도 있다. 다음 예제를 살펴보자.

```
let uid = Symbol.for("uid"),
    desc = String(uid);

console.log(desc);              // "Symbol(uid)"
```

String() 함수는 uid.toString()을 호출하고 심벌의 서술 문자열을 반환한다. 그러나 심벌을 문자열과 직접 연결하려고 시도하면 에러가 발생한다.

```
var uid = Symbol.for("uid"),
    desc = uid + "";           // 에러 발생!
```

uid와 빈 문자열을 연결하려면 uid가 문자열로 먼저 변경되어야 한다. 심벌에 타입 변환이 감지되면 에러가 발생하고, 이런 식으로 변환이 방지된다.

마찬가지로, 심벌을 숫자로 변환할 수 없다. 모든 수리 연산자를 심벌에 적용하면 에러가 발생한다. 다음 예제를 살펴보자.

```
var uid = Symbol.for("uid"),
    sum = uid / 1;          // 에러 발생!
```

이 예제는 심벌을 1로 나누려고 시도하고, 에러가 발생한다. 에러는 사용된 수리 연산자에 상관없이 발생한다(모든 심벌은 자바스크립트에서 빈 값이 아닌 다른 값처럼 true로 간주하기 때문에, 논리 연산자는 에러를 발생시키지 않는다).

6.5 심벌 프로퍼티 탐색

Object.keys()와 Object.getOwnPropertyNames() 메서드는 객체에서 모든 프로퍼티 이름을 탐색할 수 있다. Object.keys()는 열거 가능한 모든 프로퍼티 이름을 반환하고, Object.getOwnPropertyNames()는 열거 가능 여부와 상관없이 모든 프로퍼티를 반환한다. 그러나 ECMAScript 5와 호환되도록 하기 위해, 둘 중 어느 메서드도 심벌 프로퍼티를 반환하지 않는다. 대신, 객체에서 프로퍼티 심벌을 탐색할 수 있도록 ECMAScript 6에 Object.getOwnPropertySymbols() 메서드가 추가되었다.

다음 예제처럼 Object.getOwnPropertySymbols()는 객체가 소유한 프로퍼티 심벌의 배열을 반환한다.

```
let uid = Symbol.for("uid");
let object = {
    [uid]: "12345"
};

let symbols = Object.getOwnPropertySymbols(object);

console.log(symbols.length);        // 1
console.log(symbols[0]);            // "Symbol(uid)"
console.log(object[symbols[0]]);    // "12345"
```

이 코드에서 object는 uid라는 하나의 심벌 프로퍼티를 가진다. Object.getOwn PropertySymbols()로부터 반환된 배열은 그 심벌을 포함하는 배열이다.

모든 객체는 심벌 프로퍼티를 가지지 않고 시작하지만, 그 객체의 프로토타입 으로부터 심벌 프로퍼티를 상속할 수 있다. ECMAScript 6에서는 상용 심벌을 사용하여 구현된 몇 가지 프로퍼티를 미리 정의했다.

6.6 상용 심벌과 내부 연산자 노출하기

ECMAScript 5의 주된 변경 주제는 그 당시에 개발자가 모방할 수 없었던, 자바 스크립트의 '마법 같은' 부분 일부를 노출하고 정의하는 것이었다. ECMAScript 6에서도 주로 특정 객체의 기본 동작 정의에 심벌 프로토타입 프로퍼티를 사용 하여, 이전에는 언어의 내부 로직이었던 부분을 훨씬 더 많이 노출하는 방식으 로 전통을 이어갔다.

그래서 ECMAScript 6에서는 예전에는 내부 전용 연산자로 여겨지던 공통 동 작을 상용 심벌(well-known symbols)로 미리 정했다. 상용 심벌은 Symbol.match처 럼 Symbol 객체의 프로퍼티로 나타낸다.

상용 심벌은 다음과 같다:

- Symbol.hasInstance - 객체의 상속을 확인하기 위해 instanceof에 의해 사용 되는 메서드
- Symbol.isConcatSpreadable - 컬렉션이 Array.prototype.concat()에 매개변 수로 전달되었을 때, 이 메서드가 컬렉션의 요소를 평평(flatten)하게 재배열 해야 해야 하는지를 가리키는 불(boolean) 값

- Symbol.iterator - 이터레이터를 반환하는 메서드(8장에서 다룬다)
- Symbol.match - 문자열 비교를 위해 String.prototype.match()에서 사용되는 메서드
- Symbol.replace - 문자열 일부를 대체하기 위해 String.prototype.replace() 에서 사용되는 메서드
- Symbol.search - 문자열 일부를 검색하기 위해 String.prototype.search()에 서 사용되는 메서드
- Symbol.species - 파생 클래스를 만들기 위한 생성자(9장에서 다룬다)
- Symbol.split - 문자열을 나누기 위해 String.prototype.split()에서 사용되 는 메서드
- Symbol.toPrimitive - 객체의 원시값 표현을 반환하는 메서드
- Symbol.toStringTag - 객체 서술 문자열을 만들기 위해 Object.prototype. toString()에서 사용되는 문자열
- Symbol.unscopables - with문에 포함되어선 안 되는 객체 프로퍼티의 이름들 을 프로퍼티로 가진 객체

공통으로 사용되는 상용 심벌 일부는 다음 절에서 논의하고, 다른 심벌들은 적 당한 때에 책의 나머지 부분을 통하여 논의하겠다.

 상용 심벌로 정의된 메서드를 덮어쓰는 것은 객체의 내부 기본 동작 일부를 변경하기 때문 에, 일반 객체를 이형 객체(exotic object)로 변경하게 된다. 결과적으로 코드에 실질적인 영향은 없으며, 단지 명세가 설명하는 객체와 다른 방식으로 동작하게 된다.

6.6.1 Symbol.hasInstance 메서드

모든 함수는 주어진 객체가 그 함수의 인스턴스인지를 확인하는 Symbol.has Instance 메서드를 가진다. 그 메서드는 Function.prototype에 정의되어 있으므 로 모든 함수가 instanceof 프로퍼티를 위한 기본동작을 상속받는다. 그리고 그 메서드는 실수로 덮어쓰이지 않도록, 열거 불가능하고 쓰기와 수정도 불가능하 게 정의된다.

Symbol.hasInstance 메서드는 확인에 필요한 값 하나를 인자로 받는다. 전달 된 값이 함수의 인스턴스이면 true를 반환한다. Symbol.hasInstance의 동작을 이해하기 위해 다음을 보자.

```
obj instanceof Array;
```

이 코드는 다음과 같다.

```
Array[Symbol.hasInstance](obj);
```

ECMAScript 6에서는 기본적으로 instanceof 연산자가 이 메서드 호출의 단축 문법으로 재정의되었다. 이제 instanceof가 메서드 호출과 연결되었으므로, instanceof의 동작을 변경할 수 있다.

예를 들어 인스턴스 객체가 없는 함수를 정의하고 싶다고 가정해보자. 다음 예제처럼 Symbol.hasInstance의 반환 값을 false로 강제해 놓으면 가능하게 할 수 있다.

```
function MyObject() {
    // ...
}

Object.defineProperty(MyObject, Symbol.hasInstance, {
    value: function(v) {
        return false;
    }
});

let obj = new MyObject();

console.log(obj instanceof MyObject);        // false
```

쓰기 불가능한 프로퍼티를 덮어쓰기 위해서는 Object.defineProperty()를 사용해야 하고, 그래서 이 예제는 새로운 함수로 Symbol.hasInstance 메서드를 덮어쓰기 위해 Object.defineProperty()를 사용한다. obj는 MyObject 클래스의 인스턴스지만 새로 작성한 함수는 항상 false를 반환하므로, Object.defineProperty() 호출 이후에 수행되는 instanceof 연산자는 false를 반환한다.

물론 값을 검사하고 임의의 조건에 따라 인스턴스로 간주할지 결정할 수도 있다. 예를 들면, 1과 100 사이에 속하는 숫자만 특정 숫자 타입의 인스턴스로 간주되도록, 다음 예제처럼 작성해볼 수 있다.

```
function SpecialNumber() {
    // 비어 있음
}
```

```
Object.defineProperty(SpecialNumber, Symbol.hasInstance, {
    value: function(v) {
        return (v instanceof Number) && (v >= 1 && v <= 100);
    }
});

let two = new Number(2),
    zero = new Number(0);

console.log(two instanceof SpecialNumber);    // true
console.log(zero instanceof SpecialNumber);   // false
```

이 코드는 Number의 인스턴스이고 1에서 100 사이 값이면 true를 반환하는 Symbol.hasInstance 메서드를 정의한다. 따라서 SpecialNumber 함수와 two 변수 사이에 직접 관계가 정의되지 않았더라도 SpecialNumber는 two를 인스턴스로 간주할 것이다. instanceof 연산자의 왼쪽은 Symbol.hasInstance 호출을 하기 위한 객체여야 하므로, 객체가 아니면 instanceof는 항상 false를 반환한다.

 이와 같은 방식으로 Date와 Error 같은 모든 내장 함수의 기본 Symbol.hasInstance 프로퍼티도 덮어쓸 수 있다. 그러나 예상치 못한 결과와 혼란을 일으킬 수 있기 때문에 추천하지는 않는다. 스스로 작성한 함수이고 꼭 필요한 때에만 Symbol.hasInstance를 덮어쓰는 것이 가장 좋다.

6.6.2 Symbol.isConcatSpreadable 프로퍼티

자바스크립트 배열에는 두 배열을 연결하기 위해 설계된 concat() 메서드가 있다. 이 메서드는 다음과 같이 사용한다.

```
let colors1 = [ "red", "green" ],
    colors2 = colors1.concat([ "blue", "black" ]);

console.log(colors2.length);    // 4
console.log(colors2);           // ["red","green","blue","black"]
```

이 코드는 colors1의 끝에 새 배열을 연결하여, 두 배열의 모든 요소를 가진 새로운 배열 colors2를 만든다. 그러나 concat() 메서드는 배열이 아닌 인자도 받을 수 있고, 그런 경우 인자는 단순히 배열의 끝에 추가된다. 예제를 살펴보자.

```
let colors1 = [ "red", "green" ],
    colors2 = colors1.concat([ "blue", "black" ], "brown");
```

```
console.log(colors2.length);      // 5
console.log(colors2);             // ["red","green","blue","black","brown"]
```

여기서, 추가 인자 "brown"은 concat()에 전달되고 color2 배열의 다섯 번째 요소가 된다. 왜 배열 인자는 문자열 인자와 다르게 처리될까? 자바스크립트 명세에 따르면, 배열의 경우 자동으로 개별 요소들로 나누고 다른 모든 타입은 그렇게 하지 않는다. ECMAScript 6 이전에 이 동작을 제어할 방법은 없었다.

Symbol.isConcatSpreadable 프로퍼티는 불 값으로, 객체가 length 프로퍼티와 숫자 키를 가졌는지 확인하고, 그 숫자 프로퍼티 값을 개별적으로 concat() 호출 결과에 추가할지 여부를 결정한다. 다른 상용 심벌과 다르게, 이 심벌 프로퍼티는 기본적으로 어떤 표준 객체에도 나타나지 않는다. 그 대신 이 심벌은 concat()이 특정 객체 타입에 대해 처리하는 기본 동작을 사실상 차단하고, 그 방식을 변경하기 위해 사용될 수 있다. 다음 예제처럼 어떤 타입이든 concat() 호출 시 배열처럼 동작하도록 정의할 수 있다.

```
let collection = {
    0: "Hello",
    1: "world",
    length: 2,
    [Symbol.isConcatSpreadable]: true
};

let messages = [ "Hi" ].concat(collection);

console.log(messages.length);     // 3
console.log(messages);            // ["Hi","Hello","world"]
```

이 예제에서는 collection 객체에 length 프로퍼티와 두 숫자 키를 갖도록 하여, 배열로 보이게 설정한다. 그리고 Symbol.isConcatSpreadable 프로퍼티는 배열에 개별 요소로 추가되도록 true로 설정했다. collection이 concat() 메서드에 전달되면, 결과 배열은 "Hi" 이후 각각의 배열 요소로 "Hello"와 "world"를 가진다.

 배열 하위클래스에서 배열 요소가 concat() 호출 때문에 나뉘는 것을 방지하기 위해 Symbol.isConcatSpreadable을 false로 설정할 수도 있다. 자세한 내용은 178쪽의 "파생 클래스를 사용한 상속"에서 다룬다.

6.6.3 Symbol.match와 Symbol.replace, Symbol.search, Symbol. split 프로퍼티

자바스크립트에서 문자열과 정규 표현식은 항상 밀접하게 연관되어 있다. 특히, 문자열 타입은 정규 표현식을 인자로 받는 몇 가지 메서드를 가지고 있다.

- `match(regex)` - 주어진 문자열이 정규 표현식에 매칭되는지 검사
- `replace(regex, replacement)` - 정규 표현식에 매칭되는 부분을 replacement 로 대체
- `search(regex)` - 문자열 내에서 정규 표현식에 매칭되는 위치를 찾음
- `split(regex)` - 정규 표현식에 매칭되는 부분으로 문자열을 나누고 배열로 만들어 반환

정규 표현식과 동작하는 이런 메서드가 ECMAScript 6 이전에는 개발자에게 공개되지 않았고, 개발자가 정의한 객체를 사용하여 정규 표현식을 흉내 낼 방법도 없었다. ECMAScript 6에서는 이 네 가지 메서드에 해당하는 심벌들을 정의하고, 고유 동작을 내장 객체인 RegExp에 효과적으로 위탁한다.

Symbol.match와 Symbol.replace, Symbol.search, Symbol.split 심벌은 각각 match() 메서드와 replace() 메서드, search() 메서드, split() 메서드의 첫 번째 인자에 전달되는 정규 표현식 인자의 메서드를 나타낸다. 네 가지 심벌 프로퍼티는 문자열 메서드가 사용해야 하는 기본 구현으로, RegExp.prototype에 정의된다.

이러한 점을 알면, 정규 표현식과 유사한 방법으로 문자열 메서드를 사용하기 위한 객체를 만들 수 있고, 그렇게 하기 위해 다음과 같은 심벌 함수를 사용할 수 있다.

- `Symbol.match`는 인자를 받아 매칭되는 배열을 반환하고, 매칭되지 않으면 null을 반환
- `Symbol.replace`는 문자열 인자와 대체할 문자열을 받고 대체된 문자열을 반환
- `Symbol.search`는 문자열 인자를 받아 매칭된 숫자 인덱스를 반환하고, 매칭되지 않으면 -1을 반환
- `Symbol.split`는 문자열 인자를 받아 매칭되는 문자열로 나눠진 문자열 조각들의 배열을 반환

객체에 이런 프로퍼티를 정의하는 능력은, 정규 표현식 없이 패턴 매칭을 구현한 객체를 만들고 정규 표현식을 인자로 받는 메서드에 그 객체를 사용하도록 해준다. 다음 예제에서 이러한 심벌의 동작을 살펴보자.

```javascript
// 사실상 /^.{10}$/와 같다
let hasLengthOf10 = {
    [Symbol.match]: function(value) {
        return value.length === 10 ? [value] : null;
    },
    [Symbol.replace]: function(value, replacement) {
        return value.length === 10 ?
            replacement : value;
    },
    [Symbol.search]: function(value) {
        return value.length === 10 ? 0 : -1;
    },
    [Symbol.split]: function(value) {
        return value.length === 10 ? ["", ""] : [value];
    }
};

let message1 = "Hello world",    // 11 characters
    message2 = "Hello John";     // 10 characters


let match1 = message1.match(hasLengthOf10),
    match2 = message2.match(hasLengthOf10);

console.log(match1);             // null
console.log(match2);             // ["Hello John"]

let replace1 = message1.replace(hasLengthOf10, "Howdy!"),
    replace2 = message2.replace(hasLengthOf10, "Howdy!");

console.log(replace1);          // "Hello world"
console.log(replace2);          // "Howdy!"

let search1 = message1.search(hasLengthOf10),
    search2 = message2.search(hasLengthOf10);

console.log(search1);           // -1
console.log(search2);           // 0

let split1 = message1.split(hasLengthOf10),
    split2 = message2.split(hasLengthOf10);

console.log(split1);            // ["Hello world"]
console.log(split2);            // ["", ""]
```

hasLengthOf10 객체는, 문자열의 길이가 정확히 10인 경우 매칭되는 정규 표현식처럼 동작하게 만들어졌다. hasLengthOf10에서 네 가지 메서드는 각각 적절한 심벌을 사용하여 구현되었고, 두 가지 문자열에서 관련 메서드가 호출되었다. 첫 번째 문자열 message1은 11개의 문자로 이루어졌기 때문에 매칭되지 않은 반면, 두 번째 문자열 message2는 10개의 문자로 이루어졌기 때문에 매칭된다. hasLengthOf10은 정규 표현식이 아니지만 각 문자열 메서드에 전달되고, 추가한 메서드 덕분에 올바르게 사용된다.

이 예제는 간단했지만, 정규 표현식과 같이 활용하여 사용자 정의 패턴 매칭을 만들면 더 복잡한 매칭을 수행하는 것도 가능하다.

6.6.4 Symbol.toPrimitive 메서드

자바스크립트에서는 종종 특정 연산이 적용될 때 암묵적으로 객체를 원시값으로 변환하려고 시도한다. 예를 들어 이중 등호(==) 연산자를 사용해서 문자열을 객체와 비교할 때, 객체는 비교 전에 원시값으로 변환된다. 이전까지 정확히 어떤 원시값이 사용되어야 하는지는 내부 연산이었지만, ECMAScript 6에서는 Symbol.toPrimitive 메서드를 통해서(변경할 수 있도록) 그 값을 노출한다.

Symbol.toPrimitive 메서드는 각 표준 타입의 프로토타입에 정의되고 객체가 원시값으로 변환될 때 무엇을 해야 할지 규정한다. 원시값 변환이 필요할 때, Symbol.toPrimitive는 명세에서 hint로 불리는 인자와 함께 호출된다. hint 인자는 세 가지 문자열 값 중 하나이다. "number"가 전달되면 Symbol.toPrimitive는 숫자를 반환해야만 한다. "string"이 전달되면 문자열이 반환되어야 하고, "default"이면 그 연산자는 타입에 관해 특별히 우선하는 값이 없다는 의미이다.

대부분의 표준 객체에서, 숫자 모드는 다음 우선순위로 동작한다.

1. valueOf() 메서드를 호출하고, 그 결과가 원시 값이면 반환한다.
2. 그렇지 않으면, toString() 메서드를 호출하고, 그 결과가 원시 값이면 반환한다.
3. 그렇지 않으면, 에러를 발생시킨다.

마찬가지로 대부분의 표준 객체에서, 문자열 모드는 다음 우선순위로 동작한다.

1. toString() 메서드를 호출하고, 그 결과가 원시 값이면 반환한다.
2. 그렇지 않으면, valueOf() 메서드를 호출하고, 그 결과가 원시 값이면 반환한다.

3. 그렇지 않으면 에러를 발생시킨다.

많은 경우, 표준 객체는 기본 모드를 숫자 모드와 동일하게 처리한다(기본 모드를 문자열 모드와 동일하게 처리하는 Date는 제외). Symbol.toPrimitive 메서드를 정의하여, 이러한 기본 타입 변환 동작을 오버라이드할 수 있다.

 기본 모드는 == 연산자와 + 연산자, Date 생성자에 인자 하나를 전달하는 경우에만 사용된다. 대부분의 연산자는 문자나 숫자 모드를 사용한다.

기본 변환 동작을 오버라이드하기 위해, Symbol.toPrimitive를 사용하고 그 값으로 함수를 할당해야 한다. 다음 예제를 살펴보자.

```javascript
function Temperature(degrees) {
    this.degrees = degrees;
}

Temperature.prototype[Symbol.toPrimitive] = function(hint) {

    switch (hint) {
        case "string":
            return this.degrees + "\u00b0"; // 온도 기호

        case "number":
            return this.degrees;

        case "default":
            return this.degrees + " degrees";
    }
};

let freezing = new Temperature(32);

console.log(freezing + "!");          // "32 degrees!"
console.log(freezing / 2);            // 16
console.log(String(freezing));        // "32°"
```

이 코드는 Temperature 생성자를 정의하고 프로토타입에 기본 메서드 Symbol. toPrimitive를 오버라이드한다. 그리고 hint 인자가 문자열 모드나 숫자 모드, 기본 모드 중 어느 것을 가리키는지에 따라 다른 값이 반환된다(hint 인자는 자바스크립트 엔진에 의해 값이 채워진다). 문자열 모드에서 Symbol.toPrimitive 메서드는 유니코드 온도 기호와 함께 온도를 반환한다. 숫자 모드에서는 숫자 값을 반환하고, 기본 모드에서는 "degree" 단어가 숫자 뒤에 붙는다.

각 콘솔 출력문은 다른 hint 인자 값을 사용한다. + 연산자는 hint에 "default"를 설정해서 기본 모드를 실행하고, / 연산자는 hint에 "number"를 설정해서 숫자 모드를 실행하며, String() 함수는 hint에 "string"를 설정해서 문자열 모드를 실행한다. 세 가지 모드 각각 다른 값을 반환하게 하는 것이 가능하지만, 문자열 모드나 숫자 모드와 동일하게 기본 모드를 설정하는 것이 일반적이다.

6.6.5 Symbol.toStringTag 프로퍼티

자바스크립트에서 가장 흥미로운 문제 중 하나는 다양한 전역 실행 환경이 존재한다는 것이다. 이는 웹 브라우저에서 웹 페이지가 아이프레임을 포함할 때 페이지와 아이프레임이 각각 별개의 실행 환경을 가지기 때문에 발생한다. 대부분의 경우 실행 환경 간에 큰 걱정 없이 데이터를 전달할 수 있기 때문에 이는 문제가 되지 않는다. 문제는 객체가 다른 객체들 사이에서 전달된 후에 처리하려는 객체의 타입을 식별하려 할 때 발생한다.

이 문제를 발생시키는 대표적인 예는 아이프레임에서 부모 페이지로 또는 그 반대로 배열을 전달하는 경우이다. ECMAScript 6 용어에 따르면, 아이프레임과 부모 페이지는 자바스크립트 실행 환경인 **영역(Realm)**을 각각 다르게 나타낸다. 각 영역은 전역 객체의 복사본을 소유한 전역 스코프를 가진다. 배열은 어느 영역에서 만들어졌든지, 그것은 분명히 하나의 배열이다. 그러나 한 영역에서 만들어진 배열이 다른 영역에 전달되었을 때 instanceof Array를 호출하면 false를 반환하는데, 그 이유는 배열이 다른 영역의 생성자로 만들어졌고 Array는 현재 영역의 생성자를 나타내기 때문이다.

식별 문제를 우회하는 방법

배열을 식별하는 문제에 직면한 개발자들은 이를 식별하기 위한 좋은 방법을 찾았다. 객체에 toString() 표준 메서드를 호출하면, 항상 예측할 수 있는 문자열이 반환된다는 것을 발견한 것이다. 따라서 많은 자바스크립트 라이브러리는 다음과 같은 함수를 포함하기 시작했다.

```
function isArray(value) {
    return Object.prototype.toString.call(value) === "[object Array]";
}

console.log(isArray([]));   // true
```

이 해결책은 다소 둘러 가듯 보이지만, 모든 브라우저에서 배열을 식별할 때 효과적이다. 배열의 `toString()` 메서드는 객체가 포함하고 있는 요소의 문자열 표현을 반환하기 때문에, 객체를 식별하는 데에는 유용하지 않다. 그러나 `Object.prototype`의 `toString()` 메서드는 `[[Class]]`라고 불리는 내부적으로 정의된 이름을 반환한다. 개발자는 자바스크립트 환경에서 판단하는 객체의 데이터 타입을 얻기 위해 이 메서드를 사용할 수 있다.

이 동작을 변경할 방법이 없기 때문에, 네이티브 객체와 개발자에 의해 만들어진 객체 간 구별에 같은 접근을 사용하는 것이 가능하다. 이러한 접근을 사용한 가장 중요한 경우로 ECMAScript 5의 JSON 객체가 있다.

ECMAScript 5 이전에, 많은 개발자는 JSON 전역 객체를 만들 때 더글러스 크락포드(Douglas Crockford)의 json2.js를 사용했다.

브라우저에서 JSON 전역 객체를 구현하기 시작하면서, JSON 전역 객체가 자바스크립트 환경에서 제공되는지 아니면 다른 라이브러리를 통해서 제공되는지 파악하는 것이 필수적이게 되었다. 많은 개발자는 `isArray()` 함수에서 살펴본 방식을 사용하여 다음과 같은 함수를 작성했다.

```javascript
function supportsNativeJSON() {
    return typeof JSON !== "undefined" &&
        Object.prototype.toString.call(JSON) === "[object JSON]";
}
```

개발자들에게 아이프레임의 경계를 넘어 배열을 식별하도록 해주는 `Object.prototype` 특징은 JSON이 네이티브 객체인지 아닌지를 확인하는 방법도 제공했다. JSON 객체가 네이티브 객체인 경우에는 `[object JSON]`이 반환되지만, 네이티브 객체가 아닌 경우에는 `[object Object]`가 반환된다. 이러한 접근은 네이티브 객체를 식별하기 위한 사실상 표준이 되었다.

ECMAScript 6의 객체 문자열 태그 정의

ECMAScript 6에서는 `Symbol.toStringTag` 심벌을 통해 `Object.prototype.toString()`를 사용하여 네이티브 객체를 식별하는 동작을 재정의한다. 이 심벌은 각 객체의 `Object.prototype.toString.call()`이 호출되었을 때 어떤 값이 반환되는지 정의하는 프로퍼티를 나타낸다. 배열의 경우, `Symbol.toStringTag` 프로퍼티에 `"Array"`를 저장하여 함수 반환 값을 설명할 수 있다.

마찬가지로, 직접 작성한 객체에 `Symbol.toStringTag` 값을 정의할 수 있다.

```
function Person(name) {
    this.name = name;
}

Person.prototype[Symbol.toStringTag] = "Person";

let me = new Person("Nicholas");

console.log(me.toString());                    // "[object Person]"
console.log(Object.prototype.toString.call(me));  // "[object Person]"
```

여기에서 Symbol.toStringTag 프로퍼티는 문자열 표현을 만드는 기본 동작을 제공하기 위해 Person.prototype에 정의된다. Person.prototype이 Object.prototype.toString() 메서드를 상속하기 때문에, Symbol.toStringTag에서 반환된 값은 me.toString()을 호출할 때도 사용된다. 그러나 여전히 Object.prototype.toString.call() 메서드 사용에 영향을 주지 않고, 다른 동작을 제공하는 toString() 메서드를 정의할 수 있다. 다음 예제를 살펴보자.

```
function Person(name) {
    this.name = name;
}

Person.prototype[Symbol.toStringTag] = "Person";

Person.prototype.toString = function() {
    return this.name;
};

var me = new Person("Nicholas");

console.log(me.toString());                    // "Nicholas"
console.log(Object.prototype.toString.call(me));  // "[object Person]"
```

이 코드는 name 프로퍼티의 값을 반환하기 위해 Person.prototype.toString()을 정의한다.

Person 인스턴스는 더 이상 Object.prototype.toString() 메서드를 상속하지 않기 때문에, me.toString() 호출은 다르게 동작한다.

> ✓ 특별히 지정된 경우를 제외하고, 모든 객체는 Object.prototype에서 Symbol.toStringTag를 상속한다. 기본 프로퍼티 값은 문자열 "Object"이다.

개발자가 정의한 객체에서 Symbol.toStringTag에 사용할 수 있는 값에는 제한이 없다. 예를 들면, 다음 예제처럼 Symbol.toStringTag 프로퍼티 값에 "Array"를 사용하는 것도 가능하다.

```javascript
function Person(name) {
    this.name = name;
}

Person.prototype[Symbol.toStringTag] = "Array";

Person.prototype.toString = function() {
    return this.name;
};

let me = new Person("Nicholas");

console.log(me.toString());                     // "Nicholas"
console.log(Object.prototype.toString.call(me)); // "[object Array]"
```

이 예제에서 Object.prototype.toString()를 호출한 결과는 실제 배열에 호출한 결과와 같은 "[object Array]"이다. 이는 Object.prototype.toString()이 객체의 타입을 식별할 때 더 이상 완벽히 신뢰할 방법이 아니라는 것을 보여준다.

게다가 네이티브 객체를 위한 문자열 태그를 바꾸는 것도 가능하다. 다음 예제처럼, 객체의 프로토타입에 Symbol.toStringTag를 할당하기만 하면 된다.

```javascript
Array.prototype[Symbol.toStringTag] = "Magic";

let values = [];

console.log(Object.prototype.toString.call(values));     // "[object Magic]"
```

이 예제에서 배열의 Symbol.toStringTag이 덮어씌워졌으므로, Object.prototype.toString()을 호출하면 배열과 다른 "[object Magic]"을 결과로 얻는다. 이런 방법으로 내장 객체를 변경하지 않기를 추천하지만, 이렇게 하지 못하도록 언어 내에서 금지하는 방법은 없다.

6.6.6 Symbol.unscopables 프로퍼티

with문은 자바스크립트에서 가장 논란이 되는 부분이다. 원래 반복적인 입력을 피하고자 설계된 with문은 코드를 이해하기 어렵게 하고, 에러가 발생하기 쉬우며 성능에 부정적인 영향을 미치기 때문에 비판을 받는다.

결과적으로 with문은 strict 모드에서 허용되지 않는다. 또한, 이 제한은 기본적으로 strict 모드이고 이를 선택할 수 없는 클래스와 모듈에 영향을 미친다.

앞으로는 확실히 with문을 사용하지 않겠지만, ECMAScript 6에서는 하위 호환을 위해 non-strict 모드에서 여전히 with를 지원하므로, with를 사용하는 코드가 적절하게 계속 동작하도록 하게 할 방법을 찾아야만 했다.

이 작업의 복잡성을 이해하기 위해 다음 코드를 살펴보자.

```
var values = [1, 2, 3],
    colors = ["red", "green", "blue"],
    color = "black";

with(colors) {
    push(color);
    push(...values);
}

console.log(colors);    // ["red", "green", "blue", "black", 1, 2, 3]
```

이 예제에서, with문은 push를 지역 바인딩으로 추가하기 때문에 with문 내 두 번의 push() 호출은 colors.push()와 동일하다. color 참조는 with문 바깥에 생성된 변수를 참조하며, values 참조도 마찬가지이다.

그러나 ECMAScript 6에서는 배열에 values 메서드가 추가되었다(values 메서드는 8장에서 자세히 논의한다). 결과적으로 ECMAScript 6 환경에서 with문 내 values 참조는 지역 변수 values를 참조하는 것이 아니라, 배열의 values 메서드를 참조하여 코드를 깨뜨리게 된다는 의미이다. 이러한 문제를 해결하기 위해 Symbol.unscopables 심벌이 추가되었다.

Symbol.unscopables 심벌은 with문 내 어떤 프로퍼티 바인딩을 만들면 안 되는지 명시하기 위해 Array.prototype에서 사용된다. Symbol.unscopables이 있는 경우, 그 값은 객체이며, 객체의 프로퍼티는 with문 바인딩에 제외할 식별자를 키로 하고 블록을 강제하는 true를 값으로 가진다. 다음 예제에서 배열의 Symbol.unscopables 기본값을 살펴보자.

```
// ECMAScript 6에 기본적으로 내장
Array.prototype[Symbol.unscopables] = Object.assign(Object.create(null), {
    copyWithin: true,
    entries: true,
    fill: true,
    find: true,
```

```
    findIndex: true,
    keys: true,
    values: true
});
```

Symbol.unscopables 객체는 Object.create(null) 호출로 만들어진 null 프로토 타입을 가지고, ECMAScript 6에 포함된 새로운 배열 메서드를 모두 포함한다 (이 새로운 배열 메서드는 8장, 10장에서 자세히 다룬다). 이 메서드들의 바인딩 은 with문 내에 만들어지지 않고, 아무런 문제 없이 오래된 코드에서 잘 동작하 도록 해준다.

일반적으로 with문을 사용하면서 기존 객체를 수정할 때가 아니라면 직접 작 성한 객체에 Symbol.unscopables를 정의할 필요가 없다.

6.7 요약

심벌은 자바스크립트의 새로운 원시 값 타입이고, 심벌 참조 없이 접근할 수 없 는 열거 불가능 프로퍼티를 만드는 데 사용된다.

완벽하게 비공개는 아니지만[1] 이러한 프로퍼티는 우연히 변경하거나 덮어쓰 는 것이 어려우므로 개발자로부터 보호할 필요가 있는 기능에 적합하다.

심벌 값을 더 쉽게 식별하도록 심벌을 위한 서술 문자열을 제공할 수 있다. 전 역 심벌 레지스트리를 사용하여 코드의 다른 부분에서 공유 심벌을 사용할 수 있다. 따라서 같은 심벌은 여러 장소에서 같은 이유로 사용될 수 있다.

Object.keys()나 Object.getOwnPropertyNames() 메서드는 심벌을 반환하지 않으므로, ECMAScript 6에서는 심벌 프로퍼티를 반환하는 새로운 메서드인 Object.getOwnPropertySymbols()를 추가했다. 또한 Object.defineProperty()와 Object.defineProperties()를 호출하여 여전히 심벌 프로퍼티를 변경할 수 있다.

상용 심벌은 이전에는 표준 객체 내부 전용이었던 기능을 정의하여, Symbol. hasInstance 프로퍼티처럼 전역에서 이용할 수 있는 심벌 상수로 사용한다. 이 러한 심벌들은 명세에서 접두어로 Symbol.을 사용하고, 개발자는 이러한 심벌을 이용하여 표준 객체의 기능을 다양한 방법으로 수정할 수 있다.

---

1 (옮긴이) 리플렉션 API를 통해 사실상 접근 가능하므로 완벽하지는 않다는 의미다.

Set과 Map

자바스크립트의 역사에서 자바스크립트는 오로지 **Array** 타입 한 가지 컬렉션만 가지고 있었다(일부 개발자는 배열이 아닌 모든 객체가 키-값 쌍의 컬렉션이라 며 논쟁을 벌이기도 했지만, 그 컬렉션의 사용 의도는 배열과는 다르다). 자바스 크립트의 배열은 다른 언어의 배열처럼 사용되지만, ECMAScript 6 이전에는 다 른 컬렉션이 없어 배열이 큐와 스택으로도 사용되었다. 배열은 숫자 인덱스만 사용할 수 있기 때문에 개발자는 숫자가 아닌 인덱스가 필요한 경우 배열이 아 닌 객체를 사용했다. 이런 방식으로 배열이 아닌 객체를 사용한, Set과 Map의 사용자 정의 구현이 이루어졌다.

Set은 중복되지 않는 값의 리스트이다. 일반적으로 Set에서는, 배열 내 요소에 접근하는 것처럼 개별 요소에 접근하지 않는다. 대신, 값이 존재하는지 알기 위 해 Set을 검사하는 것이 일반적이다. **Map**은 특정 값에 연결된 키의 컬렉션이다. Map의 각 요소는 두 데이터의 조각을 저장하고, 읽어들일 키를 명시하여 값을 얻을 수 있다. Map은 저장해 놓은 데이터를 추후 빠르게 얻기 위한 캐시로서 빈 번하게 사용된다. ECMAScript 5에서는 공식적으로 Set과 Map을 지원하지 않았 지만, 개발자는 배열이 아닌 객체를 사용하여 이러한 한계를 극복했다.

ECMAScript 6에서는 Set과 Map이 자바스크립트에 추가되었고, 이 장에서 두 컬렉션 타입에 대한 모든 것을 자세히 살펴본다.

먼저 ECMAScript 6 이전에 개발자가 구현했던 Set과 Map의 대안들, 그리고 그러한 구현의 문제점을 살펴본다. 그리고 나서 ECMAScript 6에서 Set과 Map 이 어떻게 동작하는지 설명한다.

7.1 ECMAScript 5에서의 Set과 Map

ECMAScript 5에서, 개발자는 다음 예제처럼 객체 프로퍼티를 사용하여 Set과 Map을 흉내냈다.

```
var set = Object.create(null);

set.foo = true;

// 존재하는지 검사
if (set.foo) {

    // 코드를 실행
}
```

이 예제에서 set 변수는 null 프로토타입을 가진 객체이므로, 객체에 상속된 프로퍼티가 없다는 것을 보장한다. ECMAScript 5에서는 유일한 값인 객체 프로퍼티를 검사에 사용하는 것이 일반적인 접근법이다. 프로퍼티가 set 객체에 추가될 때, true로 설정되므로 조건문(이 예제에서는 if문)에서는 그 값이 존재하는지 쉽게 검사할 수 있다.

Set으로 사용되는 객체와 Map으로 사용되는 객체 간 실질적인 차이는 저장되는 값에 있다. 예를 들어 다음 예제는 객체를 Map으로 사용한다.

```
var map = Object.create(null);

map.foo = "bar";

// 값을 얻음
var value = map.foo;

console.log(value);        // "bar"
```

이 코드는 foo 키에 문자열 값 "bar"를 저장한다. Set과 달리, Map은 키의 존재를 검사하기보다는 주로 저장한 정보를 얻는데 사용된다.

7.2 대안의 문제점

단순한 상황에서는 객체를 Set과 Map으로 사용하는 방식이 잘 동작하지만, 객체 프로퍼티의 제한 때문에 접근법이 복잡해질 수 있다. 예를 들어, 모든 객체 프로퍼티는 문자열이어야 하기 때문에 같은 문자열로 평가되는 두 개의 키를 사용할 수 없다. 다음 예제를 살펴보자.

```
var map = Object.create(null);

map[5] = "foo";

console.log(map["5"]);        // "foo"
```

이 예제는 숫자 키 5에 문자열 값 "foo"를 할당한다. 숫자 값은 내부적으로 문자열 값으로 변환되고, map["5"]와 map[5]는 사실상 같은 프로퍼티를 참조한다. 이러한 내부 변환은 키에 숫자와 문자를 함께 사용하려 할 때, 문제를 일으킬 수 있다. 또 다른 문제는 다음 예제처럼 키에 객체를 사용할 때 발생한다.

```
var map = Object.create(null),
    key1 = {},
    key2 = {};

map[key1] = "foo";

console.log(map[key2]);        // "foo"
```

이 예제에서 map[key2]와 map[key1]는 같은 값을 참조한다. 객체 프로퍼티는 문자열이어야 하기 때문에 key1과 key2는 문자열로 변환된다. "[object Object]"는 객체의 기본 문자열 표현이므로 key1과 key2는 기본 문자열 표현으로 변환된다. 서로 다른 객체 키는 실제로 다를 것이라고 추측하는 것이 논리적이기 때문에, 이는 이해하기 어려운 에러를 발생시킬 수 있다.

기본적인 문자열 표현 변환도 객체를 키로 사용하기 어렵게 한다.

값이 falsy인 키를 가진 Map은 독특한 문제를 가지고 있다. falsy 값은 if 조건문처럼 불린 값이 요구되는 상황에서 사용되면, 자동으로 false로 변환된다. 이 변환 자체는 값을 사용하는 방법에 관해 주의하면 문제가 되지 않는다. 다음 예제를 살펴보자.

```
var map = Object.create(null);

map.count = 1;

// "count"가 존재하거나 0이 아닌 값인지 검사하는 것
if (map.count) {
```

```
    // 코드를 실행
}
```

이 예제는 어떻게 map.count가 사용되어야 하는지 불명확하다. if문은 map.count의 존재를 검사하려는 것일까 아니면 값이 0이 아닌지를 검사하려는 것일까? 이 경우 값 1은 불린값으로 변환하면 true가 되기 때문에 if문 내의 코드가 실행될 것이다. 그러나 map.count가 0이거나 map.count가 존재하지 않으면, if문 내의 코드는 실행되지 않는다. 이 문제는 대규모 애플리케이션에서 발생하면 식별과 디버깅이 어려우며, ECMAScript 6에서 언어에 Set과 Map이 추가된 가장 중요한 이유이기도 하다.

 자바스크립트에는, 객체 내에 프로퍼티가 존재하면 객체의 값을 읽지 않고 true를 반환하는 in 연산자가 있다. 그러나 in 연산자는 객체의 프로토타입도 검색하므로, null 프로토타입을 가지는 객체에 사용하는 경우에만 안전하게 사용할 수 있다. 그럼에도 많은 개발자가 in을 사용하는 대신 앞의 예제처럼 코드를 올바르지 않게 사용한다.

7.3 ECMAScript 6의 Set

ECMAScript 6에서는 중복은 없고 순서는 있는 값의 리스트인 Set 타입을 추가하였다. Set을 사용하면 포함하고 있는 값에 빠르게 접근할 수 있으므로, 더 효율적인 방식으로 개별값을 추적할 수 있다.

7.3.1 Set을 만들고 요소를 추가하기

Set은 new Set()을 사용해서 만들고 add() 메서드로 요소를 추가한다. 그리고 size 프로퍼티를 확인해서 Set 요소의 개수를 확인할 수 있다.

```
let set = new Set();
set.add(5);
set.add("5");

console.log(set.size);    // 2
```

Set은 같은 값인지 알아내기 위해 값을 강제로 변환하지 않는다. 이는 Set에 숫자 5와 문자 "5"가 별개의 요소로써 포함될 수 있다는 의미이다(한 가지 예외가 있는데, -0과 +0이 같은 요소로 고려되는 경우다). 그래서 여러 개의 객체를 Set

에 추가할 수 있고, 그러한 객체들은 별개로 유지된다.

```
let set = new Set(),
    key1 = {},
    key2 = {};

set.add(key1);
set.add(key2);

console.log(set.size);    // 2
```

key1과 key2는 문자열로 변경되지 않기 때문에 Set 내 2개의 개별 요소로 구분되어 저장된다. 문자열로 변경되면 둘 다 문자열 "[Object object]"와 같다.

같은 값을 전달하여 add() 메서드를 한 번 이상 호출하면, 첫 번째 이후 모든 호출은 사실상 무시된다.

```
let set = new Set();
set.add(5);
set.add("5");
set.add(5);       // 중복 - 무시됨

console.log(set.size);    // 2
```

console.log()가 Set의 크기를 출력할 때, 두 번째 5는 추가되지 않았으므로 2가 표시된다.

또한 배열을 사용하여 초기화할 수 있으며, Set 생성자는 배열에서 유일한 값만 사용되도록 보장한다. 다음 예제를 살펴보자.

```
let set = new Set([1, 2, 3, 4, 5, 5, 5, 5]);
console.log(set.size);    // 5
```

이 예제에서는 중복 값이 있는 배열로 Set을 초기화했다. 숫자 5는 배열에는 4번 포함되어 있지만 Set에는 한 번만 들어간다. 이 기능을 이용하여 기존 코드나 JSON 구조를 Set으로 쉽게 바꿔 사용할 수 있다.

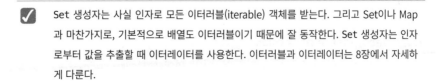 Set 생성자는 사실 인자로 모든 이터러블(iterable) 객체를 받는다. 그리고 Set이나 Map과 마찬가지로, 기본적으로 배열도 이터러블이기 때문에 잘 동작한다. Set 생성자는 인자로부터 값을 추출할 때 이터레이터를 사용한다. 이터러블과 이터레이터는 8장에서 자세하게 다룬다.

다음 예제처럼 has() 메서드를 사용해서 Set에 값이 있는지 확인할 수 있다.

```
let set = new Set();
set.add(5);
set.add("5");

console.log(set.has(5));    // true
console.log(set.has(6));    // false
```

이 예제에서 set.has(6)는 Set에 존재하지 않는 값이므로 false를 반환한다.

7.3.2 요소 제거하기

Set의 요소를 제거하는 것도 물론 가능하다. delete() 메서드를 사용하여 하나의 값을 제거하거나 clear() 메서드를 사용하여 Set의 모든 값을 제거할 수 있다. 다음 예제를 살펴보자.

```
let set = new Set();
set.add(5);
set.add("5");

console.log(set.has(5));    // true

set.delete(5);

console.log(set.has(5));    // false
console.log(set.size);      // 1

set.clear();

console.log(set.has("5"));  // false
console.log(set.size);      // 0
```

delete() 호출 후에 5는 제거되었고, clear() 메서드 실행 후에 set에는 값이 없다.

　Set은 순서가 있는 값을 추적하는 매우 쉬운 메커니즘을 가지고 있다. 그러나 Set에 요소를 추가하고, 추가될 때 각 요소에 특정한 연산을 수행하고 싶다면 어떻게 해야 할까? 다음 절에서 forEach() 메서드를 살펴보자.

7.3.3 Set의 forEach() 메서드

만약 배열을 사용하여 작업하고 있다면, 이미 forEach() 메서드가 익숙할 것이다. ECMAScript 5에서는 for 없이 각 배열 요소를 쉽게 사용할 수 있도록 배열에 forEach() 메서드를 추가했다. 개발자 사이에서 인기를 얻은 이 메서드는, Set에서도 이용할 수 있으며 배열에서와 같은 방식으로 동작한다.

forEach() 메서드에는 세 개의 인자를 받는 콜백 함수가 전달된다.

- Set에서 다음 위치의 값
- 첫 번째 인자와 같은 값
- 값을 읽어들인 Set

Set에서의 forEach()와 배열 forEach() 사이의 차이점은 콜백 함수의 첫 번째와 두 번째 인자의 값이 동일하다는 점이다. 이는 실수처럼 보이지만, 그에 맞는 이유가 있다. forEach() 메서드를 가진 다른 객체(배열과 Map)는 콜백 함수에 세 개의 인자를 전달한다. 배열과 Map에서 처음 두 인자는 값과 키(배열에서는 숫자 인덱스)이다.

그러나 Set에는 키가 없다. ECMAScript 6 표준을 만드는 사람들은 Set의 forEach()에 두 인자를 받는 콜백 함수를 만들 수 있었지만 이는 Set의 콜백을 다른 두 컬렉션과 달라지게 했다. 대신 그들은 Set의 각 값이 키와 값에 모두 전달되도록 하여, 다른 컬렉션과 동일하게 세 인자를 받는 콜백 함수를 유지하는 방식을 선택했다. 그리하여, Set의 forEach()는 Array와 Map의 forEach() 메서드와 기능적인 일관성을 유지하기 위해, 첫 번째와 두 번째 인자에 같은 값을 전달한다.

인자들 간의 차이점을 제외하고, forEach()를 사용하는 방식은 기본적으로 배열과 같다. 메서드의 동작을 보여주는 코드를 살펴보자.

```
let set = new Set([1, 2]);

set.forEach(function(value, key, ownerSet) {
    console.log(key + " " + value);
    console.log(ownerSet === set);
});
```

이 코드는 Set의 각 요소를 순회하고 forEach() 콜백 함수에 전달된 값을 출력한다. 콜백 함수가 실행될 때, key와 value는 같고, ownerSet은 항상 set과 같다. 출력 결과는 다음과 같다.

```
1 1
true
2 2
true
```

배열과 마찬가지로, 콜백 함수에 this를 사용할 필요가 있다면, forEach()에 두 번째 인자로 this 값을 전달할 수 있다.

```
let set = new Set([1, 2]);

let processor = {
    output(value) {
        console.log(value);
    },
    process(dataSet) {
        dataSet.forEach(function(value) {
            this.output(value);
        }, this);
    }
};

processor.process(set);
```

이 예제에서 processor.process() 메서드는 Set의 forEach()를 호출하고, 콜백 함수에서 사용할 this 값으로 두 번째 인자에 this를 전달한다. 이는 this. output()이 processor.output() 메서드로 올바르게 처리되도록 하는데 필수적인 부분이다. forEach() 콜백 함수는 첫 번째 인자 value만 사용하므로 다른 인자들은 생략했다. 또한 화살표 함수를 사용해서 두 번째 인자를 전달하지 않고 같은 효과를 얻을 수 있다.

```
let set = new Set([1, 2]);

let processor = {
    output(value) {
        console.log(value);
    },
    process(dataSet) {
        dataSet.forEach((value) => this.output(value));
    }
};

processor.process(set);
```

이 예제에서 화살표 함수는 process() 함수를 감싸는 스코프의 this를 찾고,

this.output()을 processor.output() 호출로 올바르게 처리할 것이다.

Set은 값을 추적하기 좋고 forEach()는 각 값을 연속적으로 처리하도록 해주지만, 배열처럼 인덱스를 사용해서 요소에 직접 접근할 수 없다는 것을 명심하자. 만약 그런 작업이 필요하면, Set을 배열로 변환하는 것이 가장 좋은 선택이다.

7.3.4 Set을 배열로 변환하기

Set 생성자에 배열을 전달할 수 있기 때문에 배열을 Set으로 변환하는 것은 간단하며, 전개 연산자 (...)를 사용하면 Set을 다시 배열로 되돌리는 것도 쉽다. 3장에서는 전개 연산자를 배열의 요소를 나누어 분리된 함수 매개변수로 전달하는 한 가지 방법으로 소개했다. 전개 연산자는 Set 같은 이터러블(iterable) 객체[1]를 배열로 변환하기 위해서도 사용될 수 있다. 다음 예제를 보자.

```
let set = new Set([1, 2, 3, 3, 3, 4, 5]),
    array = [...set];

console.log(array);            // [1,2,3,4,5]
```

이 예제에서, Set은 중복을 포함한 배열로 초기화된다. Set은 중복을 제거하고, 그 다음 각 요소들은 전개 연산자를 사용하여 새로운 배열에 위치한다. Set은 여전히 만들어질 때 전달받은 요소(1과 2, 3, 4, 5)를 포함하고 있다. 그리고 그 요소들은 새 배열에 복사된다.

예제와 같이 이러한 접근법은 이미 있는 배열을 중복이 없는 배열로 만들 때 유용하다. 다음 예제를 살펴보자.

```
function eliminateDuplicates(items) {
    return [...new Set(items)];
}

let numbers = [1, 2, 3, 3, 3, 4, 5],
    noDuplicates = eliminateDuplicates(numbers);

console.log(noDuplicates);      // [1,2,3,4,5]
```

eliminateDuplicates() 함수에서, Set은 중복이 없는 새 배열을 만들기 전, 중복

---

1 (옮긴이) 161쪽 '8.4 이터러블(iterable)과 for-of문'을 참고하기 바란다.

값을 제거하기 위해 사용된 임시적인 매개체에 불과하다.

7.3.5 Weak Set

Set 타입은 객체 참조를 저장하는 방식이기 때문에 Strong Set으로 불리기도 한다. Set의 인스턴스에 저장된 객체는 사실상 변수에 객체를 저장하는 것과 같다. Set 인스턴스에 대한 참조가 존재하는 한, 객체는 가비지 컬렉션 될 수 없어 메모리로부터 해제되지 않는다. 다음 예제를 보자.

```
let set = new Set(),
    key = {};

set.add(key);
console.log(set.size);      // 1

// 원본 참조는 제거
key = null;

console.log(set.size);      // 1

// 원본 참조를 다시 가져옴
key = [...set][0];
```

이 예제에서 key에 null을 설정하여 key 객체에 대한 참조 하나를 제거하지만, set에 또 다른 참조 하나가 남아 있다. 그래서 여전히 전개 연산자로 Set을 배열로 변환하고 첫 번째 요소에 접근하여 key를 얻을 수 있다. 그 결과 대부분의 프로그램에서 잘 동작하지만, 때로는 모든 참조가 사라지면 Set의 참조도 사라지는 것이 가장 좋을 수 있다. 예를 들어, 자바스크립트 코드가 웹 페이지에서 실행되고, 다른 스크립트에 의해 제거될지 모르는 DOM 엘리먼트를 추적하려는 경우, DOM 엘리먼트의 마지막 참조를 유지하는 코드를 원하지 않을 것이다(이런 상황을 메모리 누수(memory leak)라고 부른다).

이런 문제를 해결하기 위해, ECMAScript 6에서는 객체의 약한 참조를 저장하고 원시 값은 저장할 수 없는 Weak Set이 추가되었다. 객체에 대한 **약한 참조**는 참조만 남아 있는 경우에는 가비지 컬렉션을 막지 않는다.

Weak Set 만들기

Weak Set은 WeakSet 생성자를 사용하여 만들어지고, add() 메서드와 has() 메서드, delete() 메서드를 가진다. 다음 예제에서 세 가지 메서드를 살펴보자.

```
let set = new WeakSet(),
    key = {};

// Set에 객체 추가
set.add(key);

console.log(set.has(key));        // true

set.delete(key);

console.log(set.has(key));        // false
```

Weak Set을 사용하는 방식은 Set을 사용하는 것과 매우 유사하다. Weak Set에도 참조를 추가하고, 제거하고, 검사할 수 있다. 생성자에 이터러블을 전달하여 그 값으로 Weak Set을 만들 수도 있다.

```
let key1 = {},
    key2 = {},
    set = new WeakSet([key1, key2]);

console.log(set.has(key1));       // true
console.log(set.has(key2));       // true
```

이 예제에서, 배열은 WeakSet 생성자에 전달된다. 이 배열이 두 개의 객체를 포함하기 때문에 그 객체는 Weak Set에 추가된다. WeakSet은 원시 값을 받을 수 없기 때문에 배열이 객체가 아닌 값을 포함하면 에러가 발생한다는 것을 명심하자.

Set 타입과의 중요 차이점

Weak Set과 Set의 가장 큰 차이점은 객체 값에 대해 약한 참조를 유지한다는 것이다. 다음 예제에서 이 차이점을 살펴보자.

```
let set = new WeakSet(),
    key = {};

// Set에 객체 추가
set.add(key);

console.log(set.has(key));        // true

// key의 마지막 강한 참조를 제거(또한 Weak Set으로부터 제거됨)
key = null;
```

이 코드를 실행한 후에는, Weak Set 내 key에 대한 참조에 더 이상 접근할 수 없다. has() 메서드에 전달하기 위해서도 객체 참조 하나가 필요하기 때문에, 제거된 값을 확인하는 것은 불가능하다. 이는 Weak Set 테스트를 다소 혼란스럽게 하지만, 참조가 자바스크립트 엔진에 의해 적절하게 제거되었음을 신뢰할 수 있다.

다음의 예는 Weak Set이 Set과 몇 가지 특징을 공유하지만, 몇 가지 차이점이 있다는 것을 보여준다.

- WeakSet 인스턴스에서, 객체가 아닌 값이 전달되면 add() 메서드는 에러를 발생시킨다(객체가 아닌 값이 전달되면 has() 메서드와 delete() 메서드는 항상 false를 반환한다).
- Weak Set은 이터러블이 아니므로 for-of 반복문에 사용될 수 없다.
- Weak Set은 어떤 이터레이터(keys()와 values() 메서드 같은)도 노출하지 않으므로, Weak Set의 내용을 프로그램적으로 확인할 방법이 없다.
- Weak Set에는 forEach() 메서드가 없다.
- Weak Set에는 size 프로퍼티가 없다.

메모리 관리를 위해 Weak Set의 제한적 기능이 필요하다. 일반적으로 객체 참조만 추적할 필요가 있다면 Set 대신 Weak Set을 사용해야 한다.

Set은 값의 리스트를 다루는 새로운 방법을 제공하지만, 값과 연관된 추가적인 정보가 필요할 때는 그다지 유용하지 않다. 그러한 이유로 ECMAScript 6에서는 Map이 추가되었다.

7.4 ECMAScript 6의 Map

ECMAScript 6 Map 타입은 순서가 있는 키와 값 쌍의 리스트이고, 그 키와 값은 어떤 타입이든 될 수 있다. 키의 동일함은 set 객체와 같은 접근법을 사용하여 결정되므로, 다른 타입인 키 5와 키 "5"를 모두 가질 수 있다. 객체 프로퍼티는 항상 문자열로 값이 강제 변환되기 때문에 객체 프로퍼티를 키로 사용하는 방식과는 매우 큰 차이가 있다.

set() 메서드에 키와 키에 연관된 값을 전달하고 호출하여 Map에 요소를 추가할 수 있다. 그 후 get() 메서드에 키를 전달하여 값을 얻을 수 있다. 다음 예제를 보자.

```
let map = new Map();
map.set("title", "Understanding ECMAScript 6");
map.set("year", 2016);

console.log(map.get("title"));      // "Understanding ECMAScript 6"
console.log(map.get("year"));       // 2016
```

이 예제에서 두 개의 키와 값 쌍이 저장된다. "title" 키는 문자열을 저장하고, "year" 키는 숫자를 저장한다. 그리고 나서 두 키에 해당하는 값을 얻기 위해 get() 메서드를 호출한다. 키가 Map에 존재하지 않으면, get()은 값 대신 특수 값인 undefined를 반환할 것이다.

예전의 대안 접근법에서는 Map을 만들 때 객체 프로퍼티를 키로 사용하는 것이 불가능 했지만, Map에서는 객체를 키로 사용할 수도 있다. 다음 예제를 살펴보자.

```
let map = new Map(),
    key1 = {},
    key2 = {};

map.set(key1, 5);
map.set(key2, 42);

console.log(map.get(key1));      // 5
console.log(map.get(key2));      // 42
```

이 코드에서는 두 개의 다른 값을 저장하기 위해 Map의 키로 객체 key1과 key2를 사용한다. 이 키들은 다른 형태로 변환되지 않기 때문에, 각 객체는 유일한 것으로 간주된다. 이는 객체를 수정하지 않고도 객체에 추가적인 데이터를 연관시킬 수 있도록 해준다.

7.4.1 Map의 메서드

Map은 Set과 몇 가지 메서드를 공유하는데, 이는 의도적인 것으로, 유사한 방법으로 Map과 Set에서 상호작용하도록 돕는다. 이 세 가지 메서드는 Map과 Set에서 이용할 수 있다.

- has(key) - 주어진 키가 Map에 존재하는지 확인
- delete(key) - 키와 키에 연관된 값을 Map으로부터 제거
- clear() - 모든 키와 값을 Map으로부터 제거

또한 Map은 Map이 포함하는 키와 값 쌍의 개수를 가리키는 size 프로퍼티를

가진다. 다음 예제에서 세 가지 메서드와 size 프로퍼티를 다양하게 사용하는 코드를 살펴볼 수 있다.

```
let map = new Map();
map.set("name", "Nicholas");
map.set("age", 25);

console.log(map.size);          // 2

console.log(map.has("name"));   // true
console.log(map.get("name"));   // "Nicholas"

console.log(map.has("age"));    // true
console.log(map.get("age"));    // 25

map.delete("name");
console.log(map.has("name"));   // false
console.log(map.get("name"));   // undefined
console.log(map.size);          // 1

map.clear();
console.log(map.has("name"));   // false
console.log(map.get("name"));   // undefined
console.log(map.has("age"));    // false
console.log(map.get("age"));    // undefined
console.log(map.size);          // 0
```

Set에서처럼, size 프로퍼티는 항상 Map의 키와 값 쌍 개수를 가리킨다. 이 예제에서 Map 인스턴스는 "name"과 "age" 키를 가지므로, has()는 둘 중 어느쪽의 키가 전달되도 true를 반환한다. delete() 메서드로 "name" 키를 제거한 후, has() 메서드는 "name"이 전달되었을 때 false를 반환하며 size 프로퍼티는 요소가 하나 줄었음을 가리킨다. 그리고 나서, clear() 메서드는 남아 있는 키를 모두 제거하므로, "name"과 "age"를 has()에 전달하면 false를 반환하고 size는 0이 된다.

clear() 메서드는 Map에서 많은 데이터를 빠르게 제거할 수 있는 방법이고, 반대로 한번에 Map에 많은 데이터를 추가하기 위한 방법도 존재한다.

7.4.2 Map 초기화

Set과 마찬가지로, Map 생성자에 배열을 전달하여 Map을 초기화 할 수 있다. 배열의 각 요소는 배열이어야 하며, 그 배열의 첫 번째 요소는 키이고 두 번째 요소는 키에 대응하는 값이다. 따라서 전체 Map은 이 두 요소 배열들의 배열이다.

다음 예제를 보자.

```
let map = new Map([["name", "Nicholas"], ["age", 25]]);

console.log(map.has("name"));    // true
console.log(map.get("name"));    // "Nicholas"
console.log(map.has("age"));     // true
console.log(map.get("age"));     // 25
console.log(map.size);           // 2
```

"name"과 "age" 키는 생성자 초기화를 통해 map에 추가되었다. 배열들의 배열이 조금 이상해보이지만, 이를 통해 키가 어떤 데이터 타입이든 될 수 있음을 명확히 알 수 있다. 배열을 사용하여 키를 저장하는 것이, Map에 저장되기 전에 그 키가 다른 타입으로 변환되지 않음을 보장하는 유일한 방법이다.

7.4.3 Map의 forEach 메서드

Map의 forEach() 메서드는 세 개의 인자를 가진 콜백 함수를 받는다는 점에서 Set이나 배열과 유사하다.

- Map의 다음 위치 값
- 값에 대한 키
- 값을 읽어들이고 있는 Map

이 콜백 인자는 배열의 forEach() 동작과 매우 유사하며, 첫 번째 인자는 값이고 두 번째 인자는 (배열의 숫자 인덱스와 대응하는) 키이다. 다음 예제를 살펴보자.

```
let map = new Map([ ["name", "Nicholas"], ["age", 25]]);

map.forEach(function(value, key, ownerMap) {
    console.log(key + " " + value);
    console.log(ownerMap === map);
});
```

forEach() 콜백 함수는 함수에 전달된 정보를 출력한다. value와 key는 바로 출력되고, ownerMap은 값이 같음을 보여주기 위해 map과 비교한 값을 출력한다. 이 코드의 출력은 다음과 같다.

```
name Nicholas
true
```

```
age 25
true
```

forEach()에 전달된 콜백은 Map에 삽입된 순서대로 각 키와 값 쌍을 얻는다. 이 동작은 콜백이 숫자 인덱스의 순서대로 각 요소를 얻는 배열의 forEach()와 조금 다르다.

 그리고 콜백 함수 내 this를 지정하기 위해 forEach()에 두 번째 인자를 제공할 수 있다. 그와 같은 호출은 Set의 forEach() 메서드와 똑같이 동작한다.

7.4.4 Weak Map

Weak Map은 Map에 객체의 약한 참조를 저장하는 방식으로, Weak Set과 Set의 관계와 같다. Weak Map에서, 모든 키는 객체여야 하고(객체가 아닌 키를 사용하려하면 에러 발생), 각 객체 참조는 약한 참조이므로 가비지 컬렉션의 대상이 된다. Weak Map 바깥에서 Weak Map 키에 대한 참조가 사라지면, 그에 해당하는 키 값 쌍은 Weak Map에서 제거된다. 그러나 Weak Map 값이 아닌 Weak Map 키만 약한 참조이다. Weak Map 값으로 저장된 객체는 다른 모든 참조가 지워지는 경우에도 가비지 컬렉션되지 않는다.

Weak Map이 가장 유용한 곳은 웹 페이지의 특정 DOM 엘리먼트와 관련된 객체들을 만들 때이다. 예를 들어, 웹 페이지의 어떤 자바스크립트 라이브러리는 라이브러리에서 참조하는 모든 DOM 엘리먼트에 대한 사용자 정의 객체를 유지하고, 내부적으로 그 객체의 캐시에 대응된 값을 저장한다.

이러한 접근법의 까다로운 점은, 라이브러리가 더 이상 웹 페이지에서 존재하지 않는 DOM 엘리먼트, 그리고 관련된 연관 객체를 제거할 수 있을때를 판단하는 것이다. 그리하여 라이브러리는 더 이상 사용하지 않는 DOM 엘리먼트 참조를 계속 유지하고 메모리 누수를 발생시킨다. Weak Map으로 DOM 엘리먼트를 관리하더라도, 모든 DOM 엘리먼트의 사용자 정의 객체와 라이브러리는 여전히 연결되고, 객체의 DOM 엘리먼트가 더 이상 존재하지 않을 때 가비지 컬렉션에 의해 Map에서 그 객체가 자동으로 제거된다.

Weak Map 사용하기

ECMAScript 6 WeakMap 타입은 키가 null이 아닌 객체이고 값은 어떤 타입이든 될 수 있는, 키 값 쌍의 순서가 없는 리스트이다. WeakMap을 사용하는 방식은, 데이터를 추가하고 얻을 때 set()과 get()을 각각 사용한다는 점에서 Map과 매우 유사하다.

```
let map = new WeakMap(),
    element = document.querySelector(".element");

map.set(element, "Original");

let value = map.get(element);
console.log(value);              // "Original"

// 엘리먼트 제거
element.parentNode.removeChild(element);
element = null;

// 여기서 Weak Map은 비어있는 상태
```

이 예제에서, 하나의 키 값 쌍이 저장된다. element 키는 대응하는 문자열 값을 저장하기 위해 사용된 DOM 엘리먼트이다. 그리고 나서 get() 메서드에 DOM 엘리먼트를 전달하여 그 값을 얻는다. DOM 엘리먼트가 나중에 문서에서 제거되고 변수 참조가 null로 설정되면, Weak Map에 있는 데이터도 제거된다.

Weak Set과 마찬가지로, size 프로퍼티가 없기 때문에 Weak Map이 비어있음을 증명할 방법은 없다. 키에 대한 참조도 남아 있지 않으므로, get() 메서드를 호출하여 값을 얻어올 수도 없다. Weak Map이 그 키에 대한 값에 접근하는 것을 차단하고 가비지 컬렉션이 실행되면, 값이 점유하고 있던 메모리는 해제될 것이다.

Weak Map 초기화

Weak Map을 초기화하려면 WeakMap 생성자에 배열들의 배열을 전달해야 한다. 보통의 Map을 초기화하는 것처럼 각 배열 내의 배열은 두 개의 요소를 가져야 한다. 그 첫 번째 요소는 null이 아닌 객체 키이고 두 번째 요소는 값(어떤 데이터 타입도 가능)이다. 다음 예제를 보자.

```
let key1 = {},
    key2 = {},
    map = new WeakMap([[key1, "Hello"], [key2, 42]]);

console.log(map.has(key1));      // true
console.log(map.get(key1));      // "Hello"
console.log(map.has(key2));      // true
console.log(map.get(key2));      // 42
```

key1과 key2 객체는 Weak Map에서 키로 사용되고, get()과 has() 메서드는 그 키를 사용해서 접근할 수 있다. WeakMap 생성자는 키 값 쌍으로 객체가 아닌 키를 받으면 에러가 발생한다.

Weak Map 메서드

Weak Map은 두 개의 추가적인 메서드를 이용하여 키 값 쌍과 상호작용할 수 있다. has() 메서드를 사용해서 Map에 주어진 키가 존재하는지를 확인하고, delete() 메서드를 사용해서 지정된 키 값 쌍을 제거할 수 있다. clear() 메서드는 열거 가능한 키를 필요로 하고, 이는 Weak Set처럼 Weak Map에서도 가능하지 않기 때문에 존재하지 않는다. has()와 delete() 메서드를 사용하는 다음 예제를 살펴보자.

```
let map = new WeakMap(),
    element = document.querySelector(".element");

map.set(element, "Original");

console.log(map.has(element));   // true
console.log(map.get(element));   // "Original"

map.delete(element);
console.log(map.has(element));   // false
console.log(map.get(element));   // undefined
```

이 예제에서 DOM 엘리먼트는 Weak Map에서 키로 사용된다. has() 메서드는 참조가 현재 Weak Map에서 사용되고 있는지 확인하는데 유용하다. 이는 키가 null이 아닌 참조인 경우에만 동작한다는 것을 명심하자. 키가 delete() 메서드에 의해 Weak Map에서 강제로 제거되고 난 후, has()는 false를 반환하며 get()은 undefined를 반환한다.

비공개 객체 데이터

대부분의 개발자는 Weak Map을 주로 DOM 엘리먼트와 연관된 데이터를 관리할 때 사용하려 하지만, 그 밖에 다양한 경우에도 사용 가능하다(그리고 틀림없이, 아직 발견하지 못한 경우도 있을 것이다). Weak Map의 한 가지 실용적인 사용 예는 비공개 데이터를 객체 인스턴스에 저장하는 경우이다. ECMAScript 6에서 모든 객체 프로퍼티는 공개되므로, 객체의 데이터에 접근 가능하게 만들거나 모두 접근할 수 없도록 만들기 위해서는 창의력을 발휘할 필요가 있다. 다음 예제를 살펴보자.

```
function Person(name) {
    this._name = name;
}

Person.prototype.getName = function() {
    return this._name;
};
```

이 코드는 프로퍼티가 비공개이고 객체 인스턴스 밖에서 수정되면 안 된다는 것을 표현하기 위해 밑줄 표시를 앞에 붙이는 형태의 컨벤션을 따른다. 이 컨벤션의 의도는 this._name을 읽기 위해 getName()를 사용해야 하고 _name 값의 변경을 허용하지 않는 것이다. 그러나 누군가가 _name 프로퍼티에 직접 값을 쓰는 것을 막을 수는 없으므로, 이 값은 의도적이든 우연히든 덮어씌워질 수 있다.

ECMAScript 5에서는 다음과 같은 패턴으로 객체를 만들어 완전히 비공개인 데이터를 구현하는 것이 가능했다.

```
var Person = (function() {

    var privateData = {},
        privateId = 0;

    function Person(name) {
        Object.defineProperty(this, "_id", { value: privateId++ });

        privateData[this._id] = {
            name: name
        };
    }

    Person.prototype.getName = function() {
        return privateData[this._id].name;
    };

    return Person;
}());
```

이 예제는 두 개의 비공개 변수 privateData와 privateId를 포함하는 Person의 정의를 즉시 실행 함수 표현식으로 감싼다. privateData 객체는 각 인스턴스의 비공개 정보를 저장하고, privateId는 각 인스턴스의 유일한 ID를 만드는 데에 사용된다. Person 생성자가 호출되면, 열거 불가능하고 수정 불가능하며 쓰기도 불가능한 _id 프로퍼티가 추가된다.

그리고 나면 객체 인스턴스 ID에 해당하는 privateData 객체 내에 연결점이 만들어진다. 그곳이 name이 저장된 곳이다. 그 후에는 getName() 함수에서 privateData의 키로 this._id를 사용하여 그 이름을 얻어올 수 있다. 비록 this._id가 노출되어 있더라도, privateData에는 즉시 실행 함수 표현식 바깥에서 접근할 수 없기 때문에 실제 데이터는 안전하다.

이 접근법의 가장 큰 문제는 객체 인스턴스가 언제 파괴되는지 알 수 없기 때문에 privateData 내의 데이터가 사라지지 않는다는 것이고, 그런 이유로 privateData 객체는 항상 여분의 데이터를 포함할 것이다. 이 문제는 다음 예제처럼 Weak Map 인스턴스를 사용하여 해결할 수 있다.

```
let Person = (function() {

    let privateData = new WeakMap();

    function Person(name) {
        privateData.set(this, { name: name });
    }

    Person.prototype.getName = function() {
        return privateData.get(this).name;
    };

    return Person;
}());
```

이 예제에서는 Person의 비공개 데이터를 위해 객체 대신 Weak Map을 사용한다. Person 객체 인스턴스는 키로 사용될 수 있기 때문에, 별도의 ID로 관리할 필요가 없다. Person 생성자가 호출되면, Weak Map에 this를 키로 하고 비공개 정보를 포함하는 객체를 값으로 하는 연결점이 만들어진다. 이 예제의 경우, 값은 name만 포함하는 객체이다. getName() 함수는 privateData.get() 메서드에 this를 전달하여 비공개 정보를 얻고, 얻어온 값 객체의 name 프로퍼티에 접근한다. 이 방법은 비공개 정보를 비공개로 유지하고 연관된 객체 인스턴스가 파괴되면 언제든지 그 정보를 파괴한다.

Weak Map의 사용과 제한

Weak Map이나 Map 사용을 결정할 때 고려해야 할 것은 객체 키만을 사용할지 여부이다. 항상 객체 키만을 사용한다면 Weak Map을 선택하는 것이 좋다. Weak Map을 사용하면 더 이상 접근할 수 없게 된 여분의 데이터를 유지하지 않도록 하여 메모리 사용을 최적화하고 메모리 누수를 피하도록 할 수 있다.

Weak Map은 Map의 내용을 확인할 수 없으므로, 요소 관리를 위해 forEach() 메서드나 size 프로퍼티, clear() 메서드를 사용할 수 없다는 것을 명심하자. 검사 기능이 필요하다면, Map을 사용하는 게 좋다. 단지 메모리 사용량은 꼭 확인하도록 하자.

물론 객체가 아닌 키를 사용할 경우에는 Map을 선택해야만 한다.

7.5 요약

ECMAScript 6에서는 자바스크립트에 공식적으로 Set과 Map이 도입되었다. 도입 이전에 개발자는 빈번하게 Set과 Map을 흉내 내기 위해 객체를 사용했고, 종종 객체 프로퍼티의 한계 때문에 문제가 발생했다.

Set은 순서가 있는 유일한 값의 리스트이다. 값이 동일한지 판단하기 위해 타입 강제 변환을 하지 않는다. Set은 자동으로 중복값을 제거하므로, 배열에서 중복값을 걸러낸 결과를 얻기 위해 사용할 수도 있다. Set은 배열의 서브클래스가 아니므로 Set의 값에 임의로 접근할 수 없다. 대신 Set에 값이 포함되어 있는지는 has() 메서드로 확인할 수 있고, Set에 있는 값의 개수를 알기 위해서는 size 프로퍼티를 사용할 수 있다. Set 타입은 각 Set 값을 처리할 수 있도록 forEach() 메서드를 가지고 있다.

Weak Set은 객체만 포함할 수 있는 특별한 Set이다. 객체는 약한 참조로 저장되고, 이는 Weak Set 내의 요소가 객체에 대한 참조로만 남아 있다면 가비지 컬렉션의 대상이 된다는 의미이다. Weak Set의 요소들은 메모리 관리의 복잡성 때문에 검사될 수 없으므로 함께 분류될 필요가 있는 객체를 추적하는 경우에만 Weak Set을 사용하는 것이 좋은 선택이다.

Map은 순서가 있는 키 값 쌍의 리스트이며, 어떤 타입이든 키가 될 수 있다. Set과 마찬가지로, 키는 값이 동일한지 판단하기 위해 타입 강제 변환을 하지 않고, 이는 숫자키 5와 문자키 "5"를 다른 키로 가질 수 있다는 의미이다. 어떤 데이터 타입의 값이든 set() 메서드를 사용하여 키와 연결될 수 있고, 그 값은 나중에 get() 메서드를 사용하여 얻어올 수 있다. Map은 size 프로퍼티와 요소에 쉽게 접근할 수 있는 forEach() 메서드를 가지고 있다.

Weak Map은 객체 키만을 가질 수 있는 Map의 특별한 타입이다. 객체에 대한 키 참조는 Weak Set처럼 약한 참조이고, 객체에 대한 참조로만 남아 있을 때는 가비지 컬렉션의 대상이 된다. 키가 가비지 컬렉션 될 때, 키와 연관된 값 또한 Weak Map에서 제거된다.

    메모리 관리 측면에서, Weak Map은 추가적인 정보에 의한 객체 관리에 특히 적합하다. Weak Map 내 객체의 생명주기가 객체에 접근하는 코드 바깥에서 관리되기 때문이다.

이터레이터와 제네레이터

많은 프로그래밍 언어들이, 컬렉션의 위치 변수 추적을 위해 초기화가 필수인 for문 방식에서 컬렉션의 다음 요소를 반환하는 이터레이터 객체를 사용하는 방식으로 옮겨가는 추세이다. 이터레이터는 컬렉션의 데이터를 쉽게 사용할 수 있게 하므로 ECMAScript 6에서도 자바스크립트에 이터레이터를 추가하였다.

이터레이터는 새로운 배열 메서드 그리고 새 타입의 컬렉션(Set과 Map 같은)과 결합하여 데이터를 효율적으로 처리하는데 반드시 필요하므로, 언어의 많은 부분에서 발견할 수 있다. 새로운 for-of문은 이터레이터와 함께 동작하고, 전개 연산자(...)도 이터레이터를 사용하며, 비동기 프로그래밍을 할 때도 이터레이터를 사용할 수 있다.

이 장에서는 이터레이터의 많은 사용 사례를 다루지만, 그 전에 자바스크립트에 이터레이터가 추가된 이유와 과정을 이해하는 것이 중요하다.

8.1 반복문의 문제점

예전부터 자바스크립트를 사용해 왔다면 다음 예제처럼 코드를 작성했을 것이다.

```
var colors = ["red", "green", "blue"];

for (var i = 0, len = colors.length; i < len; i++) {
    console.log(colors[i]);
}
```

표준 for문은 변수 i를 사용하여 colors 배열의 인덱스를 순회한다. i가 (len에 저장된) 배열의 길이보다 더 크지 않다면 i의 값은 반복 실행할 때마다 증가한다.

이 반복문은 직관적이지만, 중첩해서 사용하고 여러 개의 변수를 유지할 필요가 있을 때는 복잡도가 증가한다. 복잡도가 증가하면 에러가 발생하기 쉽다. 하나의 for문을 작성하기 위해서는 많은 양의 기본 코드가 필요한데, 이러한 특성은 더 많은 에러의 잠재적인 원인이 될 수 있다. 그 이유는 유사한 코드가 여러 장소에 반복될 수 있기 때문이다.

이터레이터는 복잡도를 감소시키고 반복문의 에러가 발생하기 쉬운 특성을 제거한다.

8.2 이터레이터란?

이터레이터는 반복을 위해 설계된, 특별한 인터페이스를 가진 객체이다. 모든 이터레이터 객체는 next() 메서드를 가지고 있으며, 이 메서드는 연산의 결과로 객체를 반환한다. 반환된 객체는 두 개의 프로퍼티를 가지는데, 하나는 다음 값을 의미하는 value이고, 다른 하나는 더 반환할 값이 없을 때 true가 되는 불린 값 done이다. 이터레이터는 값 컬렉션의 위치에 대한 내부 포인터를 유지하고, 각 next() 메서드 호출과 함께 적절한 다음 값을 반환한다.

마지막 값이 반환된 후 next()를 호출하면, 메서드는 done을 true로 설정하고 value에는 이터레이터의 반환 값을 포함하여 반환한다. 이 반환 값은 데이터 집합의 일부가 아니라, 데이터와 관련된 마지막 정보이거나 그러한 데이터가 존재하지 않음을 의미하는 undefined이다. 이터레이터의 반환 값은 호출한 곳에 마지막으로 정보를 전달할 수 있는 수단이라는 점에서 함수의 반환 값과 유사하다.

이러한 정보를 기반으로 다음 예제처럼 ECMAScript 5를 사용하여 이터레이터를 만드는 것이 가능하다.

```
function createIterator(items) {

    var i = 0;

    return {
        next: function() {

            var done = (i >= items.length);
            var value = !done ? items[i++] : undefined;
```

```
            return {
                done: done,
                value: value
            };

        }
    };
}

var iterator = createIterator([1, 2, 3]);

console.log(iterator.next());          // "{ value: 1, done: false }"
console.log(iterator.next());          // "{ value: 2, done: false }"
console.log(iterator.next());          // "{ value: 3, done: false }"
console.log(iterator.next());          // "{ value: undefined, done: true }"

// 이후 모든 호출
console.log(iterator.next());          // "{ value: undefined, done: true }"
```

createIterator() 함수는 next() 메서드를 가진 객체를 반환한다. 메서드가 호출될 때마다 items 배열의 다음 값이 value로 반환된다. i가 3일때 done은 true가 되고, 삼항 연산자에 의해 value에는 undefined가 할당된다. 마지막 데이터가 사용된 후 이터레이터의 next()가 호출되면, ECMAScript 6 이터레이터의 마지막 수행 결과로 이 두 특별한 값이 전달된다.

이 예제에서 보았듯이, ECMAScript 6에서 정한 규칙을 따라 이터레이터를 만드는 것은 다소 복잡하다. 다행히 ECMAScript 6에서는 제네레이터를 제공하여, 훨씬 간단하게 이터레이터 객체를 만들 수 있게 해준다.

8.3 제네레이터란?

제네레이터는 이터레이터를 반환하는 함수이다. 제네레이터 함수는 function 키워드 뒤에 별표(*)를 사용하여 표현하고, 새로운 키워드인 yield를 사용한다. 별표를 function 다음에 바로 사용해도 되고, 다음 예제처럼 공백을 두고 사용해도 된다.

```
// 제네레이터
function *createIterator() {
    yield 1;
    yield 2;
    yield 3;
}
```

```
// 제네레이터는 보통의 함수처럼 호출되지만 이터레이터를 반환한다
let iterator = createIterator();

console.log(iterator.next().value);     // 1
console.log(iterator.next().value);     // 2
console.log(iterator.next().value);     // 3
```

createIterator() 앞의 *가 이 함수를 제네레이터로 만들어 준다. ECMAScript 6에 새로 추가된 yield 키워드는 next()가 호출될 때 이터레이터가 반환해야 하는 값과 그 순서를 명시한다. 이 예제의 이터레이터는 next() 메서드가 연이어 호출되었을 때 반환할 세 개의 값을 가진다. 처음이 1, 다음이 2, 그리고 마지막이 3이다. 제네레이터는 iterator가 만들어질 때와 같이 함수처럼 호출된다.

제네레이터의 가장 흥미로운 점은 각 yield문 이후 실행이 멈춘다는 것이다. 예를 들어 이 코드에서 yield 1 실행 이후, 함수는 이터레이터의 next() 메서드가 호출될 때까지 어떤 것도 실행하지 않는다. next()가 호출되면 그 지점에서 yield 2를 실행한다. 제네레이터 함수는, 함수의 중간에서 실행을 멈추는 이 기능 덕에 다양한 방식으로 사용할 수 있다.("이터레이터 고급 기능"에서 다룬다).

yield 키워드는 어떤 값이나 표현식과도 사용될 수 있으므로 요소들을 하나하나 나열하지 않고 이터레이터에 요소를 추가하는 제네레이터 함수를 작성할 수 있다. 다음 예제에서 for문 안에 yield를 사용하는 방법을 살펴보자.

```
function *createIterator(items) {
    for (let i = 0; i < items.length; i++) {
        yield items[i];
    }
}

let iterator = createIterator([1, 2, 3]);

console.log(iterator.next());           // "{ value: 1, done: false }"
console.log(iterator.next());           // "{ value: 2, done: false }"
console.log(iterator.next());           // "{ value: 3, done: false }"
console.log(iterator.next());           // "{ value: undefined, done: true }"

// 이후 모든 호출
console.log(iterator.next());           // "{ value: undefined, done: true }"
```

이 예제는 items 배열을 createIterator() 제네레이터 함수에 전달한다. 함수 내부의 for문은 반복문을 수행하는 것처럼 배열로부터 요소를 이터레이터로 가져온다. 반복문은 yield를 만날 때마다 멈추고 iterator의 next()가 호출될 때마

다 다음 yield문을 실행한다.

제네레이터 함수는 ECMAScript 6의 중요한 기능이며, 함수에 해당하기 때문에 어떤 곳에서든 사용될 수 있다. 이 절의 나머지 부분에서는 제네레이터를 사용하는 유용한 방식에 초점을 맞춘다.

yield 키워드가 에러를 발생시키는 경우

yield 키워드는 제네레이터 안에서만 사용될 수 있다. 제네레이터 안에 있는 함수를 포함하여, 그 외 다른 곳에서 yield를 사용하면 에러가 발생한다.

```
function *createIterator(items) {

    items.forEach(function(item) {

        // 문법 에러
        yield item + 1;
    });
}
```

기술적으로 yield는 createIterator()안에 있지만, 함수의 경계를 넘을 수 없기 때문에 이 코드는 문법 에러를 발생시킨다. 중첩 함수의 외부 함수가 내부 함수의 값을 반환할 수 없다는 점에서 yield는 return과 유사하다.

8.3.1 제네레이터 함수 표현식

function 키워드와 여는 괄호 사이에 별표(*)를 넣어서, 제네레이터를 만드는 함수 표현식을 사용할 수 있다. 다음 예제를 살펴보자.

```
let createIterator = function *(items) {
    for (let i = 0; i < items.length; i++) {
        yield items[i];
    }
};

let iterator = createIterator([1, 2, 3]);

console.log(iterator.next());           // "{ value: 1, done: false }"
console.log(iterator.next());           // "{ value: 2, done: false }"
console.log(iterator.next());           // "{ value: 3, done: false }"
console.log(iterator.next());           // "{ value: undefined, done: true }"

// 이후 모든 호출
console.log(iterator.next());           // "{ value: undefined, done: true }"
```

이 코드에서 createIterator()는 함수 선언이 아닌 제네레이터 함수 표현식이다. 익명 함수 표현식이기 때문에 별표를 function 키워드와 여는 괄호 사이에 사용했다. 그 이외에는 앞의 for문을 사용한 예제와 같다.

 제네레이터인 화살표 함수를 만드는 것은 불가능하다.

8.3.2 제네레이터 객체 메서드

제네레이터도 함수이기 때문에, 객체에 추가할 수 있다. 예를 들면, 다음 예제처럼 함수 표현식을 사용하여 ECMAScript 5 방식의 객체 리터럴에 제네레이터를 만들 수 있다.

```
var o = {

    createIterator: function *(items) {
        for (let i = 0; i < items.length; i++) {
            yield items[i];
        }
    }
};

let iterator = o.createIterator([1, 2, 3]);
```

또한 다음 예제처럼 메서드 이름 앞에 별표(*)를 붙여서 ECMAScript 6 메서드 축약을 사용할 수도 있다.

```
var o = {

    *createIterator(items) {
        for (let i = 0; i < items.length; i++) {
            yield items[i];
        }
    }
};

let iterator = o.createIterator([1, 2, 3]);
```

이 예제들은 이전 절의 예제와 다른 문법을 사용했을 뿐 기능적으로 같다. 축약 버전에서는 function 키워드 없이 createIterator() 메서드가 정의되기 때문에, 별표와 메서드 이름 사이에 공백을 두지 않고, 별표를 메서드 이름 앞에 바로 사용한다.

8.4 이터러블과 for-of문

이터러블(iterable)은 `Symbol.iterator` 프로퍼티를 가진 객체로, 이터레이터와 밀접한 관련이 있다. 상용 심벌인 `Symbol.iterator`는 주어진 객체의 이터레이터를 반환하는 함수를 명시한다. ECMAScript 6의 모든 컬렉션 객체(Array와 Set, Map)와 문자열은 이터러블이므로, 기본적으로 명시된 이터레이터를 가진다. 이터러블은 ECMAScript에 새로 추가된 for-of문과 함께 사용되도록 설계되었다.

 제네레이터는 기본적으로 `Symbol.iterator` 프로퍼티를 할당하므로, 제네레이터에 의해 만들어진 모든 이터레이터 또한 이터러블이다.

이 장의 도입부에서, for문 내의 인덱스를 추적하는 문제에 대해 언급했다. 이터레이터는 그 해결책의 첫 번째 부분이고, for-of문이 두 번째 부분이다. for-of문은 컬렉션 내에서 인덱스를 추적할 필요성을 완전히 제거하여, 컬렉션의 콘텐츠와 작업하는 부분에 초점을 맞추도록 해준다.

for-of문은 반복문이 실행될 때마다 이터러블의 next()를 호출하고 반환된 객체의 value를 변수에 저장한다. 이 반복문은 반환된 객체의 done 프로퍼티가 true일 때까지 이러한 과정을 지속한다. 다음 예제를 살펴보자.

```
let values = [1, 2, 3];

for (let num of values) {
    console.log(num);
}
```

이 코드의 출력은 다음과 같다.

```
1
2
3
```

이 for-of문은 먼저 이터레이터를 얻기 위해 values 배열의 Symbol.iterator 메서드를 호출한다(Symbol.iterator 호출은 자바스크립트 엔진 내부에서 수행된다). 그리고 나서 iterator.next()가 호출되고, 이터레이터의 반환된 객체의 value 프로퍼티를 읽어 num에 할당한다. num 변수는 처음에 1, 다음에 2, 그리고 마지막에 3이다. 반환된 객체의 done이 true이면, 반복문이 끝나므로 num에는

undefined가 할당되지 않는다.

단순히 배열이나 컬렉션 내의 값을 순회하고 싶다면, for문 대신 for-of문을 사용하는 것이 좋은 선택이다. for-of문은 상대적으로 추적해야 할 상태 값이 적기 때문에 에러 발생 확률을 감소시킨다. 더 복잡하게 상태를 제어해야 한다면 전통적인 for문을 사용하는 것이 좋다.

> ⚠️ 이터러블이 아닌 객체나 null, undefined에 for-of문을 사용하면 에러가 발생한다.

8.4.1 기본 이터레이터에 접근하기

다음 예제처럼, 객체의 기본 이터레이터에 접근하기 위해 Symbol.iterator를 사용할 수 있다.

```
let values = [1, 2, 3];
let iterator = values[Symbol.iterator]();

console.log(iterator.next());          // "{ value: 1, done: false }"
console.log(iterator.next());          // "{ value: 2, done: false }"
console.log(iterator.next());          // "{ value: 3, done: false }"
console.log(iterator.next());          // "{ value: undefined, done: true }"
```

이 예제는 values의 기본 이터레이터를 얻고, 배열의 요소를 순회하기 위해 기본 이터레이터를 사용한다. 이는 for-of문을 사용할 때 내부적으로 일어나는 과정과 같다.

Symbol.iterator는 기본 이터레이터를 명시하기 때문에, 이를 다음 예제처럼 객체가 이터러블인지 확인하려는 목적으로 사용할 수 있다.

```
function isIterable(object) {
    return typeof object[Symbol.iterator] === "function";
}

console.log(isIterable([1, 2, 3]));     // true
console.log(isIterable("Hello"));       // true
console.log(isIterable(new Map()));     // true
console.log(isIterable(new Set()));     // true
console.log(isIterable(new WeakMap())); // false
console.log(isIterable(new WeakSet())); // false
```

isIterable() 함수는 단순히 기본 이터레이터가 객체에 존재하는지 그리고 함수인지 검사한다. for-of문도 실행하기 전에 유사한 검사를 수행한다.

지금까지 이 절의 예제에서는 내장 이터러블 타입과 함께 Symbol.iterator를 사용하는 방법을 살펴봤지만, Symbol.iterator 프로퍼티를 사용하여 자신만의 이터러블을 만들 수도 있다.

8.4.2 이터러블 만들기

개발자가 정의한 객체는 기본적으로 이터러블이 아니지만, 제네레이터를 포함하는 Symbol.iterator 프로퍼티를 만들어 객체를 이터러블로 만들 수 있다. 다음 예제를 살펴보자.

```
let collection = {
    items: [],
    *[Symbol.iterator]() {
        for (let item of this.items) {
            yield item;
        }
    }

};

collection.items.push(1);
collection.items.push(2);
collection.items.push(3);

for (let x of collection) {
    console.log(x);
}
```

이 코드의 출력은 다음과 같다.

```
1
2
3
```

먼저 이 예제는 collection 객체에 기본 이터레이터를 정의한다. 기본 이터레이터는, 제네레이터인(별표가 이름 앞에 있다는 것에 주목하자) Symbol.iterator 메서드에 의해 만들어진다. 그리고 나서 제네레이터는 this.items 내의 값을 순회하기 위해 for-of문을 사용하고, 각 값을 반환하기 위해 yield를 사용한다. collection 객체의 기본 이터레이터가 반환하는 값들을 정의하기 위해 수동적으로 순회하는 대신 this.items의 기본 이터레이터에 의존하여 같은 작업을 수행한다.

다른 객체의 이터레이터를 사용하기 위한 다른 접근법은 176쪽의 "제네레이터 위임하기"
에서 다룬다.

지금까지 기본 배열 이터레이터의 몇 가지 사용법을 살펴봤는데, ECMAScript
6에는 데이터 컬렉션과의 작업을 보다 쉽게 해주는 내장 이터레이터가 많이
있다.

8.5 내장 이터레이터

ECMAScript 6에서 이터레이터는 매우 중요한 부분이고, 다양한 내장 타입을 위
한 이터레이터를 언어에 기본적으로 내장하고 있기 때문에, 이를 직접 만들 필
요가 없다. 사용하려는 목적에 내장 이터레이터가 알맞지 않을 때만 이터레이터
를 만들면 되는데, 대부분 객체나 클래스를 정의할 때일 것이다. 그 외의 작업을
위해서는 내장 이터레이터를 사용할 수 있다. 아마 컬렉션과 동작하는 이터레이
터를 가장 흔하게 사용할 것이다.

8.5.1 컬렉션 이터레이터

ECMAScript 6에는 Arrayer와 Map, Set이라는 세 가지 타입의 컬렉션 객체가 있
다. 세 가지 모두 내부 콘텐츠를 탐색하도록 돕는 내장 이터레이터를 가진다.

- entries() - 값으로 키 값 쌍을 갖는 이터레이터를 반환
- values() - 값으로 컬렉션의 값을 갖는 이터레이터를 반환
- keys() - 값으로 컬렉션 내의 키를 갖는 이터레이터를 반환

이러한 메서드를 호출하여 컬렉션의 이터레이터를 얻을 수 있다.

entries() 이터레이터

entries() 이터레이터는 next()가 호출될 때마다 요소가 두 개인 배열을 반환한
다. 요소가 두 개인 배열은 컬렉션 내 각 요소의 키와 값을 나타낸다. 배열에서
첫 번째 요소는 숫자 인덱스이고, Set에서는 첫 번째 요소 또한 값이며(Set에서
는 값이 키로서도 사용됨), Map에서 첫 번째 요소는 키이다.

entries() 이터레이터를 사용하는 다음 예제를 살펴보자.

```
let colors = [ "red", "green", "blue" ];
let tracking = new Set([1234, 5678, 9012]);
```

```
let data = new Map();

data.set("title", "Understanding ECMAScript 6");
data.set("format", "ebook");

for (let entry of colors.entries()) {
    console.log(entry);
}

for (let entry of tracking.entries()) {
    console.log(entry);
}

for (let entry of data.entries()) {
    console.log(entry);
}
```

console.log()는 다음 결과를 출력한다.

```
[0, "red"]
[1, "green"]
[2, "blue"]
[1234, 1234]
[5678, 5678]
[9012, 9012]
["title", "Understanding ECMAScript 6"]
["format", "ebook"]
```

이 코드에서는 컬렉션의 각 타입에 entries() 메서드를 사용하여 이터레이터를
얻고, for-of문을 사용하여 요소를 순회한다. 출력 결과는 각 객체의 키와 값이
어떻게 반환되는지 보여준다.

values() 이터레이터

values() 이터레이터는 컬렉션에 저장된 값을 반환한다. 예제를 살펴보자.

```
let colors = [ "red", "green", "blue" ];
let tracking = new Set([1234, 5678, 9012]);
let data = new Map();

data.set("title", "Understanding ECMAScript 6");
data.set("format", "ebook");

for (let value of colors.values()) {
    console.log(value);
}

for (let value of tracking.values()) {
```

```
        console.log(value);
    }

    for (let value of data.values()) {
        console.log(value);
    }
```

이 코드의 출력은 다음과 같다.

```
"red"
"green"
"blue"
1234
5678
9012
"Understanding ECMAScript 6"
"ebook"
```

이 예제처럼 values() 이터레이터는 컬렉션 내 데이터 위치에 대한 어떤 정보도 없이, 각 컬렉션 내의 정확한 데이터를 반환한다.

keys() 이터레이터

keys() 이터레이터는 컬렉션 내 존재하는 각 키를 반환한다. 배열에서는 숫자 키만 반환하고, 다른 프로퍼티는 반환하지 않는다. Set에서는 키와 값이 같으므로, keys()와 values()는 같은 이터레이터를 반환한다. Map의 경우 keys() 이터레이터는 각각의 유일한 키를 반환한다. 다음 예제를 통해 세 가지 경우를 모두 살펴보자.

```
let colors = [ "red", "green", "blue" ];
let tracking = new Set([1234, 5678, 9012]);
let data = new Map();

data.set("title", "Understanding ECMAScript 6");
data.set("format", "ebook");

for (let key of colors.keys()) {
    console.log(key);
}

for (let key of tracking.keys()) {
    console.log(key);
}

for (let key of data.keys()) {
    console.log(key);
}
```

이 예제의 출력은 다음과 같다.

```
0
1
2
1234
5678
9012
"title"
"format"
```

keys() 이터레이터는 colors와 tracking, data의 각 키를 가져오고, 그 키들은 세 개의 for-of문 내에서 출력된다. 배열 객체에서는 프로퍼티 이름을 지정하여 추가했더라도 숫자 인덱스만이 출력된다. 이는 for-in문에서 배열이 동작하는 방식과 다른데, for-in문에서는 숫자 인덱스 외의 프로퍼티도 순회한다.

컬렉션 타입의 기본 이터레이터

각 컬렉션 타입에는 이터레이터가 명시적으로 지정되지 않았을 때 for-of문에 사용되는 기본 이터레이터가 있다. 배열과 Set의 기본 이터레이터 메서드는 values()인 반면, Map의 기본 이터레이터 메서드는 entries()이다.

```
let colors = [ "red", "green", "blue" ];
let tracking = new Set([1234, 5678, 9012]);
let data = new Map();

data.set("title", "Understanding ECMAScript 6");
data.set("format", "print");

// colors.values()를 사용하는 것과 같음
for (let value of colors) {
    console.log(value);
}

// tracking.values()를 사용하는 것과 같음
for (let num of tracking) {
    console.log(num);
}

// data.entries()를 사용하는 것과 같음
for (let entry of data) {
    console.log(entry);
}
```

이터레이터를 명시하지 않았으므로 기본 이터레이터 함수가 사용될 것이다. 배

열과 Set, Map의 기본 이터레이터는 이 객체들이 초기화되는 방식을 반영하여 설계되었으므로, 이 코드의 출력은 다음과 같다.

```
"red"
"green"
"blue"
1234
5678
9012
["title", "Understanding ECMAScript 6"]
["format", "print"]
```

배열과 Set은 기본적으로 값을 반환하는데 반해, Map은 `Map` 생성자에 전달될 수 있는 배열 형식을 반환한다. 반면에, Weak Set과 Weak Map은 내장 이터레이터를 갖지 않는다. 약한 참조로 관리한다는 것은 이 컬렉션 내에 몇 개의 값이 있는지 정확하게 알 수 없고, 그 컬렉션을 순회할 수 없다는 의미이다.

> **구조분해와 for-of문**
>
> Map에서 기본 이터레이터의 동작은 다음 예제처럼 for-of문 내에서 구조분해와 함께 사용될 때 유용하다.
>
> ```
> let data = new Map();
>
> data.set("title", "Understanding ECMAScript 6");
> data.set("format", "ebook");
>
> // data.entries()를 사용하는 것과 같음
> for (let [key, value] of data) {
>     console.log(key + "=" + value);
> }
> ```
>
> 이 코드의 for-of문에서는 Map의 각 요소를 key와 value에 할당하기 위해 구조분해된 배열을 사용한다. 이러한 방법으로, 두 요소 배열에 접근하거나 Map을 계속 다시 사용할 필요 없이, 한번에 키와 값을 가져와 쉽게 사용할 수 있다. Map에 구조분해된 배열을 사용하면, Set과 배열에서처럼 유용하게 for-of문을 사용할 수 있다.

8.5.2 문자열 이터레이터

자바스크립트 문자열은 ECMAScript 5가 배포된 이후 서서히 배열과 유사해졌다. 예를 들어, ECMAScript 5에서는 문자열 내 문자에 접근(즉, text[0]을 사용하여 첫 문자를 가져오는 등)하기 위한 대괄호 표기법을 공식화했다. 그러나 대

괄호 표기법은 문자가 아니라 코드 유닛에서 동작하므로, 다음 예제처럼 2바이트 문자에 올바르게 접근하기 위해서는 사용될 수 없었다.

```
var message = "A 古 B";

for (let i=0; i < message.length; i++) {
    console.log(message[i]);
}
```

이 코드는 유니코드 문자가 있는 문자열을 순회하고 출력하기 위하여, 대괄호 표기법과 length 프로퍼티를 사용한다. 그러나 출력 결과는 예상과 다르다.

```
A
(blank)
(blank)
(blank)
(blank)
B
```

2바이트 문자는 별개의 두 코드 유닛으로 처리되기 때문에 A와 B 사이에 네 개의 빈 라인이 출력된다.

다행히, ECMAScript 6에서는 유니코드를 완벽하게 지원하는 걸 목표로 하며 (2장 참고), 기본 문자열 이터레이터를 통해 문자열을 순회할 때 발생하는 문제를 해결한다. for-of와 기본 문자열 이터레이터를 사용하여 앞의 예제를 변경하면 더 적절한 결과를 출력한다. 다음 예제에서 수정한 코드를 살펴보자.

```
var message = "A 古 B";

for (let c of message) {
    console.log(c);
}
```

이 코드의 출력은 다음과 같다.

```
A
(blank)
古
(blank)
B
```

반복문은 유니코드 문자와 그 외 부분을 성공적으로 출력하며, 이는 문자를 처리할 때 예상한 결과에 더 가깝다.

8.5.3 NodeList 이터레이터

DOM에는 문서 엘리먼트의 컬렉션을 나타내는 NodeList 타입이 있다. 웹 브라우저에서 동작하는 자바스크립트를 작성할 때, NodeList 객체와 배열의 차이점은 다소 이해하기 어려웠다. NodeList 객체와 배열에는 요소의 개수를 가리키는 length 프로퍼티가 있고, 각 요소에 접근하기 위한 방법으로 대괄호 표기법을 사용한다. 그러나 내부적으로 NodeList와 배열은 다르게 동작하고, 이로 인해 많은 혼란이 발생해왔다.

ECMAScript 6 기본 이터레이터 추가와 함께, NodeList의 DOM 정의에는 (ECMAScript 6보다는 HTML 명세에 포함됨) 배열 기본 이터레이터와 똑같이 동작하는 기본 이터레이터가 포함된다. 이는 for-of문이나 그 외 객체 기본 이터레이터를 사용할 수 있는 곳에 NodeList를 사용할 수 있다는 의미이다. 다음 예제를 살펴보자.

```
var divs = document.getElementsByTagName("div");

for (let div of divs) {
    console.log(div.id);
}
```

이 코드는 getElementsByTagName()을 호출하여, document 객체의 모든 <div> 엘리먼트를 나타내는 NodeList를 얻는다. 그리고 나서 for-of문은 표준 배열에 사용하는 코드 형태와 사실상 같은 방식으로 각 요소를 순회하며 엘리먼트의 ID를 출력한다.

8.6 전개 연산자와 배열이 아닌 이터러블

7장에서 살펴본 내용을 상기해보면, 배열을 Set으로 변환하기 위해 전개 연산자 (...)를 사용할 수 있다. 다음 예제를 살펴보자.

```
let set = new Set([1, 2, 3, 3, 3, 4, 5]),
    array = [...set];

console.log(array);               // [1,2,3,4,5]
```

이 코드는 set의 값으로 배열을 만들기 위해 배열 리터럴 내에 전개 연산자를 사용한다. 전개 연산자는 모든 이터러블과 잘 동작하며, 어떤 값을 포함시킬지 결정하는데 기본 이터레이터를 사용한다. 이터레이터를 통해 반환되는 모든 값은 순차적으로 배열에 삽입된다. 이 예제는 Set이 이터러블이기 때문에 잘 실행되며, 전개 연산자는 어떤 이터러블과도 동일하게 동작한다. 다음 예제를 살펴보자.

```
let map = new Map([ ["name", "Nicholas"], ["age", 25]]),
    array = [...map];

console.log(array);            // [ ["name", "Nicholas"], ["age", 25]]
```

전개 연산자는 map을 배열의 배열로 변환한다. Map의 기본 이터레이터는 키 값 쌍을 반환하기 때문에, 결과 배열은 처음 new Map()을 호출할 때 전달하는 배열과 같다.

원한다면 배열 리터럴에 전개 연산자를 여러 번 사용할 수 있고, 이터러블의 여러 요소를 삽입하길 원하는 위치에 사용할 수도 있다. 그렇게 새 배열에 삽입한 요소는 전개 연산자를 사용한 위치에 순서대로 나타날 것이다. 다음 예제를 살펴보자.

```
let smallNumbers = [1, 2, 3],
    bigNumbers = [100, 101, 102],
    allNumbers = [0, ...smallNumbers, ...bigNumbers];

console.log(allNumbers.length);    // 7
console.log(allNumbers);    // [0, 1, 2, 3, 100, 101, 102]
```

이 예제에서 전개 연산자는 smallNumbers와 bigNumbers의 값으로 allNumbers를 만들기 위해 사용되었다. allNumbers의 값들은 allNumbers가 만들어질 때 추가된 배열의 순서대로 위치한다. 0이 먼저이고 smallNumbers가 그다음이며, bigNumbers가 마지막이다. 원본 배열은 단지 allNumbers에 복사되었을 뿐이므로 변경되지 않는다.

전개 연산자는 어떤 이터러블에도 사용할 수 있기 때문에, 전개 연산자를 사용하는 것이 이터러블을 배열로 바꾸는 가장 쉬운 방법이다. 문자열을 (코드 유닛이 아닌) 문자 배열로, 그리고 브라우저의 NodeList 객체도 노드의 배열로 변환할 수 있다.

지금까지 for-of문과 전개 연산자를 포함한 이터레이터의 동작 방식 기초를 살펴봤으므로, 이제 좀 더 복잡한 이터레이터의 사용법을 살펴보도록 하자.

8.7 이터레이터 고급 기능

이터레이터의 기본 기능과 이터레이터를 편리하게 만들 수 있게 해주는 제네레이터만으로도 많은 것을 할 수 있다. 그러나 이터레이터는 단순히 값의 컬렉션을 순회하는 작업 외의 영역에도 사용할 수 있다. ECMAScript 6를 개발하는 동안, 다양한 아이디어와 패턴 들이 논의되었고 이는 작업자들이 언어에 더 많은 기능을 추가하게끔 했다. 다음 절에서 논의할 추가 기능들은 다소 미묘한 점이 있지만, 함께 사용할 때 흥미로운 결과를 만들어 낼 수 있다.

8.7.1 이터레이터에 인자 전달하기

이 장 전체에 걸친 예제에서, next() 메서드를 통하거나 제네레이터의 yield를 사용하여 값을 전달하는 이터레이터를 살펴보았다. 그러나 next() 메서드를 통하여 이터레이터에 인자를 전달할 수도 있다. next() 메서드에 인자를 전달하면 그 인자가 제네레이터 yield문의 값이 된다. 이는 비동기 프로그래밍 같은 고급 기능을 구현할 때 중요한 부분이다. 다음 예제를 살펴보자.

```
function *createIterator() {
    let first = yield 1;
    let second = yield first + 2;      // 4 + 2
    yield second + 3;                  // 5 + 3
}

let iterator = createIterator();

console.log(iterator.next());          // "{ value: 1, done: false }"
console.log(iterator.next(4));         // "{ value: 6, done: false }"
console.log(iterator.next(5));         // "{ value: 8, done: false }"
console.log(iterator.next());          // "{ value: undefined, done: true }"
```

처음 next() 호출은 특별한 경우로, 어떤 인자를 전달하더라도 그 인자는 손실된다. next()에 전달된 인자는 yield의 반환 값으로 사용되기 때문에, yield문 실행 전에 접근할 수 있다면 첫 번째 next() 호출의 인자는 제네레이터 함수의 처음 yield문을 대체할 수 있다. 하지만 이는 불가능하므로, 처음 next()를 호출할 때는 인자를 전달할 필요가 없다.

두 번째 next() 호출에서 인자로 전달된 값은 4이다. 4는 제네레이터 함수 내의 first 변수에 할당된다. 할당문을 포함하는 yield문에서 표현식의 오른쪽은 첫 next() 호출에서 평가되고 표현식의 왼쪽은 함수 실행을 멈추고 있다가 두 번째 next() 호출에서 평가된다. 두 번째 next() 호출에 4가 전달되기 때문에 그 값이 first에 할당되고 실행은 계속된다.

두 번째 yield는 처음 yield의 결과에 2를 더하여 6을 반환한다. next()가 세 번째 호출되면 5가 인자로 전달된다. 그 값은 second 변수에 할당되고, 세 번째 yield문은 second를 사용하므로 8을 반환한다.

제네레이터 함수 내에서 실행이 계속될 때마다 어떤 코드가 실행되는지 살펴보면 동작 방식을 보다 쉽게 이해할 수 있다. 그림 8.1에서는 yield문이 실행되는 코드를 보이기 위해 회색의 배경색을 사용한다.

```
                          function*createIterator(){
next()                        let first = yield 1;
next(4)                       let second = yield first + 2;
next(5)                       yield second + 3;
                          }
```

그림 8.1 제네레이터 내의 코드 실행

밝은 회색은 첫 번째 next() 호출과 그때 제네레이터 내에서 실행되는 모든 코드를 나타낸다. 중간 밝기의 회색은 next(4) 호출과 그때 실행되는 코드를 나타낸다. 어두운 회색은 next(5) 호출과 그때 실행되는 코드를 나타낸다. 각 표현식 왼쪽의 코드가 실행되기 전에 오른쪽에 위치한 코드가 어떻게 실행되고 멈추는지 이해하는 것은 까다로울 수 있다. 이 때문에 제네레이터의 디버깅은 보통의 함수 디버깅보다 복잡하다.

지금까지 next() 메서드에 값이 전달될 때 return처럼 동작하는 yield를 살펴봤지만, 이것이 제네레이터 내에서 할 수 있는 유일한 실행 트릭은 아니며, 이터레이터가 에러를 발생시키도록 할 수도 있다.

8.7.2 이터레이터에 에러 발생시키기

이터레이터에는 데이터뿐 아니라 에러 조건을 전달하는 것도 가능하다. 이터레이터는 다시 수행될 때 에러를 발생시키도록 지시하는 throw() 메서드를 실행할 수 있다. 이는 비동기 프로그래밍뿐만 아니라 값 반환과 에러 발생(함수에 존재하는 두 가지 방법)을 흉내 내기 원하는 제네레이터 내의 유연성을 위해서도 중요하다.

```
function *createIterator() {
    let first = yield 1;
    let second = yield first + 2;       // yield 4 + 2를 수행한 후 에러 발생
    yield second + 3;                    // 수행되지 않음
}

let iterator = createIterator();

console.log(iterator.next());                       // "{ value: 1, done: false }"
console.log(iterator.next(4));                       // "{ value: 6, done: false }"
console.log(iterator.throw(new Error("Boom")));    // 제네레이터로부터 에러 발생
```

이 예제에서 처음 두 yield 표현식은 정상적으로 평가되지만, throw()가 호출되면 let second가 평가되기 전에 에러가 발생한다. 이는 실질적으로 직접 에러를 발생시킨 것과 유사하게 코드 실행을 멈춘다. 유일한 차이점은 에러를 발생시킨 위치뿐이다. 그림 8.2에서 코드 실행의 각 단계를 볼 수 있다.

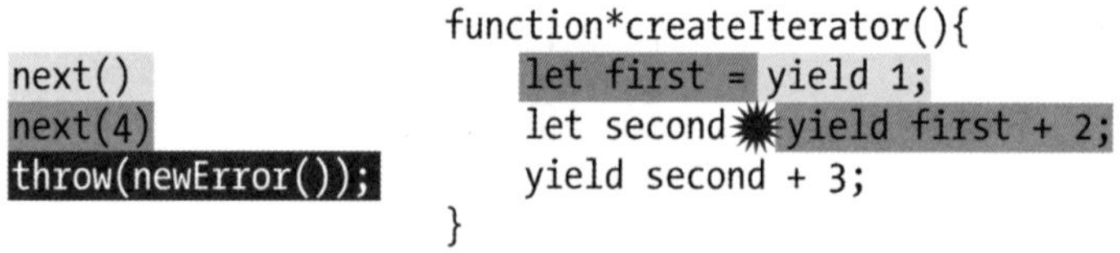

그림 8-2 제네레이터 내에서 에러 발생

그림 8.1처럼 밝은 회색과 중간 밝기의 회색은 next()와 yield의 동작을 보여준다. throw() 호출은 어두운 회색으로 나타내고, 어두운 회색의 별표는 제네레이터 내에서 에러가 발생하는 정확한 위치를 나타낸다. 처음 두 yield문은 잘 실행되고, throw()가 호출되면 다른 코드를 실행하기 전에 에러가 발생한다. 이를 알고 있으면 try-catch 블록을 사용하여 제네레이터 내에서 에러를 처리할 수 있다.

```
function *createIterator() {
    let first = yield 1;
    let second;

    try {
        second = yield first + 2;       // yield 4 + 2를 수행한 후 에러 발생
    } catch (ex) {
        second = 6;                      // 에러 발생 시 다른 값을 할당
    }
    yield second + 3;
}
```

```
let iterator = createIterator();

console.log(iterator.next());                  // "{ value: 1, done: false }"
console.log(iterator.next(4));                 // "{ value: 6, done: false }"
console.log(iterator.throw(new Error("Boom"))); // "{ value: 9, done: false }"
console.log(iterator.next());                  // "{ value: undefined, done:
true }"
```

이 예제에서 try-catch 블록은 두 번째 yield문을 감싸고 있다. 이 yield문이 에러 없이 실행되더라도, second에 값이 할당되기 전에 에러가 발생할 수 있으므로 catch 블록에서는 second에 6을 할당한다. 그리고 나서 다음 yield문이 실행되고 9를 반환한다.

흥미로운 점은 throw() 메서드도 next() 메서드를 실행했을 때와 유사한 객체를 반환한다는 것이다. 제네레이터 내에서 에러를 처리하기 때문에 이 코드는 다음 yield를 계속 실행하고 그 값인 9를 반환한다.

이는 이터레이터에 대한 명령문으로서 next()와 throw()를 이해하는데 도움을 준다. next() 메서드는 이터레이터에 (아마 주어진 값과 함께) 실행을 계속하도록 명령하고, throw()는 이터레이터에 에러를 발생시켜서 실행을 계속하도록 명령한다. 그 지점 이후에 어떤 일이 발생하는지는 제네레이터 내부 코드에 의존한다.

next()와 throw() 메서드는 yield를 사용할 때 이터레이터 내 실행을 제어하며, return문을 사용할 수도 있다. 그러나 다음 절에서 살펴볼 return문은 보통의 함수 return문과는 조금 다르게 동작한다.

8.7.3 제네레이터 return문

제네레이터도 함수이기 때문에, 함수 실행을 종료하기 위해 return문을 사용할 수 있으며 마지막 next() 메서드 호출의 반환 값도 명시할 수 있다. 이 장 대부분의 예제에서 이터레이터의 마지막 next() 호출은 undefined를 반환하지만, 일반적인 함수처럼 return을 사용하여 반환 값을 명시할 수 있다. 제네레이터에서 return은 모든 실행이 완료되었음을 나타내므로 done 프로퍼티에 true가 설정되고 값이 제공된다면 value에 할당된다. return을 사용하는 간단한 예제를 살펴보자.

```
function *createIterator() {
    yield 1;
```

```
        return;
        yield 2;
        yield 3;
    }

    let iterator = createIterator();

    console.log(iterator.next());          // "{ value: 1, done: false }"
    console.log(iterator.next());          // "{ value: undefined, done: true }"
```

이 코드의 제네레이터에는 yield문 다음에 return문이 있다. return문은 더 이상 값이 없음을 나타내므로 그 뒤의 yield문은 실행되지 않을 것이다(도달하지 못함).

또한 마지막 반환된 객체의 value 값을 명시할 수도 있다. 다음 예제를 살펴보자.

```
function *createIterator() {
    yield 1;
    return 42;
}

let iterator = createIterator();

console.log(iterator.next());          // "{ value: 1, done: false }"
console.log(iterator.next());          // "{ value: 42, done: true }"
console.log(iterator.next());          // "{ value: undefined, done: true }"
```

이 예제의 두 번째 next() 메서드 호출(done이 처음 true가 되는)에서 value는 42가 반환된다. 세 번째 next() 호출에서는 value 프로퍼티가 다시 undefined가 되어 반환된다. return에 명시한 값은, value가 undefined가 되기 전 반환되는 객체에서 한 번만 이용할 수 있다.

 전개 연산자와 for-of문은 return문에 명시된 값을 무시한다. done이 true임을 확인하면 value 값을 읽어들이지 않고 멈추기 때문이다. 그러나 이터레이터 반환 값은 제네레이터를 위임할 때 유용하게 사용할 수 있다.

8.7.4 제네레이터 위임하기

종종 두 이터레이터의 값을 하나로 합치는 게 유용한 경우가 있다. 제네레이터는 yield와 별표(*)를 함께 사용하여 다른 이터레이터에 동작을 위임할 수 있다.

제네레이터를 정의할 때 별표의 위치는 yield 키워드와 제네레이터 함수 이름 사이에 있기만 하면 크게 문제가 되지 않는다. 다음 예제를 살펴보자.

```javascript
function *createNumberIterator() {
    yield 1;
    yield 2;
}

function *createColorIterator() {
    yield "red";
    yield "green";
}

function *createCombinedIterator() {
    yield *createNumberIterator();
    yield *createColorIterator();
    yield true;
}

var iterator = createCombinedIterator();

console.log(iterator.next());          // "{ value: 1, done: false }"
console.log(iterator.next());          // "{ value: 2, done: false }"
console.log(iterator.next());          // "{ value: "red", done: false }"
console.log(iterator.next());          // "{ value: "green", done: false }"
console.log(iterator.next());          // "{ value: true, done: false }"
console.log(iterator.next());          // "{ value: undefined, done: true }"
```

이 예제에서 createCombinedIterator() 제네레이터는 처음 createNumber Iterator()로부터 반환된 이터레이터와 그다음 create ColorIterator()로부터 반환된 이터레이터에 동작을 위임한다. createCombined Iterator()로부터 반환된 이터레이터는 외부에서 보면 모든 값을 순회하는 하나의 일관된 이터레이터로 보인다. 각 next() 호출은 createNumberIterator()와 createColorIterator()에 의해 만들어진 이터레이터가 모두 비워질 때까지 적절한 이터레이터에 위임된다. 그리고 나서 마지막 yield가 실행되어 true가 반환된다.

제네레이터 위임을 통해 제네레이터 반환 값을 더 잘 사용할 수 있다. 이는 제네레이터가 반환하는 값에 접근하는 가장 쉬운 방법이며 복잡한 작업을 수행할 때 매우 유용하다. 다음 예제를 살펴보자.

```javascript
function *createNumberIterator() {
    yield 1;
    yield 2;
    return 3;
```

```
    }

    function *createRepeatingIterator(count) {
        for (let i=0; i < count; i++) {
            yield "repeat";
        }
    }

    function *createCombinedIterator() {
        let result = yield *createNumberIterator();
        yield *createRepeatingIterator(result);
    }

    var iterator = createCombinedIterator();

    console.log(iterator.next());        // "{ value: 1, done: false }"
    console.log(iterator.next());        // "{ value: 2, done: false }"
    console.log(iterator.next());        // "{ value: "repeat", done: false }"
    console.log(iterator.next());        // "{ value: "repeat", done: false }"
    console.log(iterator.next());        // "{ value: "repeat", done: false }"
    console.log(iterator.next());        // "{ value: undefined, done: true }"
```

이 예제에서 createCombinedIterator() 제네레이터는 createNumberIterator()
에 작업을 위임하고 반환 값을 result에 할당한다. createNumberIterator()는
return 3이라는 코드를 포함하기 때문에 그 반환 값은 3이 된다. 그리고 나서
result 변수는 createRepeatingIterator()에서 문자열을 반복적으로 몇 번 출력
할지(이 예제의 경우 세 번) 가리키는 인자로서 전달된다.

어떤 next() 메서드 호출에서도 3은 출력되지 않았다는 것을 명심하자. 여기
서는 createCombinedIterator() 제네레이터 안에서만 존재한다. 그러나 다음 예
제처럼 yield문을 추가하여 그 값을 출력할 수 있다.

```
    function *createNumberIterator() {
        yield 1;
        yield 2;
        return 3;
    }

    function *createRepeatingIterator(count) {
        for (let i=0; i < count; i++) {
            yield "repeat";
        }
    }

    function *createCombinedIterator() {
        let result = yield *createNumberIterator();
        yield result;
        yield *createRepeatingIterator(result);
```

```
}

var iterator = createCombinedIterator();

console.log(iterator.next());              // "{ value: 1, done: false }"
console.log(iterator.next());              // "{ value: 2, done: false }"
console.log(iterator.next());              // "{ value: 3, done: false }"
console.log(iterator.next());              // "{ value: "repeat", done: false }"
console.log(iterator.next());              // "{ value: "repeat", done: false }"
console.log(iterator.next());              // "{ value: "repeat", done: false }"
console.log(iterator.next());              // "{ value: undefined, done: true }"
```

이 예제에서는 추가된 yield문이 createNumberIterator() 제네레이터로부터 반환된 값을 명시적으로 출력한다.

 문자열에 직접 yield *를(yield * "hello"처럼) 사용할 수 있으며, 이 경우 문자열의 기본 이터레이터가 사용될 것이다.

8.8 비동기 작업 수행

제네레이터의 흥미로운 점은 비동기 프로그래밍과 직접 관련되어 있다. 자바스크립트에서 비동기 프로그래밍은 간단한 작업을 쉽게 비동기로 처리하게 하지만, 복잡한 작업을 처리하기 위한 코드 구성은 까다로운 양날의 검이다. 제네레이터는 실행 중에 코드를 사실상 멈추기 때문에, 비동기 처리와 관련하여 다양한 가능성을 보인다.

비동기 연산을 수행하는 전통적인 방법은 콜백을 가진 함수를 호출하는 것이다. 예를 들어, Node.js에서 디스크의 파일을 읽어들인다고 가정해보자.

```
let fs = require("fs");

fs.readFile("config.json", function(err, contents) {
    if (err) {
        throw err;
    }

    doSomethingWith(contents);
    console.log("Done");
});
```

fs.readFile() 메서드는 읽어들일 파일 이름과 콜백 함수와 함께 호출된다. 연산 수행이 끝나면 콜백 함수가 호출된다. 콜백은 에러가 있는지 아닌지 확인한 후 contents를 반환한다. 이는 완료해야 할 작고, 한정된 수의 비동기 작업에서 잘 동작하지만, 중첩된 콜백이나 그렇지 않은 일련의 비동기 작업을 순서대로 수행할 필요가 있을 때는 복잡해진다. 그러한 상황에는 제네레이터와 yield가 도움이 된다.

8.8.1 간단한 작업 실행기

yield는 실행을 멈추고 next() 메서드가 다시 호출될 때까지 재시작하지 않고 기다리기 때문에 콜백 없이 비동기 호출을 수행할 수 있다. 이를 위해서는 다음 예제처럼 제네레이터를 호출하고 이터레이터를 실행하는 함수가 필요하다.

```
function run(taskDef) {

    // 이터레이터를 만들고, 어디에서나 이용 가능하도록 한다
    let task = taskDef();

    // 작업을 시작한다
    let result = task.next();

    // next()를 호출하는 재귀함수
    function step() {

        // 더 작업할 부분이 있다면
        if (!result.done) {
            result = task.next();
            step();
        }
    }

    // 위 과정을 시작
    step();

}
```

run() 함수는 인자로 작업 정의(제네레이터 함수)를 받는다. 그리고 이 제네레이터를 호출하여 이터레이터를 만들고 task에 저장한다. 첫 번째 next() 호출은 이터레이터를 시작하고, 이 결과를 나중에 사용할 수 있도록 result에 저장한다. step() 함수는 result.done이 false인지 검사하고, 만약 그렇다면 재귀 함수를 실행하기 전에 next()를 호출한다. next()를 호출하면 반환 값을 result에 저장하므로 result에는 항상 최신 정보가 덮어씌워져 있다. 예제 마지막의 step() 호출에서 더 수행할지 말지 result.done 변수를 조사하는 과정을 시작한다.

run()을 사용하여 여러 개의 yield문을 포함하는 제네레이터를 실행시킬 수
있다.

```
run(function*() {
    console.log(1);
    yield;
    console.log(2);
    yield;
    console.log(3);
});
```

이 예제는 next() 호출로 인해 만들어지는 세 개의 숫자를 콘솔에 출력한다. 그
러나 겨우 두 번 수행하는 경우에는 유용하지 않다. 다음 단계에서 이터레이터
안과 밖에 값을 전달해본다.

8.8.2 데이터와 함께 작업 실행하기

작업 실행기를 통해 데이터를 전달하는 가장 쉬운 방법은 yield의 의해 명시된
값을 다음번 호출할 때 next() 메서드에 전달하는 것이다. 이를 위해서는 다음
예제처럼 result.value를 전달할 필요가 있다.

```
function run(taskDef) {

    // 이터레이터를 만들고, 어디에서나 이용 가능하도록 한다
    let task = taskDef();

    // 작업을 시작한다
    let result = task.next();

    // next()를 호출하는 재귀함수
    function step() {

        // 더 작업할 부분이 있다면
        if (!result.done) {
            result = task.next(result.value);
            step();
        }
    }

    // 위 과정을 시작
    step();

}
```

이제 result.value는 next()에 인자로 전달되며, 이로 인해 다음 예제처럼 yield

호출 사이에서 데이터 전달이 가능하다.

```
run(function*() {
    let value = yield 1;
    console.log(value);          // 1

    value = yield value + 3;
    console.log(value);          // 4
});
```

이 예제는 콘솔에 1과 4를 출력한다. 1은 오른쪽 yield문에서 value 변수에 전달되었기 때문에 yield 1에서 나온 값이다. 4는 value에 3을 더하여 계산된 값으로 value에 전달되었다. 이제 yield의 호출 사이에서 데이터가 전달되므로, 비동기 호출이 가능하도록 코드를 변경해보자.

8.8.3 비동기 작업 실행기

이전 예제에서 yield 호출 사이에 정적 데이터가 잘 전달되었지만, 비동기 처리를 기다리는 경우에는 약간 다르다. 작업 실행기는 콜백과 그 콜백을 어떻게 사용하는지 알아야 한다. yield 표현식은 그 값을 작업 실행기에 전달하기 때문에 어떤 함수 호출이든지 비동기 연산임을 특정 방식으로 가리키는 값을 반환해야 한다.

다음 예제에서 값이 비동기 연산임을 나타낼 수 있는 방법을 하나 살펴보자.

```
function fetchData() {
    return function(callback) {
        callback(null, "Hi!");
    };
}
```

이 예제의 목적을 달성하기 위해, 작업 실행기에 의해 호출될 예정인 모든 함수는 콜백을 실행하는 함수를 반환하도록 할 것이다. fetchData() 함수는 인자로 콜백 함수를 받는 함수를 반환한다. 반환된 함수가 호출되면, 데이터("Hi!" 문자열)와 함께 콜백 함수를 실행한다. callback 인자는 기본 이터레이터와 올바르게 상호작용하는 콜백 실행을 보장하기 위해 작업 실행기로부터 전달될 필요가 있다. fetchData() 함수는 동기적으로 실행되지만, 다음 예제처럼 약간의 딜레이와 함께 콜백을 호출하여 비동기로 쉽게 확장할 수 있다.

```
function fetchData() {
    return function(callback) {
        setTimeout(function() {
            callback(null, "Hi!");
        }, 50);
    };
}
```

콜백을 호출하기 전에 50ms 딜레이를 준 이 fetchData()는 이 패턴이 동기적으로나 비동기적인 코드에서도 잘 동작함을 보여준다. yield를 사용하여 호출하려는 함수는 모두 같은 패턴을 따라야 한다.

함수의 비동기 처리 과정을 잘 이해하고 있다면 그 사실을 고려하여 작업 실행기를 수정할 수 있다. result.value가 함수이면 작업 실행기는 next() 메서드에 값을 전달하는 대신 result.value를 실행시킬 것이다. 다음 예제를 살펴보자.

```
function run(taskDef) {

    // 이터레이터를 만들고, 어디에서나 이용 가능하도록 한다
    let task = taskDef();

    // 작업을 시작한다
    let result = task.next();

    // next()를 호출하는 재귀함수
    function step() {

        // 더 작업할 부분이 있다면
        if (!result.done) {
            if (typeof result.value === "function") {
                result.value(function(err, data) {
                    if (err) {
                        result = task.throw(err);
                        return;
                    }

                    result = task.next(data);
                    step();
                });
            } else {
                result = task.next(result.value);
                step();
            }

        }
    }

    // 위 과정을 시작
```

```
        step();
    }
```

result.value가 함수이면(=== 연산자로 검사), 콜백 함수와 함께 호출한다. 이 콜백 함수는 에러가 발생한 경우 첫 번째 인자(err)에 에러를 전달하고, 두 번째 인자에 결과를 전달하는 Node.js 컨벤션을 따른다. err 값이 존재하면, task.next() 대신 task.throw()를 호출하고 에러 객체를 전달하므로 적절한 위치에서 에러가 발생한다. 에러가 존재하지 않으면, data는 task.next()에 전달되고 결과 값이 저장된다. 그러고 나서 step()이 계속하여 호출된다. result.value가 함수가 아닌 경우에는 next() 메서드에 바로 전달된다.

이제 이 작업 실행기의 새로운 버전에서 모든 비동기 작업을 처리할 수 있다. Node.js에서 파일의 데이터를 읽기 위해서는 이 절의 시작에서 살펴본 fetchData()함수와 유사하게 fs.readFile()을 둘러싼 함수를 만들 필요가 있다. 다음 예제를 살펴보자.

```
let fs = require("fs");

function readFile(filename) {
    return function(callback) {
        fs.readFile(filename, callback);
    };
}
```

readFile() 메서드는 하나의 인자로 파일 이름을 받고, 콜백을 호출하는 함수를 반환한다. 콜백은 fs.readFile() 메서드에 바로 전달되고, 메서드 실행이 완료되면 콜백이 실행될 것이다. 다음 예제처럼 yield를 사용하여 이 작업을 실행해 볼 수 있다.

```
run(function*() {
    let contents = yield readFile("config.json");
    doSomethingWith(contents);
    console.log("Done");
});
```

이 예제에서는 주요 코드에 콜백 형태를 사용하지 않고 비동기 `readFile()` 연산을 수행한다. yield 외 코드는 동기적으로 동작하는 코드와 같다. 비동기 연산을 수행하는 함수가 모두 같은 인터페이스를 따르기만 하면 로직을 동기적인 코드처럼 읽고 쓸 수 있다.

물론 이 예제에 사용된 패턴에는 부정적인 면도 있다. 즉, 함수를 반환하는 함수가 항상 비동기로 동작하게 할 수는 없다. 그러나 여기서 중요한 건 작업 실행기 뒤에서 일어나는 동작을 이해하는 것이다. ECMAScript 6에 추가된 새로운 기능인 프로미스(promise)는 비동기 작업을 관리하는 더 유연한 방법을 제공하고, 이에 대한 깊이 있는 주제는 11장에서 다룬다.

8.9 요약

이터레이터는 ECAMScript 6에서 매우 중요한 부분이며 핵심적인 언어 요소이다. 얼핏 보기에 이터레이터는 간단한 API를 사용하여 값을 순차적으로 반환하는 간단한 방법을 제공한다. 그러나 ECMAScript 6에는 이터레이터를 훨씬 더 복잡하게 사용하는 방법들도 있다.

Symbol.iterator 심벌은 객체의 기본 이터레이터를 정의하기 위해 사용된다. 내장 객체와 개발자가 정의한 객체 모두에서 이터레이터를 반환하는 메서드를 제공하기 위해, 이 심벌을 사용할 수 있다. Symbol.iterator가 객체에 제공되면 그 객체는 이터러블로 간주된다.

for-of문은 반복문에서 일련의 값을 반환하기 위해 이터러블을 사용한다. for-of문을 사용하면 값을 추적하고 반복문이 끝났을때 제어할 필요가 없기 때문에, 전통적인 for문을 사용하는 것보다 더 쉽다. for-of문은 자동으로 이터레이터로부터 더 이상 값이 존재하지 않을 때까지 모든 값을 읽고, 그러고 나서 반복문을 멈춘다.

for-of문을 더 간편하게 사용할 수 있도록 ECMAScript 6에서는 많은 값이 기본 이터레이터를 갖는다. 모든 컬렉션 타입, 즉 Array과 Map, Set이 콘텐츠 접근을 쉽게 하도록 설계된 이터레이터를 가진다. 문자열 또한 기본 이터레이터를 가지며, (코드 유닛이 아닌) 문자열 내 각 문자를 쉽게 순회하도록 해준다.

전개 연산자는 어떤 이터러블과도 잘 동작하며 이터러블을 배열로 쉽게 변환하도록 해준다. 이 변환은 이터레이터로 값을 읽어들이고 배열에 각각 삽입하는 방식으로 동작한다.

제네레이터는 호출되면 이터레이터를 자동으로 만드는 특별한 함수이다. 제네레이터 정의는 별표(*)로 나타내고, next() 메서드가 성공적으로 호출되면 어떤 값을 반환할지 나타내기 위해 yield 키워드를 사용한다.

제네레이터 위임을 통해 새로운 제네레이터 안에 이미 존재하는 제네레이터를 재사용함으로써 이터레이터 동작을 쉽게 캡슐화 할 수 있다. yield 대신에 yield *를 호출하여 다른 제네레이터 안에 이미 존재하는 제네레이터를 사용할 수 있다. 이 과정은 여러 개의 이터레이터로부터 값을 반환하는, 하나의 이터레이터를 만들도록 해준다.

제네레이터의 가장 흥미롭고 놀라운 점은 깔끔한 비동기 코드 작성을 가능하도록 해주는 부분이다. 콜백을 도처에 사용하지 않고도 동기적인 코드처럼 코드를 작성하지만 yield를 사용하여 사실상 비동기 연산이 완료될 때까지 기다리도록 할 수 있다.

9장

자바스크립트 클래스 소개

대부분의 객체 지향 프로그래밍 언어와 달리 자바스크립트에서는 유사하거
나 관련있는 객체를 정의하는 방법으로 클래스나 클래스 기반 상속을 지원
하지 않았다. 이는 많은 개발자를 혼란스럽게 했고 ECMAScript 1 이전부터
ECMAScript 5까지 많은 라이브러리는 자바스크립트가 클래스를 지원하는 것처
럼 보이게 하는 유틸리티를 만들었다. 일부 자바스크립트 개발자들은 언어에 클
래스가 필요하지 않다고 생각했지만, 클래스를 지원하려는 목적으로 만들어진
수많은 라이브러리들의 영향을 받아 ECMAScript 6에도 클래스가 포함되었다.

근본적인 클래스 사용 메커니즘을 이해하면 ECMAScript 6 클래스를 살펴보
는 데 도움이 될 것이므로, 이 장에서는 ECMAScript 5 개발자가 클래스 유사 동
작을 어떻게 만들었는지 살펴본다. 그렇지만 앞으로 살펴볼 ECMAScript 6 클래
스는 다른 언어의 클래스와 똑같지 않다. ECMAScript 6 클래스는 자바스크립트
의 동적 특성을 수용하는 점이 독특하다.

9.1 ECMAScript 5의 유사 클래스 구조

앞에서 언급한 대로 ECMAScript 5까지 자바스크립트에는 클래스가 없었다. 가
장 클래스와 유사한 것은 생성자를 만들어 그 생성자의 프로토타입에 메서드를
할당하는 것이었고, 일반적으로 사용자 정의 타입 생성이라 불리는 방법이었다.
다음 예제를 살펴보자.

```
function PersonType(name) {
    this.name = name;
}

PersonType.prototype.sayName = function() {
    console.log(this.name);
};

let person = new PersonType("Nicholas");
person.sayName();   // "Nicholas" 출력

console.log(person instanceof PersonType);  // true
console.log(person instanceof Object);      // true
```

이 코드에서 PersonType은 name 프로퍼티 하나를 만드는 생성자 함수이다. sayName() 메서드는 프로토타입에 할당되었으므로 PersonType 객체의 모든 인스턴스에 공유된다. 그리고 나서 new 연산자를 통하여 PersonType의 새 인스턴스가 만들어진다. person 객체는 프로토타입 상속에 의해 PersonType과 Object의 인스턴스가 된다.

클래스를 흉내 내는 많은 자바스크립트 라이브러리의 밑바탕은 이 기본 패턴에서 시작하며, 이는 ECMAScript 6 클래스의 시작점이기도 하다.

9.2 클래스 선언

ECMAScript 6의 가장 단순한 클래스 형태는 다른 언어의 클래스와 유사해 보이는 클래스 선언이다.

9.2.1 기본적인 클래스 선언

클래스 선언은 class 키워드와 클래스 이름으로 시작한다. 문법의 나머지 부분은 객체 리터럴의 간결한 메서드와 유사하지만 클래스의 요소들 사이에 콤마가 필요 없다. 다음 예제에서 간단한 클래스 선언을 살펴보자.

```
class PersonClass {

    // PersonType 생성자에 해당하는 부분
    constructor(name) {
        this.name = name;
    }

    // PersonType.prototype.sayName에 해당하는 부분
    sayName() {
```

```
        console.log(this.name);
    }
}

let person = new PersonClass("Nicholas");
person.sayName();   // "Nicholas" 출력

console.log(person instanceof PersonClass);     // true
console.log(person instanceof Object);          // true

console.log(typeof PersonClass);                        // "function"
console.log(typeof PersonClass.prototype.sayName);  // "function"
```

이 예제의 PersonClass 클래스 선언은 PersonType과 유사하게 동작한다. 하지만 클래스 선언은 함수를 생성자로 정의하는 대신 특별한 메서드 이름인 constructor를 사용하여 클래스 내에 생성자를 직접 정의하도록 한다. 클래스 메서드는 간결한 문법을 사용하기 때문에 function 키워드를 사용할 필요가 없다. 그리고 다른 모든 메서드 이름은 특별한 의미가 없으므로 원하는 만큼 추가할 수 있다.

프로토타입이 아닌 인스턴스에 존재하는 객체 소유의 프로퍼티는 클래스 생성자나 메서드 내에서만 만들어질 수 있다. 이 예제에서 name은 객체가 소유하는 프로퍼티이다. 가능하면 객체 소유의 모든 프로퍼티는 생성자 함수 내에 만들어, 클래스 내 한 장소에서 그에 대한 책임을 가지도록 하는 것이 좋다.

흥미롭게도 클래스 선언은 이미 존재하는 사용자 정의 타입 선언의 문법 설탕이다. PersonClass 선언은 실제로 constructor 메서드의 동작을 수행하는 함수를 만들고, typeof PersonClass는 그 결과로 "function"을 반환한다. 이 예제에서 sayName()은 결국 PersonClass.prototype의 메서드가 되고, 이는 앞 예제의 sayName()과 PersonType.prototype의 관계와 유사하다. 이러한 유사점이 사용자 정의 타입과 클래스를 걱정 없이 섞어서 사용할 수 있도록 해준다.

 앞 예제의 PersonClass.prototype과 같은 클래스 프로토타입은 읽기 전용이다. 이는 함수에서와 달리 클래스 프로토타입에는 새 값을 할당할 수 없다는 의미이다.

9.2.2 왜 클래스 문법을 사용하는가?

클래스와 사용자 정의 타입은 유사한 점이 많지만, 중요한 차이점을 명심할 필요가 있다.

- 함수 선언과 달리 클래스 선언은 호이스팅되지 않는다. 클래스 선언은 let 선언처럼 동작하므로, 실행이 선언에 도달할 때까지 TDZ에 존재한다.
- 클래스 선언 내의 모든 코드는 자동으로 strict 모드에서 실행된다. 클래스 내에서 strict 모드를 피할 방법은 없다.
- 모든 메서드는 열거할 수 없다. 이는 사용자 정의 타입과 다른 중요 변경사항으로, 사용자 정의 타입에서는 메서드를 열거 불가능하도록 만들기 위해 Object.defineProperty()를 사용해야 한다.
- 모든 메서드에는 내부 메서드 [[Construct]]가 없으므로 new와 함께 메서드를 호출하려하면 에러가 발생한다.
- new 없이 클래스 생성자를 호출하면 에러가 발생한다.
- 클래스 메서드 내에서 클래스 이름을 덮어쓰려 하면 에러가 발생한다.

이런 차이점을 명심하고 살펴보면 클래스 문법을 사용하지 않은 다음 예제 코드는 앞 예제의 PersonClass 선언과 같다.

```javascript
// PersonClass와 같음
let PersonType2 = (function() {

    "use strict";

    const PersonType2 = function(name) {

        // 함수가 new와 함께 호출되었는지 확인
        if (typeof new.target === "undefined") {
            throw new Error("Constructor must be called with new.");
        }

        this.name = name;
    }

    Object.defineProperty(PersonType2.prototype, "sayName", {
        value: function() {

            // 메서드가 new와 함께 호출되지 않았는지 확인
            if (typeof new.target !== "undefined") {
                throw new Error("Method cannot be called with new.");
            }

            console.log(this.name);
        },
        enumerable: false,
        writable: true,
        configurable: true
    });
```

```
        return PersonType2;
    }());
```

먼저 두 개의 PersonType2 선언, 즉 즉시 실행 함수 표현식(IIFE) 외부 스코프의 let 선언과 내부 스코프의 const 선언에 주목하자. 클래스 메서드에서는 클래스 이름을 덮어씌울 수 없는데 반해 클래스 외부의 코드에서는 덮어쓰는 것이 허용되는 이유이다. 생성자 함수는 new와 함께 호출되었는지를 보장하기 위해 new.target을 검사하고, 만약 new와 함께 호출되지 않았다면 에러를 발생시킨다. 그 다음 sayName() 메서드는 열거 불가능하도록 정의되고, new와 함께 호출되지 않았음을 보장하기 위해 new.target을 검사한다. 마지막 단계로 생성자 함수를 반환한다.

이 예제는 새 문법 없이도 클래스의 모든 것이 가능하지만 클래스 문법이 기능을 상당히 단순화 한다는 것을 보여준다.

수정할 수 없는 클래스 이름

클래스 이름은 클래스 내부에서 수정할 수 없다. 이는 클래스 이름은 클래스 외부에서 덮어쓸 수 있지만 클래스 메서드 내부에서 덮어쓸 수 없다는 의미이다. 다음 예제를 살펴보자.

```
class Foo {
    constructor() {
        Foo = "bar";     // 실행하면 에러가 발생...
    }
}

// 클래스 선언 이후에는 문제 없음
Foo = "baz";
```

이 코드에서 클래스 생성자 내부의 Foo는 클래스 외부의 Foo 바인딩과 별개이다. 내부 Foo는 const처럼 정의되고 덮어쓸 수 없다. 생성자에서 Foo에 어떤 값을 덮어쓰려 하면 에러가 발생한다. 그러나 외부 Foo는 let 선언처럼 정의되기 때문에 언제든지 값을 덮어쓸 수 있다.

9.3 클래스 표현식

클래스와 함수는 선언과 표현식의 두 가지 형태가 있다는 점에서 유사하다. 함수와 클래스 선언은 적절한 키워드(각각 function이나 class)로 시작하고 그 다음에 식별자를 사용한다. 함수는 function 뒤에 식별자를 필수로 하지 않는 표현식 형태이고, 유사하게 클래스도 class 뒤에 식별자를 필수로 하지 않는 표현식 형태이다. 이 클래스 표현식은 변수 선언에 사용되거나 인자로서 함수에 전달되도록 설계되었다.

9.3.1 기본 클래스 표현식

앞의 PersonClass 예제에 클래스 표현식을 사용하여 재작성한 코드를 다음 예제에서 살펴볼 수 있다.

```
let PersonClass = class {

    // PersonType 생성자와 같음
    constructor(name) {
        this.name = name;
    }

    // PersonType.prototype.sayName과 같음
    sayName() {
        console.log(this.name);
    }
};

let person = new PersonClass("Nicholas");
person.sayName();    // "Nicholas" 출력

console.log(person instanceof PersonClass);    // true
console.log(person instanceof Object);    // true

console.log(typeof PersonClass);                    // "function"
console.log(typeof PersonClass.prototype.sayName);  // "function"
```

이 예제에서 볼 수 있듯이 class 뒤의 식별자는 클래스 표현식에서 필수가 아니다. 문법을 제외하면, 클래스 표현식은 클래스 선언과 기능적으로 같다.

클래스 선언을 사용할지 클래스 표현식을 사용할지는 대부분 스타일의 문제이다. 함수 선언이나 함수 표현식과 달리 클래스 선언과 클래스 표현식은 호이스팅되지 않으므로, 어떤 것을 선택하든 코드의 런타임 동작과는 관련이 없다.

9.3.2 이름을 명시한 클래스 표현식

이전 절에서는 예제에 익명 클래스 표현식을 사용했지만, 함수 표현식처럼 이름을 명시한 클래스 표현식도 사용할 수 있다. 다음 예제처럼 class 키워드 이후에 식별자를 사용하면 된다.

```
let PersonClass = class PersonClass2 {

    // PersonType 생성자와 같음
    constructor(name) {
        this.name = name;
    }

    // PersonType.prototype.sayName과 같음
    sayName() {
        console.log(this.name);
    }
};

console.log(typeof PersonClass);        // "function"
console.log(typeof PersonClass2);       // "undefined"
```

이 예제에서 클래스 표현식은 PersonClass2라는 이름을 가진다. PersonClass2 식별자는 클래스 정의에서만 존재하므로 클래스 메서드(이 예제에서는 sayName() 메서드) 안에서 사용될 수 있다. 클래스 외부에서, PersonClass2 바인딩이 존재하지 않기 때문에 typeof PersonClass2는 "undefined"이다. 그 이유를 이해하기 위해, 클래스를 사용하지 않은 버전을 살펴보자.

```
// 이름을 명시한 클래스 표현식 PersonClass와 같음
let PersonClass = (function() {

    "use strict";

    const PersonClass2 = function(name) {

        // 함수가 new와 함께 호출되었는지 확인
        if (typeof new.target === "undefined") {
            throw new Error("Constructor must be called with new.");
        }

        this.name = name;
    }

    Object.defineProperty(PersonClass2.prototype, "sayName", {
        value: function() {

            // 메서드가 new와 함께 호출되지 않았는지 확인
            if (typeof new.target !== "undefined") {
                throw new Error("Method cannot be called with new.");
            }

            console.log(this.name);
        },
        enumerable: false,
        writable: true,
```

```
        configurable: true
    });

    return PersonClass2;
}());
```

이름을 명시한 클래스 표현식을 사용하면 자바스크립트 엔진 내부 동작이 조금
변경된다. 클래스 선언에서는, (let으로 정의한) 외부 바인딩은 (const로 정의
한) 내부 바인딩과 같은 이름을 가졌었다. 이름을 명시한 클래스 표현식에서는
const로 정의된 이름을 사용하므로, PersonClass2는 클래스 내부에서만 사용되
도록 정의된다.

　이름을 명시한 클래스 표현식이 이름을 명시한 함수 표현식과 다르게 동작하
기는 하지만 둘 사이에는 많은 유사점이 있다. 둘 다 값으로서 사용될 수 있고,
이는 앞으로 설명할 다양한 동작을 가능하게 한다.

9.4 일급 시민 클래스

프로그래밍에서 함수에 전달되고, 함수로부터 반환되고, 변수에 할당될 수 있는
값을 일급 시민(first-class citizen)이라고 부른다. 자바스크립트 함수는 일급 시
민이고(일급 함수로도 불린다), 이는 자바스크립트의 특징 중 하나이다.

　ECMAScript 6 또한 클래스를 일급 시민으로 만들어 이런 특징을 계승하고,
클래스를 다양한 방식으로 사용할 수 있도록 했다. 예를 들면, 클래스는 함수에
인자로 전달될 수 있다.

```
function createObject(classDef) {
    return new classDef();
}

let obj = createObject(class {

    sayHi() {
        console.log("Hi!");
    }
});

obj.sayHi();        // "Hi!"
```

이 예제에서 createObject() 함수는 인자로 익명 클래스 표현식을 전달 받아 호
출되고, new를 사용하여 그 클래스의 인스턴스를 만들고 반환한다. obj 변수에

는 반환된 인스턴스를 저장한다.

클래스 표현식을 사용하는 다른 예제로, 클래스 생성자를 즉시 호출하여 싱글톤을 만들 수 있다. 이를 위해 클래스 표현식을 new와 함께 사용하고 맨 뒤에 괄호를 사용해야 한다. 다음 예제를 살펴보자.

```
let person = new class {

    constructor(name) {
        this.name = name;
    }

    sayName() {
        console.log(this.name);
    }

}("Nicholas");

person.sayName();        // "Nicholas"
```

이 예제에서 익명 클래스 표현식은 만들어지는 동시에 즉시 실행된다. 이 패턴은 검사할 수 있는 클래스의 참조를 남기지 않고 싱글톤을 만들기 위한 클래스 문법을 사용한다. 클래스 표현식 맨 뒤의 괄호는 함수를 호출하고 인자를 전달할 수 있다는 것을 가리킨다.

지금까지 이 장의 예제에서는 메서드를 가진 클래스에 초점을 맞추었다. 그러나 객체 리터럴과 유사한 문법을 사용하여 클래스에 프로퍼티 접근자를 만들 수도 있다.

9.5 접근자 프로퍼티

클래스의 프로퍼티는 클래스 생성자 안에서 만들어져야 하지만, 클래스는 프로토타입에 접근자 프로퍼티를 정의하는 것을 허용한다. getter를 만들기 위해서는 get 키워드 다음에 공백을 두고, 그 다음에 식별자를 사용한다. setter를 만들기 위해서도 다음 예제처럼 마찬가지의 방식으로 set 키워드를 사용한다.

```
class CustomHTMLElement {

    constructor(element) {
        this.element = element;
    }
```

```
    get html() {
        return this.element.innerHTML;
    }

    set html(value) {
        this.element.innerHTML = value;
    }
}

var descriptor = Object.getOwnPropertyDescriptor(CustomHTMLElement.prototype,
"html");
console.log("get" in descriptor);   // true
console.log("set" in descriptor);   // true
console.log(descriptor.enumerable); // false
```

이 예제에서 CustomHTMLElement 클래스는 이미 존재하는 DOM 엘리먼트의 래퍼로써 만들어진다. 이 클래스는 엘리먼트의 innerHTML 메서드에 동작을 위임하는 html에 대한 getter와 setter를 가진다. 접근자 프로퍼티는 CustomHTMLElement.prototype에 다른 일반적인 메서드처럼 열거 불가능하도록 만들어진다. 앞의 예제를 클래스를 사용하지 않고 재작성한 코드는 다음과 같다.

```
// 앞의 예제와 같음
let CustomHTMLElement = (function() {

    "use strict";

    const CustomHTMLElement = function(element) {

        // 함수가 new와 함께 호출되었는지 확인
        if (typeof new.target === "undefined") {
            throw new Error("Constructor must be called with new.");
        }

        this.element = element;
    }

    Object.defineProperty(CustomHTMLElement.prototype, "html", {
        enumerable: false,
        configurable: true,
        get: function() {
            return this.element.innerHTML;
        },
        set: function(value) {
            this.element.innerHTML = value;
        }
    });

    return CustomHTMLElement;
}());
```

앞에서 살펴본 예제처럼, 이 예제는 클래스를 사용하면 얼마나 많은 코드를 생략할 수 있는지 보여준다. 이 예제의 html 접근자 프로퍼티 정의만으로도 클래스 선언과 유사한 양의 코드가 필요하다.

9.6 계산된 멤버 이름

객체 리터럴과 클래스는 많은 부분이 유사하다. 클래스 메서드와 접근자 프로퍼티는 계산된 이름도 가질 수 있으며, 식별자를 사용하는 대신 표현식을 감싸는 대괄호를 사용한다. 이는 객체 리터럴의 계산된 이름에 사용하는 것과 같은 문법이다. 다음 예제를 살펴보자.

```
let methodName = "sayName";

class PersonClass {

    constructor(name) {
        this.name = name;
    }

    [methodName]() {
        console.log(this.name);
    }
}

let me = new PersonClass("Nicholas");
me.sayName();              // "Nicholas"
```

이 예제의 PersonClass는 클래스 정의 시 메서드에 이름을 할당하기 위하여 변수를 사용한다. "sayName" 문자열은 methodName 변수에 할당되고 methodName은 메서드 선언에 사용된다. sayName() 메서드는 정의 후에 직접 접근할 수 있다.

접근자 프로퍼티도 이와 같은 방식으로 계산된 이름을 사용할 수 있다. 다음 예제를 살펴보자.

```
let propertyName = "html";

class CustomHTMLElement {

    constructor(element) {
        this.element = element;
    }

    get [propertyName]() {
```

```
            return this.element.innerHTML;
        }

        set [propertyName](value) {
            this.element.innerHTML = value;
        }
    }
```

이 예제에서, html에 대한 getter와 setter는 propertyName 변수에 의해 설정된다. .html을 사용하여 프로퍼티에 접근할 때만 프로퍼티 정의에 영향을 미친다.

클래스와 객체 리터럴 사이의 유사한 점으로 메서드와 접근자 프로퍼티, 계산된 이름을 살펴보았다. 둘 사이에 살펴볼 만한 유사점이 한 가지 더 있는데, 바로 제네레이터이다.

9.7 제네레이터 메서드

8장에서, 메서드 이름 앞에 별표(*)를 붙여 객체 리터럴에 제네레이터를 정의하는 방법을 배웠다. 같은 문법을 클래스에서도 사용하여, 메서드를 제네레이터로 만들 수 있다. 다음 예제를 살펴보자.

```
class MyClass {

    *createIterator() {
        yield 1;
        yield 2;
        yield 3;
    }

}

let instance = new MyClass();
let iterator = instance.createIterator();
```

이 코드는 createIterator() 제네레이터 메서드를 가진 MyClass 클래스를 만든다. 그리고 이 메서드는 제네레이터 안에 하드코딩된 값을 가진 이터레이터를 반환한다. 제네레이터 메서드는 값의 컬렉션을 나타내는 객체가 있고, 그 값을 쉽게 순회하길 원할 때 유용하다. Array와 Set, Map은 개발자가 그 컬렉션의 요소와 상호작용하는데 필요한 다양한 방식을 처리하기 위하여, 여러 개의 제네레이터 메서드를 가진다.

제네레이터 메서드는 충분히 유용하지만, 클래스가 값의 컬렉션을 나타내는 경우, 클래스의 기본 이터레이터를 정의하는 것이 훨씬 더 유용하다. 제네레이터 메서드를 정의하는데 `Symbol.iterator`를 사용함으로써 클래스의 기본 이터레이터를 정의할 수 있다.

```
class Collection {

    constructor() {
        this.items = [];
    }

    *[Symbol.iterator]() {
        yield *this.items.values();
    }
}

var collection = new Collection();
collection.items.push(1);
collection.items.push(2);
collection.items.push(3);

for (let x of collection) {
    console.log(x);
}

// 출력:
// 1
// 2
// 3
```

이 예제는 제네레이터 메서드에 계산된 이름을 사용하고, 그 메서드는 `this.items` 배열의 `values()` 이터레이터에 동작을 위임한다. 값의 컬렉션을 관리하는 모든 클래스는 기본 이터레이터를 포함해야만 하는데, 이는 일부 컬렉션에 특화된 연산자가 연산을 수행할 대상 컬렉션의 이터레이터를 필요로 하기 때문이다. 이제 Collection의 모든 인스턴스는 for-of문이나 전개 연산자에 바로 사용될 수 있다.

객체 인스턴스에 메서드나 접근자 프로퍼티를 원할 때는 클래스 프로토타입에 추가하는 것이 유용하다. 반면 클래스에 메서드나 접근자 프로퍼티를 원한다면, 정적 멤버(static member)를 사용할 필요가 있다.

9.8 정적 멤버

ECMAScript 5까지, 정적 멤버를 만들기 위해서 일반적으로 생성자에 메서드를 직접 추가하는 패턴을 사용했다. 다음 예제를 살펴보자.

```
function PersonType(name) {
    this.name = name;
}

// 정적 메서드
PersonType.create = function(name) {
    return new PersonType(name);
};

// 인스턴스 메서드
PersonType.prototype.sayName = function() {
    console.log(this.name);
};

var person = PersonType.create("Nicholas");
```

다른 프로그래밍 언어에서 PersonType.create() 팩토리 메서드는 PersonType의 인스턴스와 그 데이터에 의존하지 않기 때문에 정적 메서드로 간주된다. ECMAScript 6 클래스에서는 메서드나 접근자 프로퍼티 이름 앞에 static 키워드를 사용하여 정적 멤버를 쉽게 만들 수 있다. 예를 들어, 앞의 예제를 다음 예제처럼 클래스로 재작성할 수 있다.

```
class PersonClass {

    // PersonType 생성자와 같음
    constructor(name) {
        this.name = name;
    }

    // PersonType.prototype.sayName와 같음
    sayName() {
        console.log(this.name);
    }

    // PersonType.create와 같음
    static create(name) {
        return new PersonClass(name);
    }
}

let person = PersonClass.create("Nicholas");
```

PersonClass 정의는 정적 메서드 create()를 가진다. 이 메서드 문법은 static 키워드만 제외하면 sayName()에 사용된 문법과 같다. 클래스의 모든 메서드나 접근자 프로퍼티 정의에 static 키워드를 사용할 수 있다.

단 한 가지 제한은 constructor 메서드 정의에는 static 키워드를 사용할 수 없다는 것이다.

 정적 멤버는 인스턴스에서 접근할 수 없다. 반드시 클래스에서 직접 정적 멤버에 접근해야 한다.

9.9 파생 클래스와 상속

ECMAScript 6 이전까지 사용자 정의 타입의 상속을 구현하기 위해서는 많은 비용이 들었다. 적절하게 상속하기 위해서는 몇 가지 단계를 필요로 했다. 다음 예제를 살펴보자.

```javascript
function Rectangle(length, width) {
    this.length = length;
    this.width = width;
}

Rectangle.prototype.getArea = function() {
    return this.length * this.width;
};

function Square(length) {
    Rectangle.call(this, length, length);
}

Square.prototype = Object.create(Rectangle.prototype, {
    constructor: {
        value:Square,
        enumerable: true,
        writable: true,
        configurable: true
    }
});

var square = new Square(3);

console.log(square.getArea());            // 9
console.log(square instanceof Square);    // true
console.log(square instanceof Rectangle); // true
```

Square는 Rectangle을 상속하기 위하여 Rectangle.call() 메서드를 호출할 뿐만 아니라 Rectangle.prototype으로부터 만든 새 객체로 Square.prototype을 덮어써야만 했다. 이러한 단계들은 자바스크립트 초보자들을 혼란스럽게 했고, 숙련자들에게는 에러의 원인이 되었다.

클래스는 익숙한 키워드인 extends를 상속해야 하는 함수 앞에 사용하여, 상속을 구현하기 쉽게 한다. 프로토타입은 자동으로 조정되고, super() 메서드를 호출하여 기반 클래스의 생성자에 접근할 수 있다. 앞의 예제를 ECMAScript 6 버전으로 재작성한 예제를 살펴보자.

```javascript
class Rectangle {
    constructor(length, width) {
        this.length = length;
        this.width = width;
    }

    getArea() {
        return this.length * this.width;
    }
}

class Square extends Rectangle {
    constructor(length) {

        // Rectangle.call(this, length, length)와 같음
        super(length, length);
    }
}

var square = new Square(3);

console.log(square.getArea());              // 9
console.log(square instanceof Square);      // true
console.log(square instanceof Rectangle);   // true
```

이 예제에서 Square 클래스는 extends 키워드를 사용하여 Rectangle을 상속한다. Square 생성자는 지정된 인자와 함께 Rectangle 생성자를 호출하기 위하여 super()를 사용한다. ECMAScript 5 버전의 코드와 달리, Rectangle 식별자는 (extends 뒤) 클래스 선언에만 사용된다는 것에 주목하자.

다른 클래스를 상속한 클래스는 파생 클래스(derived classes)로 불린다. 파생 클래스에서 생성자를 명시하려면 반드시 super()를 사용해야만 하고, 그렇게 하지 않으면 에러가 발생한다. 클래스 선언에서 생성자를 사용하지 않는 경우, 클래스의 새 인스턴스를 만들 때 전달된 모든 인자와 함께 super()가 자동으로 호

출된다. 예를 들면, 다음 예제의 두 클래스는 같다.

```
class Square extends Rectangle {
    // 생성자 없음
}

// 위와 같음

class Square extends Rectangle {
    constructor(...args) {
        super(...args);
    }
}
```

앞 예제의 두 번째 클래스는 모든 파생 클래스의 기본 생성자가 같음을 보여준다. 모든 인자는 순서대로 기반 클래스 생성자에 전달된다. 이전 예제에서 Square 생성자는 하나의 인자만 필요로 하기 때문에 기능이 올바르게 동작하지 않으므로, 수동으로 생성자를 정의해주는 것이 좋다.

---

super() 사용 시 유의할 점

super()를 사용할 때 알아두어야 할 것은 다음과 같다.

- 파생 클래스 생성자에서만 super()를 사용할 수 있다.
- 만약 파생 클래스가 아닌 클래스(extends를 사용하지 않은 클래스)나 함수에서 사용하려 하면 에러가 발생한다.
- 생성자 내의 this에 접근하기 전에 super()를 호출해야만 한다.
- super()는 this를 초기화하는 역할을 하기 때문에, super()를 호출하기 전에 this에 접근하려 하면 에러가 발생한다.
- super()를 호출하지 않는 유일한 방법은 클래스 생성자에서 객체를 반환하는 것이다.

9.9.1 클래스 메서드 대신하기

파생 클래스에서 메서드는 항상 기반 클래스의 같은 이름을 가진 메서드를 대신(Shadowing)한다. 예를 들어, 동작을 재정의 하기 위해 Square에 getArea()를 추가할 수 있다.

```
class Square extends Rectangle {
    constructor(length) {
        super(length, length);
    }
```

```
    // Rectangle.prototype.getArea()를 오버라이드하여 대신함
    getArea() {
        return this.length * this.length;
    }
}
```

getArea() 메서드는 Square의 내부에 정의되었기 때문에 어떤 Square의 인스턴스도 더 이상 Rectangle.prototype.getArea() 메서드를 호출하지 않을 것이다. 물론 다음 예제처럼 super.getArea() 메서드를 사용하여 항상 기반 클래스 버전의 메서드를 호출하도록 할 수 있다.

```
class Square extends Rectangle {
    constructor(length) {
        super(length, length);
    }

    // Rectangle.prototype.getArea()를 오버라이드하고 대신하며 호출함
    getArea() {
        return super.getArea();
    }
}
```

이런 방식으로 super를 사용하면 4장에서 살펴본 super 참조를 사용한 것과 동일하게 동작한다(4장의 "Super 참조를 통한 쉬운 프로토타입 접근"을 참고하자). this 값은 자동으로 설정되므로 간단하게 메서드를 호출할 수 있다.

9.9.2 정적 멤버 상속

기반 클래스가 정적 멤버를 가지고 있으면, 그 정적 멤버는 파생 클래스에서도 사용될 수 있다. 다른 언어에서와 마찬가지로 상속되지만 자바스크립트에서는 새로운 개념이다. 다음 예제를 살펴보자.

```
class Rectangle {
    constructor(length, width) {
        this.length = length;
        this.width = width;
    }

    getArea() {
        return this.length * this.width;
    }

    static create(length, width) {
        return new Rectangle(length, width);
```

```
        }
    }

    class Square extends Rectangle {
        constructor(length) {

            // Rectangle.call(this, length, length)와 같음
            super(length, length);
        }
    }

    var rect = Square.create(3, 4);

    console.log(rect instanceof Rectangle);    // true
    console.log(rect.getArea());               // 12
    console.log(rect instanceof Square);       // false
```

이 예제에서 새로운 정적 메서드인 create()가 Rectangle 클래스에 추가되었다. 상속을 통해, 이 메서드는 Square.create()로 이용할 수 있고 Rectangle.create() 메서드처럼 동작한다.

9.9.3 표현식으로부터 파생된 클래스

아마 ECMAScript 6 파생 클래스의 가장 강력한 부분은 표현식으로부터 클래스를 파생하는 능력일 것이다. [[Construct]]와 프로토타입을 가지고 있는 함수의 어떤 표현식이든지 extends와 함께 사용할 수 있다. 다음 예제를 살펴보자.

```
    function Rectangle(length, width) {
        this.length = length;
        this.width = width;
    }

    Rectangle.prototype.getArea = function() {
        return this.length * this.width;
    };

    class Square extends Rectangle {
        constructor(length) {
            super(length, length);
        }
    }

    var x = new Square(3);
    console.log(x.getArea());                // 9
    console.log(x instanceof Rectangle);     // true
```

Rectangle은 ECMAScript 5 스타일 생성자로 정의되었고 Square는 클래스이다.

Rectangle은 [[Construct]]와 프로토타입을 가지고 있기 때문에, Square 클래스는 Rectangle을 문제없이 상속할 수 있다.

어떤 타입의 표현식이든지 extends 뒤에 사용할 수 있다는 것은 커다란 가능성을 제공하며, 이는 동적으로 상속받을 대상을 결정할 수도 있다는 의미이다. 다음 예제를 살펴보자.

```javascript
function Rectangle(length, width) {
    this.length = length;
    this.width = width;
}

Rectangle.prototype.getArea = function() {
    return this.length * this.width;
};

function getBase() {
    return Rectangle;
}

class Square extends getBase() {
    constructor(length) {
        super(length, length);
    }
}

var x = new Square(3);
console.log(x.getArea());              // 9
console.log(x instanceof Rectangle);   // true
```

getBase() 함수는 클래스 선언의 일부로 사용되고 호출된다. 이 함수는 Rectangle을 반환하여, 이 예제가 이전 예제와 기능적으로 동일하게 동작하도록 한다. 그리고 기반 클래스를 동적으로 결정할 수 있기 때문에 다른 형태의 상속 방식을 만들 수도 있다. 예를 들어, 다음 예제처럼 믹스인을 효과적으로 만들 수 있다.

```javascript
let SerializableMixin = {
    serialize() {
        return JSON.stringify(this);
    }
};

let AreaMixin = {
    getArea() {
        return this.length * this.width;
    }
```

```
    };

    function mixin(...mixins) {
        var base = function() {};
        Object.assign(base.prototype, ...mixins);
        return base;
    }

    class Square extends mixin(AreaMixin, SerializableMixin) {
        constructor(length) {
            super();
            this.length = length;
            this.width = length;
        }
    }

    var x = new Square(3);
    console.log(x.getArea());          // 9
    console.log(x.serialize());        // "{"length":3,"width":3}"
```

이 예제에서는 클래스 기반 상속 대신 믹스인을 사용한다. mixin() 함수는 인자로 많은 수의 믹스인 객체를 받을 수 있다. 이 함수는 base 함수를 만들고 프로토타입에 전달받은 믹스인 객체들의 프로퍼티를 할당한다. 그러고 나서 base 함수를 반환하므로 Square는 mixin에 extends를 사용할 수 있다. extends가 사용되었기 때문에, 생성자에 super()를 반드시 호출해야 한다는 것을 명심하자.

Square 인스턴스는 AreaMixin의 getArea()와 SerializableMixin의 serialize()를 가진다. 이는 프로토타입 상속을 통해 이루어진다. mixin() 함수는 동적으로 각 믹스인의 프로퍼티를 새 함수의 프로토타입에 할당한다. 여러 개의 믹스인이 같은 이름의 프로퍼티를 가지고 있다면, 마지막에 추가된 프로퍼티만 남는다는 것을 명심하자.

> ✅ extends 뒤에 어떤 표현식이든 사용할 수 있지만, 모든 표현식이 유효한 것은 아니다. 구체적으로 말하면, extends 뒤에 null이나 (8장에서 다룬) 제네레이터 함수를 사용하면 에러가 발생한다. 이러한 경우, 클래스의 새 인스턴스를 만들려고 시도하면 호출되어야 할 [[Construct]]가 없기 때문에 에러가 발생할 것이다.

9.9.4 내장된 타입을 상속하기

자바스크립트에 배열이 존재하는 동안, 개발자는 상속을 통해 특별히 정의한 배열 타입을 만들기 원했다. ECMAScript 5까지 이는 불가능했다. 클래스 기반 상속을 시도하면 코드가 제대로 동작하지 않는다. 다음 예제를 살펴보자.

```
// 내장 배열의 동작
var colors = [];
colors[0] = "red";
console.log(colors.length);          // 1

colors.length = 0;
console.log(colors[0]);              // undefined

// ES5에서 배열 상속 시도

function MyArray() {
    Array.apply(this, arguments);
}

MyArray.prototype = Object.create(Array.prototype, {
    constructor: {
        value: MyArray,
        writable: true,
        configurable: true,
        enumerable: true
    }
});

var colors = new MyArray();
colors[0] = "red";
console.log(colors.length);          // 0

colors.length = 0;
console.log(colors[0]);              // "red"
```

이 코드의 마지막 console.log() 출력은, 배열에 자바스크립트의 클래스 기반
상속 형태를 사용하는 것이 어떻게 예상치 못한 결과를 일으키는지 보여준다.
MyArray 인스턴스의 length와 숫자 프로퍼티는 내장 배열과 동일하게 동작하지
않는데, 이러한 기능이 Array.apply()나 프로토타입을 할당하는 것으로 처리되
지 않기 때문이다.

ECMAScript 6 클래스의 목표는 모든 내장 타입의 상속을 허용하는 것이다.
이를 위해, ECMAScript 6 클래스의 상속 모델은 ECMAScript 5까지 사용되어온
클래스 기반 상속 모델과는 조금 다르게 설계되었다.

ECMAScript 5 클래스 기반 상속에서, this 값은 파생 타입(예를 들면,
MyArray)에 의해 먼저 만들어지고 나서(Array.apply() 메서드 같은) 기반 타입
생성자가 호출되었다. 이는 this가 MyArray 인스턴스로 시작하고, Array의 추가
프로퍼티를 받는다는 의미이다.

ECMAScript 6 클래스 기반 상속에서는 반대로, this 값이 기반 타입(Array)에

의해 먼저 만들어지고 나서 파생 클래스 생성자(MyArray)에 의해 수정된다. 결과적으로 this는 기반 타입의 내장 기능과 함께 시작하고, 그와 관련된 모든 기능을 올바르게 상속 받는다.

다음 예제는 클래스에 기반하여 배열 특유의 동작을 보여준다.

```
class MyArray extends Array {
    // 비어 있음
}

var colors = new MyArray();
colors[0] = "red";
console.log(colors.length);          // 1

colors.length = 0;
console.log(colors[0]);              // undefined
```

MyArray는 Array를 직접 상속 받았으므로 Array와 같이 동작한다. 숫자 프로퍼티에 값을 넣으면 length 프로퍼티를 업데이트 하고 length 프로퍼티를 조정하면 숫자 프로퍼티를 업데이트 한다. 이는 사용자가 정의한 파생 배열 클래스를 만들기 위해 Array를 적절하게 상속할 수 있고, 마찬가지로 다른 내장 타입도 상속할 수 있다는 의미이다. ECMAScript 6에서는 파생클래스에 이와 같은 기능을 추가함으로써 내장 타입 상속의 마지막 남은 문제를 효과적으로 제거했지만, 이 문제는 좀 더 깊이 살펴볼 만한 가치가 있다.

9.9.5 Symbol.species 프로퍼티

내장 타입 상속의 편리한 점은 내장 타입의 인스턴스를 반환하는 모든 메서드가 자동으로 내장 타입의 인스턴스를 반환하는 대신 파생 클래스 인스턴스를 반환한다는 것이다. 그래서 Array를 상속한 MyArray라는 파생 클래스가 있다면, slice() 같은 메서드는 MyArray 인스턴스를 반환할 것이다. 다음 예제를 살펴보자.

```
class MyArray extends Array {
    // 비어 있음
}

let items = new MyArray(1, 2, 3, 4),
    subitems = items.slice(1, 3);

console.log(items instanceof MyArray);      // true
console.log(subitems instanceof MyArray);   // true
```

이 코드에서 slice() 메서드는 MyArray 인스턴스를 반환한다. 일반적으로 slice() 메서드는 Array로부터 상속되고 Array 인스턴스를 반환한다. 내부적으로 Symbol.species 프로퍼티가 반환되는 인스턴스를 변경한다.

상용 심벌인 Symbol.species는 함수를 반환하는 정적 접근자 프로퍼티를 정의하기 위해 사용된다. 반환되는 함수는 클래스의 인스턴스가 인스턴스 메서드 내부에서 만들어져야 할 때마다(클래스의 생성자 대신) 사용되는 생성자이다. 다음 내장 타입들은 Symbol.species 정의를 가진다.

- Array
- ArrayBuffer (10장에서 다룸)
- Map
- Promise
- RegExp
- Set
- 타입 배열 (10장에서 다룸)

리스트의 각 타입은 this를 반환하는 기본 Symbol.species 프로퍼티를 가지고, 이 프로퍼티가 항상 생성자 함수를 반환할 것이라는 의미이다. 만약 사용자 정의 클래스에 이 기능을 구현한다면 다음 예제 코드처럼 작성해 볼 수 있다.

```
// 일부 내장 타입은 이와 유사하게 species를 사용
class MyClass {
    static get [Symbol.species]() {
        return this;
    }

    constructor(value) {
        this.value = value;
    }

    clone() {
        return new this.constructor[Symbol.species](this.value);
    }
}
```

이 예제에서 상용 심벌 Symbol.species는 MyClass에 정적 접근자 프로퍼티를 할당하기 위해 사용된다. 클래스의 종류를 변경할 수는 없기 때문에 setter는 없고 getter만 존재한다는 것에 주목해야 한다. this.constructor[Symbol.species]를

호출하면 언제나 MyClass를 반환한다. clone() 메서드는 MyClass를 직접 사용하기보다는 새 인스턴스를 반환하는 정의를 사용하는데, 파생 클래스가 값을 오버라이드할 수 있도록 한다. 다음 예제를 살펴보자.

```
class MyClass {
    static get [Symbol.species]() {
        return this;
    }

    constructor(value) {
        this.value = value;
    }

    clone() {
        return new this.constructor[Symbol.species](this.value);
    }
}

class MyDerivedClass1 extends MyClass {
    // 비어 있음
}

class MyDerivedClass2 extends MyClass {
    static get [Symbol.species]() {
        return MyClass;
    }
}

let instance1 = new MyDerivedClass1("foo"),
    clone1 = instance1.clone(),
    instance2 = new MyDerivedClass2("bar"),
    clone2 = instance2.clone();

console.log(clone1 instanceof MyClass);             // true
console.log(clone1 instanceof MyDerivedClass1);     // true
console.log(clone2 instanceof MyClass);             // true
console.log(clone2 instanceof MyDerivedClass2);     // false
```

이 예제에서 MyDerivedClass1은 MyClass를 상속하고 Symbol.species 프로퍼티를 변경하지 않는다. clone()이 호출되면, this.constructor[Symbol.species]는 MyDerivedClass1를 반환하기 때문에 MyDerivedClass1의 인스턴스를 반환한다. MyDerivedClass2는 MyClass를 상속하고, MyClass를 반환하도록 Symbol.species를 오버라이드한다. MyDerivedClass2의 인스턴스에서 clone()이 호출되면, 반환 값은 MyClass의 인스턴스가 된다. Symbol.species를 사용하면, 어떤 파생 클래스에서든지 메서드가 반환해야하는 인스턴스의 값 타입을 결정할 수 있다.

예를 들어, Array는 배열을 반환하는 메서드에 사용할 클래스를 Symbol.species를 사용하여 지정한다. 다음 예제와 같은 방식으로, Array로부터 파생된 클래스의 상속된 메서드에서 반환하는 객체의 타입을 결정할 수 있다.

```javascript
class MyArray extends Array {
    static get [Symbol.species]() {
        return Array;
    }
}

let items = new MyArray(1, 2, 3, 4),
    subitems = items.slice(1, 3);

console.log(items instanceof MyArray);      // true
console.log(subitems instanceof Array);     // true
console.log(subitems instanceof MyArray);   // false
```

이 코드는 Array를 상속한 MyArray의 Symbol.species를 오버라이드한다. 이제 배열을 반환하는 모든 상속된 메서드는 MyArray 대신 Array 인스턴스를 사용할 것이다.

일반적으로 클래스 메서드에서 this.constructor를 사용하려는 경우 Symbol.species 프로퍼티를 사용해야만 한다. 이는 파생 클래스의 반환 타입을 쉽게 오버라이드 할 수 있도록 한다. 추가로 Symbol.species가 정의된 클래스로부터 파생된 클래스를 만들려 한다면, 반드시 생성자 대신 Symbol.species를 사용해야 한다.

9.10 클래스 생성자에서 new.target 사용하기

3장에서, new.target과 함수가 호출되는 방식에 따라 new.target 값이 어떻게 변경되는지에 대해 이미 살펴보았다. 클래스 생성자에서도 클래스가 호출되는 방식을 결정하기 위해 new.target를 사용할 수 있다. 간단한 사례로, new.target은 다음 예제처럼 클래스의 생성자 함수와 같다.

```javascript
class Rectangle {
    constructor(length, width) {
        console.log(new.target === Rectangle);
        this.length = length;
        this.width = width;
    }
}
```

```
// new.target은 Rectangle
var obj = new Rectangle(3, 4);        // true 출력
```

이 코드는 new Rectangle(3, 4)이 호출될 때 new.target과 Rectangle이 같음을 보여준다. 클래스 생성자는 new없이 호출될 수 없으므로, new.target 프로퍼티는 항상 클래스 생성자 내에 정의된다. 그러나 new.target 과 클래스 생성자의 값이 항상 같지는 않다. 다음 코드를 살펴보자.

```
class Rectangle {
    constructor(length, width) {
        console.log(new.target === Rectangle);
        this.length = length;
        this.width = width;
    }
}

class Square extends Rectangle {
    constructor(length) {
        super(length, length)
    }
}

// new.target은 Square
var obj = new Square(3);        // false 출력
```

Square는 Rectangle 생성자를 호출하므로, Rectangle 생성자가 호출되는 경우 new.target은 Square와 같다. 이는 각 생성자가 호출되는 방식에 따라 동작이 변경되기 때문에 중요하다. 예를 들어, 다음 예제처럼 new.target을 사용하여 추상 기반 클래스(직접 인스턴스를 만들 수 없는 클래스)를 만들 수 있다.

```
// 추상 기반 클래스
class Shape {
    constructor() {
        if (new.target === Shape) {
            throw new Error("This class cannot be instantiated directly.")
        }
    }
}

class Rectangle extends Shape {
    constructor(length, width) {
        super();
        this.length = length;
        this.width = width;
    }
```

```
    }

    var x = new Shape();                // 에러 발생

    var y = new Rectangle(3, 4);        // 에러가 발생하지 않음
    console.log(y instanceof Shape);    // true
```

이 예제에서 Shape 클래스 생성자는 new.target이 Shape이면 에러를 발생시키며, 이는 new Shape()처럼 사용하면 항상 에러가 발생한다는 의미이다. 그러나 Rectangle에서 사용한 것처럼, 여전히 기반 클래스로써 Shape를 사용할 수 있다. 예제에서 기반 클래스로 사용한 경우, super() 호출은 Shape 생성자를 실행하고 new.target은 Rectangle과 같으므로 에러 없이 실행된다.

> 클래스는 new없이 호출될 수 없기 때문에, new.target 프로퍼티는 클래스 생성자 내에서 undefined가 될 수 없다.

9.11 요약

ECMAScript 6 클래스는 자바스크립트에서 상속을 쉽게 사용하도록 하므로, 다른 언어에서 익힌 상속에 대한 지식을 버릴 필요가 없다. ECMAScript 6 클래스는 ECMAScript 5 클래스 기반 상속 모델의 문법 설탕으로서 시작했지만, 실수를 줄이기 위해 몇몇 기능이 추가되었다.

ECMAScript 6 클래스는 클래스 프로토타입에 비(非)정적 메서드를 정의하는 프로토타입 상속 방식으로 동작하지만, 정적 메서드는 생성자 함수에 정의되는 방식으로 동작한다. 모든 메서드는 내장 객체가 기본적으로 열거 불가능한 메서드를 갖는 것과 마찬가지로 열거할 수 없다. 또한 클래스 생성자는 new 없이 호출될 수 없고, 이는 우연히 클래스를 함수처럼 호출할 수 없도록 보장한다.

클래스 기반 상속을 통해 또 다른 클래스나 함수, 표현식으로부터 파생 클래스를 만들 수 있다. 이는 상속할 때 적절한 기반 타입을 결정하는 함수를 호출할 수 있고, 믹스인이나 새 클래스를 만들기 위한 다양한 합성 패턴을 사용할 수도 있다는 의미이다. 이제 Array 같은 내장 객체로부터 상속하는 것이 가능하고, 예측 가능하게 동작한다.

호출되는 방식에 따라 클래스가 다르게 동작하도록 하기 위해, 클래스 생성자 내에서 new.target을 사용할 수 있다. 가장 일반적인 사용 방식은, 다른 클래

스를 통한 상속은 허용하지만 직접 인스턴스화 될 때는 에러를 발생시키는 추상 기반 클래스를 만드는 것이다.

종합적으로 볼 때 클래스는 자바스크립트의 중요한 추가 사항이다. ECMA Script 6에서는 안전하고 일관된 방식으로 사용자 정의 객체 타입을 정의하도록 간결한 문법과 더 나은 기능을 제공한다.

배열의 기능 개선

배열은 기초적인 자바스크립트 객체이다. 그러나 자바스크립트의 다른 부분들이 지속적으로 개선되는 동안, ECMAScript 5에서 배열을 더 쉽게 사용하기 위한 몇몇 메서드를 도입할 때까지 배열은 여전히 그대로였다. ECMAScript 6에서는 새로운 생성 메서드와 유용한 편의 메서드, 타입 배열을 만드는 능력 등 훨씬 더 많은 기능을 추가하여 배열을 개선한다. 이 장에서는 이러한 변경 사항을 자세히 살펴본다.

10.1 배열 만들기

ECMAScript 6 이전까지, 배열을 만들기 위해서는 Array 생성자와 배열 리터럴 문법을 사용해야 했다. 두 가지 방식 모두 배열 요소를 각각 나열해야 했으며 다른 방법은 매우 제한적이었다. 유사 배열 객체(즉, 숫자 인덱스와 length 프로퍼티를 가지는 객체)를 배열로 변환하기 위한 선택지 또한 제한적이었고 이를 위해서는 추가 코드가 필요했다. ECMAScript 6에서는 자바스크립트 배열을 보다 쉽게 만들 수 있도록 Array.of()와 Array.from() 메서드가 추가되었다.

10.1.1 Array.of() 메서드

ECMAScript 6에서 자바스크립트에 새로운 생성 메서드가 추가된 이유는 개발자가 Array 생성자로 배열을 만들었을 때 발생하는 이상 동작을 피하도록 하기 위함이다. Array 생성자는 전달된 인자의 타입과 개수에 따라 다르게 동작한다. 다음 예제를 살펴보자.

```
let items = new Array(2);
console.log(items.length);        // 2
console.log(items[0]);            // undefined
console.log(items[1]);            // undefined

items = new Array("2");
console.log(items.length);        // 1
console.log(items[0]);            // "2"

items = new Array(1, 2);
console.log(items.length);        // 2
console.log(items[0]);            // 1
console.log(items[1]);            // 2

items = new Array(3, "2");
console.log(items.length);        // 2
console.log(items[0]);            // 3
console.log(items[1]);            // "2"
```

Array 생성자에 숫자 값 하나가 전달되는 경우, 배열의 length 프로퍼티는 그 값으로 설정된다. 반면 숫자가 아닌 값이 전달되는 경우, 그 값은 배열의 유일한 요소가 된다. (숫자이거나 아니거나) 여러 개의 값이 전달되는 경우, 그 값들은 배열의 요소가 된다. 전달되는 인자의 데이터 타입을 언제나 알 수 있는 것은 아니기 때문에 이 동작은 혼란스럽고 위험하다.

이 문제를 해결하기 위해 ECMAScript 6에서는 Array.of()가 도입되었다. Array.of() 메서드는 Array 생성자와 유사하게 동작하지만 숫자 값 하나가 전달된 경우에도 특별하게 처리하지 않는다. Array.of() 메서드는 인자의 개수나 타입에 상관 없이 항상 인자를 요소로 하는 배열을 만든다. 다음 예제에서 Array.of() 메서드를 살펴보자.

```
let items = Array.of(1, 2);
console.log(items.length);        // 2
console.log(items[0]);            // 1
console.log(items[1]);            // 2

items = Array.of(2);
console.log(items.length);        // 1
console.log(items[0]);            // 2

items = Array.of("2");
console.log(items.length);        // 1
console.log(items[0]);            // "2"
```

Array.of() 메서드를 사용하여 배열을 만들기 위해서는 배열 요소가 될 값을 전

달하기만 하면 된다. 이 예제에서는 첫 번째 배열로 숫자 두 개를 가진 배열을
만들고 두 번째 배열은 숫자 하나를 요소로 가지며 마지막 배열은 하나의 문자
열을 요소로 가진다. 이 접근법은 배열 리터럴을 사용하는 것과 유사하고, 대체
로 Array.of() 대신 배열 리터럴을 사용할 수 있다. 그러나 Array 생성자를 함수
에 전달할 필요가 있다면, 일관된 동작을 보장하기 위해 Array.of()를 대신 전달
하는 것이 좋다. 다음 예제를 살펴보자.

```
function createArray(arrayCreator, value) {
    return arrayCreator(value);
}

let items = createArray(Array.of, value);
```

이 코드에서 createArray() 함수는 배열을 만드는 함수와 그 배열에 넣을 값
을 전달 받는다. 새 배열을 만들기 위한 createArray() 함수에 첫 번째 인자로
Array.of()를 전달할 수 있다. 만약 value가 숫자가 아니라는 것을 보장할 수 없
다면 Array를 전달하는 것은 위험하다.

 Array.of() 메서드는 반환 값의 타입을 결정할 때 Symbol.species 프로퍼티(209쪽 참
조)를 사용하지 않는다. 대신 올바른 반환 데이터 타입을 결정하기 위해 현재 생성자(of()
메서드 내 this)를 사용한다.

10.1.2 Array.from() 메서드

배열이 아닌 객체를 배열로 변환하는 것은 자바스크립트에서 항상 처리하기 어
려운 부분이었다. 예를 들어 (유사 배열인) arguments 객체를 배열처럼 사용하길
원한다면 먼저 배열로 변환해야 한다. ECMAScript 5에서 유사 배열 객체를 배
열로 변환하기 위해서는 다음 예제처럼 함수를 작성해야 했다.

```
function makeArray(arrayLike) {
    var result = [];

    for (var i = 0, len = arrayLike.length; i < len; i++) {
        result.push(arrayLike[i]);
    }

    return result;
}
```

```
function doSomething() {
    var args = makeArray(arguments);

    // args 변수 사용
}
```

이 접근법은 수동으로 result 배열을 만들고 이 새로운 배열에 arguments의 각 요소를 복사하는 방식이다. 이 접근법은 잘 동작하지만 간단한 연산에 비해 상당한 양의 코드가 필요하다. 결국 개발자들은 다음 예제처럼 배열의 네이티브 메서드인 slice()를 호출하고 유사 배열 객체를 전달하는 방식으로 코드량을 줄일 수 있었다.

```
function makeArray(arrayLike) {
    return Array.prototype.slice.call(arrayLike);
}

function doSomething() {
    var args = makeArray(arguments);

    // args 변수 사용
}
```

이 코드는 기능적으로 앞의 예제와 같고, 유사 배열 객체를 slice()의 this 값에 설정하기 때문에 잘 동작한다. slice()는 적절한 숫자 인덱스와 length 프로퍼티만 있으면 올바르게 동작하기 때문에, 어떤 유사 배열 객체에서든지 잘 동작할 것이다.

이 방식을 사용하면 코드량이 감소하지만, Array.prototype.slice.call (arrayLike)를 호출하는 것이 "arrayLike를 배열로 변환"하는 것으로 명확히 해석되지는 않는다. 다행히 ECMAScript 6에서는 명확하고 깔끔한 배열 변환 방법인 Array.from() 메서드를 추가했다.

Array.from() 메서드에 첫 번째 인자로 이터러블이나 유사 배열 객체를 전달하면 배열을 반환한다. 다음 예제를 살펴보자.

```
function doSomething() {
    var args = Array.from(arguments);

    // args 변수 사용
}
```

Array.from() 호출은 arguments의 요소에 기반한 새로운 배열을 만든다. 그래서 args는 arguments와 같은 위치에 같은 값을 가진 Array의 인스턴스가 된다.

 Array.from() 메서드 또한 반환할 배열의 타입을 결정할 때 this를 사용한다.

매핑 변환

한 단계 더 나아가서, 원한다면 배열 변환 시 Array.from()에 두 번째 인자로 매핑 함수를 제공할 수 있다. 매핑 함수는 만들어질 배열의 인덱스에 결과 값을 저장하기 전에, 유사 배열 객체의 각 값에 특정 연산을 수행하거나 최종 형태로의 변환 작업을 할 수 있다. 다음 예제를 살펴보자.

```
function translate() {
    return Array.from(arguments, (value) => value + 1);
}

let numbers = translate(1, 2, 3);

console.log(numbers);              // 2,3,4
```

이 코드에서는 Array.from()에 매핑 함수로 (value) => value + 1를 전달하므로, 배열의 각 요소는 저장되기 전에 1이 더해진다. 매핑 함수가 객체에서 수행된다면 Array.from()에 매핑 함수의 this 값을 나타내는 세 번째 인자를 선택적으로 전달할 수도 있다.

```
let helper = {
    diff: 1,

    add(value) {
        return value + this.diff;
    }
};

function translate() {
    return Array.from(arguments, helper.add, helper);
}

let numbers = translate(1, 2, 3);

console.log(numbers);              // 2,3,4
```

이 예제는 배열 변환 시 매핑 함수로 `helper.add()`를 전달한다. `helper.add()`는 `this.diff` 프로퍼티를 사용하기 때문에, `Array.from()`의 세 번째 인자에 `this` 값을 지정하여 전달할 필요가 있다. 세 번째 인자 덕분에 `Array.from()`은 `bind()` 호출이나 `this` 값을 지정하는 다른 방법을 사용하지 않고 데이터를 쉽게 변환할 수 있다.

이터러블에서 사용하는 방식

`Array.from()` 메서드는 유사 배열 객체와 이터러블에서 동작한다. 이는 메서드가 `Symbol.iterator` 프로퍼티를 가진 객체라면 모두 배열로 변환할 수 있다는 의미이다. 다음 예제를 살펴보자.

```
let numbers = {
    *[Symbol.iterator]() {
        yield 1;
        yield 2;
        yield 3;
    }
};

let numbers2 = Array.from(numbers, (value) => value + 1);

console.log(numbers2);          // 2,3,4
```

`numbers` 객체는 이터러블이기 때문에, 객체의 값을 배열로 변환하기 위해 `Array.from()`에 바로 `numbers`를 전달할 수 있다. 매핑 함수는 각 숫자에 1을 더하므로 결과 배열은 1, 2, 3 대신 2, 3, 4를 요소로 가진다.

 객체가 유사 배열이고 이터러블이라면, `Array.from()`에서 변환 값을 결정할 때 이터레이터가 사용된다.

10.2 배열의 새로운 메서드

ECMAScript 5에 이어 ECMAScript 6에서도 배열에 몇 가지 새로운 메서드를 추가한다. `find()`와 `findIndex()` 메서드는 개발자가 어떤 값을 가지는 배열의 사용을 돕기 위한 것인 반면, `fill()`과 `copyWithin()`은 숫자만 사용하도록 ECMAScript 6에 도입된 배열 형태인 타입 배열의 사용례에서 영향을 받았다.

10.2.1 find()와 findIndex() 메서드

ECMAScript 5 이전에는, 배열 검색 기능을 위한 내장 메서드가 없었기 때문에 배열 검색은 다루기 어려운 문제였다. ECMAScript 5에서는 indexOf()와 lastIndexOf() 메서드가 추가되었고, 마침내 개발자는 추가된 메서드를 이용하여 배열 내 특정 값을 검색할 수 있었다. 이 두 메서드는 배열 검색을 크게 개선했지만, 한번에 하나의 값만 검색할 수 있었기 때문에 여전히 한계를 가지고 있었다. 예를 들어, 일련의 숫자들에서 첫 번째 짝수를 찾으려면 이를 위한 코드를 추가로 작성해야 했다. ECMAScript 6는 find()와 findIndex() 메서드를 도입하여 이 문제를 해결했다.

find()와 findIndex()는 두 개의 인자를 받는다. 두 인자는 각각 콜백 함수와 콜백 함수 내 this로 사용할 값이며 두 번째 값은 전달 여부를 선택할 수 있다. 콜백 함수에는 배열 요소와 배열 요소의 인덱스, 배열이 전달되며 이는 map()과 forEach() 같은 메서드에 전달되는 인자와 같다. 콜백 함수는 전달된 배열 요소 값이 정의한 기준에 적합하면 true를 반환해야 한다. find()와 findIndex()는 콜백 함수가 처음 true를 반환할 때 배열 검색을 멈춘다.

두 메서드 사이의 유일한 차이점은, find()가 값을 반환하는데 반해 findIndex()는 찾으려는 값의 인덱스를 반환한다는 것이다. 다음 예제를 살펴보자.

```
let numbers = [25, 30, 35, 40, 45];

console.log(numbers.find(n => n > 33));       // 35
console.log(numbers.findIndex(n => n > 33));  // 2
```

이 코드는 numbers 배열에서 33보다 큰 첫 번째 값을 찾기 위해 find()와 findIndex()를 호출한다. find() 호출은 35를 반환하고, findIndex()는 numbers 배열에서 35의 인덱스인 2를 반환한다.

find()와 findIndex()는 특정 값보다는 특정 조건에 맞는 배열 요소를 찾을 때 유용하다. 특정 값을 찾길 원한다면 indexOf()와 lastIndexOf()가 더 좋은 선택이다.

10.2.2 fill() 메서드

fill() 메서드는 특정 값으로 하나 이상의 배열 요소를 채운다. 값이 전달되면 fill()은 배열 내의 모든 값을 그 값으로 덮어쓴다. 다음 예제를 살펴보자.

```
let numbers = [1, 2, 3, 4];

numbers.fill(1);

console.log(numbers.toString());    // 1,1,1,1
```

이 예제에서 numbers.fill(1) 호출은 numbers의 모든 요소를 1로 변경한다. 만약 모든 요소가 아니라 일부만을 변경하려면 다음 예제처럼 시작 인덱스와 제외될 끝 인덱스를 선택적으로 전달할 수 있다.

```
let numbers = [1, 2, 3, 4];

numbers.fill(1, 2);

console.log(numbers.toString());    // 1,2,1,1

numbers.fill(0, 1, 3);

console.log(numbers.toString());    // 1,0,0,1
```

numbers.fill(1, 2) 호출에서, 인자 2는 인덱스가 2인 요소에서부터 값을 채운다는 의미로 사용된다. 제외될 끝 인덱스는 세 번째 인자에 명시되지 않았으므로 numbers.length가 끝 인덱스로 사용되고, 이는 numbers의 마지막 두 요소가 1로 채워진다는 의미이다. numbers.fill(0, 1, 3) 호출은 인덱스 1과 2의 배열 요소를 0으로 채운다. 두 번째, 세 번째 인자와 함께 fill()을 호출하여, 전체 배열을 덮어쓰지 않고 한번에 여러 개의 배열 요소를 채울 수 있다.

 시작이나 끝 인덱스가 음수이면, 그 값은 최종 위치를 결정하기 위해 배열의 length에 더해진다. 예를 들어, 전달된 시작 인덱스가 –1이면 인덱스는 array.length – 1이 되고, array는 fill()이 호출되는 배열이다.

10.2.3 copyWithin() 메서드
copyWithin() 메서드는 동시에 여러 개의 배열 요소를 변경한다는 점에서 fill()과 유사하다. 그러나 copyWithin()은 배열 요소에 할당할 값을 명시하는 대신, 배열 내의 요소 값을 복사한다. 이를 위해 copyWithin() 메서드에는 두 개의 인자를 전달해야 하고, 그 인자는 메서드가 값을 채우기 시작하는 인덱스와 복사될 값이 시작하는 인덱스이다.

예를 들어, 배열의 처음 두 요소 값을 배열의 마지막 두 요소에 복사하고 싶다면 다음 예제처럼 작성해 볼 수 있다.

```
let numbers = [1, 2, 3, 4];

// 배열 인덱스 2에서 시작하는 값에 붙여넣음
// 배열 인덱스 0에서 시작하는 값을 복사
numbers.copyWithin(2, 0);

console.log(numbers.toString());    // 1,2,1,2
```

이 코드는 numbers의 인덱스 2에서 시작해 값을 붙여넣으므로 인덱스 2와 3에 덮어씌워질 것이다. copyWithin()에 두 번째 인자로 0을 전달하면 인덱스 0에서부터 더 이상 요소가 없을 때까지 값을 계속 복사한다.

기본적으로 copyWithin()은 값을 배열의 끝까지 복사하지만, 세 번째 인자를 선택적으로 전달하여 몇 개의 요소를 덮어쓸지 제한할 수 있다. 이 세 번째 인자는 값 복사를 멈추는 인덱스이며, 해당 인덱스는 제외된다. 다음 예제를 살펴보자.

```
let numbers = [1, 2, 3, 4];

// 배열 인덱스 2에서 시작하는 값에 붙여넣음
// 배열 인덱스 0에서 시작하는 값을 복사
// 인덱스 1에서 값 복사를 멈춤
numbers.copyWithin(2, 0, 1);

console.log(numbers.toString());    // 1,2,1,4
```

이 예제에서는 끝 인덱스에 1이 전달되었기 때문에, 인덱스 0의 값만 복사된다. 배열의 마지막 요소는 변경되지 않고 유지된다.

 fill() 메서드와 마찬가지로 copyWithin() 메서드에 어떤 인자든지 음수 값을 전달하면, 그 값은 적절한 인덱스를 결정하기 위해 배열의 length에 자동으로 더해진다.

fill()과 copyWithin()을 언제 사용하는지 명확하게 느껴지지 않을 수도 있다. 그것은 이 메서드들이 타입 배열에서 유래되었고, 일관성을 위해 일반 배열에도 추가되었기 때문이다. 다음 절에서 배우겠지만, 숫자의 비트를 다루기 위해 타입 배열을 사용할 때 이 메서드들이 매우 유용할 것이다.

10.3 타입 배열

타입 배열은 특수한 목적을 가진 배열로, 숫자 타입(이름에서 알수 있듯이 모든 타입이 아님)과 동작하도록 설계되었다. 타입 배열은 WebGL로부터 시작되었으며, WebGL은 OpenGL ES 2.0을 포팅하여 웹 페이지에서 <canvas> 엘리먼트와 사용되도록 설계된 버전을 의미한다. 이렇게 자바스크립트에서 빠른 산술 비트 연산을 제공하기 위한 포팅 과정의 일부로 타입 배열이 만들어졌다.

자바스크립트 숫자를 이용한 산술 연산은 숫자를 64비트 부동소수점 형식으로 저장하고 필요에 따라 32비트 정수로 변환했기 때문에 WebGL을 위해서는 너무 느렸다. 타입 배열은 이러한 제약을 피하고 더 나은 성능의 산술 연산을 제공하기 위해 도입되었다. 이 개념은 어떤 단일 숫자든지 비트 배열처럼 처리될 수 있도록 하며, 자바스크립트 배열에서 이용할 수 있는 익숙한 메서드를 사용할 수 있다는 의미이다.

ECMAScript 6에서는 자바스크립트 엔진을 통한 더 나은 호환성 그리고 배열과의 상호 운용성을 보장하기 위해 공식적인 언어의 일부로 타입 배열을 받아들였다. ECMAScript 6 버전의 타입 배열은 WebGL 버전과 완전히 같지는 않지만 ECMAScript 6 버전을 다른 접근법보다 WebGL의 진화한 버전이라 할 수 있는 유사점이 충분히 존재한다.

10.3.1 숫자 데이터 타입

자바스크립트 숫자는 부동소수점 숫자 표현을 저장할 때 64비트를 사용하는 IEEE 754 형식으로 저장된다. 이 형식은 자바스크립트에서 정수와 부동소수점 숫자를 나타내고, 숫자 변경 시 이 두 형식 간의 변환은 빈번하게 발생한다. 타입 배열은 여덟 가지 다른 숫자 타입의 저장 공간과 조작을 허용한다.

- Signed 8-bit integer (int8)
- Unsigned 8-bit integer (uint8)
- Signed 16-bit integer (int16)
- Unsigned 16-bit integer (uint16)
- Signed 32-bit integer (int32)
- Unsigned 32-bit integer (uint32)
- 32-bit float (float32)
- 64-bit float (float64)

만약 int8에 맞는 숫자를 일반적인 자바스크립트 숫자로 표현하면, 8비트만 사용하고 56비트를 낭비하게 될 것이다. 낭비될 비트들은 추가적인 int8 숫자나 56비트보다 적은 비트가 필요한 숫자를 저장하는 데 사용되는 것이 더 나을 것이다. 비트를 더 효율적으로 사용하는 것은 타입 배열을 다루는 주요 사용 사례 중하나이다.

타입 배열에 관련된 모든 연산과 객체는 이 여덟 가지 데이터 타입이 중심이다. 그러나 이 타입들을 사용하려면, 먼저 데이터를 저장할 배열 버퍼를 만들어야 한다.

 이 책에서는 여덟 가지 데이터 타입을 나타낼 때 우측 괄호에 표시한 축약형을 사용한다. 이 축약형은 실제 자바스크립트 코드에는 나타나지 않으며, 긴 설명을 간단히 나타내기 위한 용도로 사용된다.

10.3.2 배열 버퍼

모든 타입 배열은 배열 버퍼에 기초하며, 배열 버퍼는 지정된 수의 바이트를 포함하는 메모리 장소이다. 배열 버퍼를 만드는 것은 C언어에서 메모리를 할당하기 위해 메모리 블록이 포함하는 타입이 무엇인지 명시하지 않고 malloc()을 호출하는 것과 유사하다. 다음 예제와 같이 ArrayBuffer 생성자를 사용하여 배열 버퍼를 만들 수 있다.

```
let buffer = new ArrayBuffer(10);    // 10바이트 할당
```

생성자를 호출할 때 배열 버퍼가 포함해야 하는 바이트 수만 전달한다. 예제의 let문은 10바이트 길이의 배열 버퍼를 만든다. 배열 버퍼가 만들어진 뒤에, byteLength 프로퍼티를 확인하여 바이트 수 정보를 얻어 올 수 있다.

```
let buffer = new ArrayBuffer(10);    // 10바이트 할당
console.log(buffer.byteLength);      // 10
```

slice() 메서드를 사용하여, 이미 존재하던 배열 버퍼의 일부를 포함하는 새 배열 버퍼를 만들 수도 있다. 배열 버퍼의 slice() 메서드는 배열의 slice() 메서드와 동일하게 동작한다. 이는 메서드의 인자로 시작 인덱스와 끝 인덱스를 전달하면 원본 배열 버퍼의 요소들로 구성된 새로운 ArrayBuffer 인스턴스를 반환

한다는 의미이다. 다음 예제를 살펴보자.

```
let buffer = new ArrayBuffer(10);    // 10바이트 할당
let buffer2 = buffer.slice(4, 6);
console.log(buffer2.byteLength);      // 2
```

이 코드에서 buffer2는 인덱스 4와 5의 바이트를 추출하여 만들어진다. 이 메서드의 배열 버전을 호출할 때와 마찬가지로 slice()의 두 번째 인자의 인덱스는 제외된다.

물론 데이터를 쓸 수 없는 저장소를 만드는 것은 전혀 유용하지 않다. 이를 유용하게 사용하려면 뷰를 만들 필요가 있다.

 배열 버퍼는 항상 만들어질 때 명시한 정확한 바이트 수를 나타낸다. 배열 버퍼에 포함된 데이터는 변경할 수 있지만 배열 버퍼의 크기는 절대 변경할 수 없다.

10.3.3 뷰와 함께 배열 버퍼 조작하기

배열 버퍼는 메모리 장소를 나타내고, 뷰는 메모리를 조작하는 데 사용할 인터페이스이다. 뷰는 배열 버퍼나 배열 버퍼 바이트의 부분집합에서 동작하고, 숫자 데이터 타입 중의 하나인 데이터를 읽고 쓴다. 배열 버퍼에서 DataView 타입은 여덟 가지 숫자 데이터 타입 연산을 가능하게 하는 일반적인 뷰이다.

DataView를 사용하려면 먼저 ArrayBuffer의 인스턴스를 만들고, 이 인스턴스를 사용하여 새로운 DataView를 만든다. 다음 예제를 살펴보자.

```
let buffer = new ArrayBuffer(10),
    view = new DataView(buffer);
```

이 예제의 view 객체는 buffer의 10바이트 전부에 접근할 수 있다. 또한 버퍼의 일부에만 동작하는 뷰를 만들 수도 있다. 바이트 오프셋(byte offset)만 제공할 수도 있고, 선택적으로 오프셋으로부터 몇 바이트를 포함하는지도 제공할 수 있다. 바이트 수가 명시되지 않으면, DataView는 기본적으로 오프셋에서 버퍼의 끝까지 포함한다. 다음 예제를 살펴보자.

```
let buffer = new ArrayBuffer(10),
    view = new DataView(buffer, 5, 2);      // 바이트 5와 6을 포함
```

이 예제에서 view는 인덱스 5와 6의 바이트에서만 동작한다. 이 접근법은 같은 배열 버퍼에서 여러 개의 뷰를 만들게 해주며, 필요에 따라 동적으로 공간을 할당하는 것보다 전체 애플리케이션을 위한 하나의 메모리 장소를 원할 때 유용하다.

뷰 정보 얻기

다음에 나열한 읽기 전용 프로퍼티를 사용하여 뷰에 대한 정보를 얻을 수 있다.

- buffer - 뷰와 연결된 배열 버퍼
- byteOffset - 제공된 경우, DataView 생성자의 두 번째 인자(기본값은 0)
- byteLength - 제공된 경우, DataView 생성자의 세 번째 인자(기본값은 버퍼의 byteLength)

이러한 프로퍼티를 사용하면 다음 예제처럼 뷰가 동작하는 장소를 정확히 알 수 있다.

```
let buffer = new ArrayBuffer(10),
    view1 = new DataView(buffer),          // 모든 바이트를 포함
    view2 = new DataView(buffer, 5, 2);    // 바이트 5와 6을 포함

console.log(view1.buffer === buffer);      // true
console.log(view2.buffer === buffer);      // true
console.log(view1.byteOffset);             // 0
console.log(view2.byteOffset);             // 5
console.log(view1.byteLength);             // 10
console.log(view2.byteLength);             // 2
```

이 코드는 전체 배열 버퍼에서 동작하는 view1과 배열 버퍼의 일부에서만 동작하는 view2를 만든다. 이 뷰들은 같은 배열 버퍼에서 동작하기 때문에 buffer 프로퍼티가 일치한다. 그러나 byteOffset과 byteLength는 각 뷰마다 다르다. 각 뷰는 동작하는 배열 버퍼의 일부를 반영한다.

물론 메모리에 대한 정보를 읽는 것만으로는 유용하지 않다. 메모리에서 데이터를 읽고 쓸 수 있어야 도움이 된다.

데이터를 읽고 쓰기

자바스크립트의 여덟 가지 숫자 데이터 타입을 위해 DataView 프로토타입은 배열 버퍼에서 데이터를 읽고 쓰는 메서드를 가진다. 이 메서드 이름은 모두 "set"이나 "get"으로 시작하고 데이터 타입의 줄임말을 뒤에 붙인다. 예를 들어, 다음

에 나열된 리스트는 int8과 unit8에서 동작하는 읽고 쓰는 메서드 리스트이다.

- `getInt8(byteOffset, littleEndian)` - byteOffset에서 시작하여 int8만큼 읽는다.
- `setInt8(byteOffset, value, littleEndian)` - byteOffset에서 시작하여 int8만큼 쓴다.
- `getUint8(byteOffset, littleEndian)` - byteOffset에서 시작하여 uint8만큼 읽는다.
- `setUint8(byteOffset, value, littleEndian)` - byteOffset에서 시작하여 uint8만큼 쓴다.

get 메서드는 인자 두 개를 받으며, 첫 번째 인자는 읽어들일 바이트 오프셋이고 두 번째 인자는 리틀 엔디안 방식으로 읽는지를 가리키는 선택적인 불린값이다(리틀 엔디안은 최하위 바이트가 마지막 바이트가 아닌 0 바이트임을 의미한다). set 메서드는 인자 세 개를 받으며, 첫 번째 인자는 바이트 오프셋이고 두 번째 인자는 쓸 값이며, 세 번째 인자는 리틀 엔디안 방식으로 저장되어야 하는지를 가리키는 선택적인 불린값이다.

앞에서 8비트 값을 사용할 수 있는 메서드만 살펴봤지만, 16비트와 32비트 값에서도 동작하는 같은 메서드가 존재한다. 앞에서 살펴본 메서드에서 8을 16과 32로 변경해주기만 하면 된다. 이러한 정수 메서드 외에, DataView는 부동소수점 숫자와 동작하는 메서드도 가지고 있다.

- `getFloat32(byteOffset, littleEndian)` - byteOffset에서 시작하여 float32만큼 읽는다.
- `setFloat32(byteOffset, value, littleEndian)` - byteOffset에서 시작하여 float32만큼 쓴다.
- `getFloat64(byteOffset, littleEndian)` - byteOffset에서 시작하여 float64만큼 읽는다.
- `setFloat64(byteOffset, value, littleEndian)` - byteOffset에서 시작하여 float64만큼 쓴다.

다음 예제에서 set과 get 메서드의 동작을 살펴보자.

```
let buffer = new ArrayBuffer(2),
    view = new DataView(buffer);
```

```
view.setInt8(0, 5);
view.setInt8(1, -1);

console.log(view.getInt8(0));        // 5
console.log(view.getInt8(1));        // -1
```

이 코드는 두 개의 int8 값을 저장하기 위해 2바이트 배열 버퍼를 사용한다. 첫 번째 값은 오프셋을 0으로 설정하고 두 번째 값은 오프셋을 1로 설정하며, 각 값은 바이트 전체(8비트)에 반영된다. 이 값은 이후 getInt8() 메서드에 위치를 전달하여 얻을 수 있다. 이 예제에서는 int8 값을 사용했지만, 여덟 가지 숫자 타입 중 어떤 타입이든 관련 메서드와 함께 사용할 수 있다.

뷰는 데이터가 저장된 방법에 상관없이 어떤 시점에 어떤 형식으로든 읽고 쓸 수 있다는 점에서 특별하다. 예를 들어 다음 예제처럼 두 개의 int8 값을 쓰고 int16 메서드로 버퍼를 읽어도 잘 동작한다.

```
let buffer = new ArrayBuffer(2),
    view = new DataView(buffer);

view.setInt8(0, 5);
view.setInt8(1, -1);

console.log(view.getInt16(0));       // 1535
console.log(view.getInt8(0));        // 5
console.log(view.getInt8(1));        // -1
```

view.getInt16(0) 호출은 뷰의 모든 바이트를 읽고, 숫자 1535로 인터프리트한다. 이러한 동작을 이해하기 위해, 그림 10-1을 살펴보자. 이 그림은 각 setInt8() 호출이 배열 버퍼에서 어떻게 동작하는지를 나타낸다.

그림 10-1 두 메서드를 호출한 후 배열 버퍼

배열 버퍼는 모든 값이 0인 16비트로 시작한다. 첫 번째 바이트에 setInt8()을 호출하여 5를 쓰면 두 개의 비트를 사용하여 처리한다(5의 8비트 표현은 00000101). 두 번째 바이트에 -1을 쓰면 모든 비트가 1로 설정되는데, 이는 -1의

보수 표현에 해당한다. 두 번째 setInt8()이 호출된 후에 배열 버퍼는 16비트를 포함하고, getInt16()은 이 비트들을 십진법 1535에 해당하는 16비트 정수로 읽어들인다.

DataView 객체는 이러한 방식으로 다양한 데이터 타입을 혼합해서 사용하는 데 적합하다. 그러나 특정 데이터 타입만을 사용한다면 타입을 명시하는 뷰가 더 낫다.

타입 배열과 뷰

ECMAScript 6 타입 배열은 사실 배열 버퍼를 위해 타입을 명시한 뷰와 같다. 배열 버퍼 연산을 위해 일반적인 DataView 객체를 사용하는 대신, 명시적인 데이터 타입을 적용한 객체를 사용할 수 있다. 타입을 명시한 여덟 가지 뷰는 각각 여덟 가지 숫자 데이터 타입에 해당하고, 그에 더해 uint8 값을 위한 추가적인 옵션이 한 가지 있다. 표 10-1은 ECMAScript 6 명세의 섹션 22.2에서 타입을 명시한 뷰의 리스트를 요약한 버전이다.

생성자	요소 크기(bytes)	설명	동일한 C 언어 타입
Int8Array	1	8-bit 부호 있는 정수	signed char
Uint8Array	1	8-bit 부호 없는 정수	unsigned char
Uint8ClampedArray	1	8-bit 부호 없는 정수 (고정 변환)	unsigned char
Int16Array	2	16-bit 부호 있는 정수	short
Uint16Array	2	16-bit 부호 없는 정수	unsigned short
Int32Array	4	32-bit 부호 있는 정수	int
Uint32Array	4	32-bit 부호 없는 정수	int
Float32Array	4	32-bit IEEE 부동소수점 표준	float
Float64Array	8	64-bit IEEE 부동소수점 표준f	double

표 10-1 ECMAScript 6의 타입을 명시한 뷰

생성자 이름 열은 타입 배열 생성자를 나열하고, 다른 열은 각 타입 배열이 포함할 수 있는 데이터를 나타낸다. Uint8ClampedArray는 배열 버퍼의 값이 0 이하이거나 255보다 크지 않다면 Uint8Array와 같다. Uint8ClampedArray는 0보다 작은 값을 0으로 변환하고(예를 들면 -1은 0이 됨), 255보다 큰 값은 255로 변환한다(300은 255가 됨).

타입 배열은 특별한 데이터 타입에서만 동작한다. 예를 들면, Int8Array의 모든 연산은 int8 값을 사용한다. 타입 배열에서 요소의 크기 또한 배열의 타입에 의존한다. Int8Array의 요소는 하나의 바이트만 필요하지만 Float64Array는 각 요소당 여덟 바이트를 사용한다. 다행히 보통의 배열처럼 요소에 숫자 인덱스를 사용하여 접근할 수 있고, 이는 DataView의 다소 애매한 set과 get 메서드 호출을 피하도록 해준다.

타입을 명시한 뷰 만들기

타입 배열 생성자는 여러 타입의 인자를 받으므로, 몇 가지 방법으로 타입 배열을 만들 수 있다. 먼저 DataView가 받는 인자와 같은 인자(배열 버퍼는 필수이며 바이트 오프셋과 바이트 길이는 선택)를 전달하여 새로운 타입 배열을 만들 수 있다. 다음 예제를 살펴보자.

```
let buffer = new ArrayBuffer(10),
    view1 = new Int8Array(buffer),
    view2 = new Int8Array(buffer, 5, 2);

console.log(view1.buffer === buffer);       // true
console.log(view2.buffer === buffer);       // true
console.log(view1.byteOffset);              // 0
console.log(view2.byteOffset);              // 5
console.log(view1.byteLength);              // 10
console.log(view2.byteLength);              // 2
```

이 코드에서 두 개의 뷰는 buffer를 사용하는 Int8Array 인스턴스이다. view1과 view2는 DataView 인스턴스에 존재하는 것과 동일한 buffer, byteOffset, byteLength 프로퍼티를 갖는다. 한 가지 숫자 타입을 사용하는 경우, DataView를 사용하는 곳 어디든 타입 배열을 사용하도록 쉽게 바꿀 수 있다.

타입 배열을 만드는 두 번째 방법은 생성자에 숫자 하나를 전달하는 것이다. 이 숫자는 배열에 할당할 요소의 개수(바이트가 아님)를 나타낸다. 생성자는 배열 요소의 개수에 해당하는 정확한 수의 바이트를 가진 새로운 버퍼를 만들 것이고, length 프로퍼티를 사용하여 배열 요소의 개수를 알 수 있다. 다음 예제를 살펴보자.

```
let ints = new Int16Array(2),
    floats = new Float32Array(5);

console.log(ints.byteLength);       // 4
```

```
console.log(ints.length);              // 2

console.log(floats.byteLength);        // 20
console.log(floats.length);            // 5
```

ints 배열은 두 개의 요소를 가질 수 있는 공간에 만들어진다. 16비트 정수는 각 2바이트가 필요하므로, 배열은 4바이트에 할당된다. floats 배열은 다섯 개의 요소를 가질 수 있도록 만들어졌고, 20바이트(요소당 4바이트)가 필요하다. 이 두 경우 모두 새로운 버퍼가 만들어지고, 필요하다면 buffer 프로퍼티를 사용하여 이 새로운 버퍼에 접근할 수 있다.

 만약 타입 배열 생성자에 아무런 인자도 전달되지 않으면, 생성자는 기본적으로 0이 전달된 것처럼 동작한다. 이는 버퍼에 0바이트가 할당되기 때문에 데이터를 가질 수 없는 타입 배열을 만들게 된다는 의미이다.

타입 배열을 만드는 세 번째 방법은 생성자에 인자로 객체를 전달하는 것이다. 이 객체는 다음 중 어느 것이라도 가능하다.

- 타입 배열 - 각 요소는 새로운 타입 배열에 새로운 요소로서 복사된다. 예를 들어, Int16Array 생성자에 int8을 전달하면 int8 값은 int16 배열에 복사된다. 새로운 타입 배열은 전달된 타입 배열과는 다른 배열 버퍼를 가진다.
- 이터러블 - 객체의 이터레이터는 타입 배열에 삽입하기 위한 요소을 얻기 위해 호출된다. 생성자는 어떤 요소든지 뷰 타입이 유효하지 않으면 에러를 발생시킬 것이다.
- 배열 - 배열의 요소는 새로운 타입 배열로 복사된다. 생성자는 어떤 요소든지 타입이 유효하지 않으면 에러를 발생시킬 것이다.
- 유사 배열 객체 - 이 객체는 배열과 동일하게 동작한다.

각각의 경우 새 타입 배열은 원본 객체의 데이터로 만들어진다. 이는 다음 예제처럼 타입 배열을 같은 값으로 초기화하려 할 때 특히 유용하다.

```
let ints1 = new Int16Array([25, 50]),
    ints2 = new Int32Array(ints1);

console.log(ints1.buffer === ints2.buffer);     // false

console.log(ints1.byteLength);        // 4
```

```
console.log(ints1.length);          // 2
console.log(ints1[0]);              // 25
console.log(ints1[1]);              // 50

console.log(ints2.byteLength);      // 8
console.log(ints2.length);          // 2
console.log(ints2[0]);              // 25
console.log(ints2[1]);              // 50
```

이 예제는 Int16Array를 만들고 두 개의 값을 가진 배열로 초기화한다. 그러고 나서 Int16Array를 전달하여 Int32Array를 만든다. 두 개의 타입 배열이 완전히 분리된 버퍼를 가지기 때문에 값 25와 50은 ints1에서 ints2로 복사된다. 두 타입 배열은 같은 숫자를 나타내지만, ints1은 4바이트만 가지고 ints2는 데이터를 표현하는데 8바이트를 가진다.

요소의 크기

각 타입 배열은 여러 개의 요소로 만들어지고, 요소의 크기는 각 요소가 나타내는 바이트 수를 의미한다. 이 값은 각 생성자와 인스턴스의 BYTES_PER_ELEMENT 프로퍼티에 저장되므로, 쉽게 요소의 크기를 확인할 수 있다.

```
console.log(UInt8Array.BYTES_PER_ELEMENT);     // 1
console.log(UInt16Array.BYTES_PER_ELEMENT);    // 2

let ints = new Int8Array(5);
console.log(ints.BYTES_PER_ELEMENT);           // 1
```

이 코드에서처럼 각 타입 배열 클래스와 그 클래스들의 인스턴스에 BYTES_PER_ELEMENT를 확인하여 요소의 크기를 알 수 있다.

10.4 타입 배열과 일반 배열의 유사점

타입 배열과 일반 배열은 여러 가지로 유사하며, 이 장에서 살펴본 것처럼 많은 경우에 타입 배열을 일반 배열처럼 사용할 수 있다. 예를 들어, length 프로퍼티를 사용하여 타입 배열 요소의 개수를 확인할 수 있고, 숫자 인덱스를 사용하여 타입 배열 요소에 직접 접근할 수 있다. 다음 예제를 살펴보자.

```
let ints = new Int16Array([25, 50]);

console.log(ints.length);           // 2
console.log(ints[0]);               // 25
```

```
console.log(ints[1]);              // 50

ints[0] = 1;
ints[1] = 2;

console.log(ints[0]);              // 1
console.log(ints[1]);              // 2
```

이 코드에서는 두 요소를 가진 새로운 Int16Array가 만들어진다. 숫자 인덱스를 사용하여 요소들을 읽고 쓰며, 각 값은 연산의 일부로서 자동으로 int16으로 변환되어 저장된다. 이 외에도 유사한 부분들이 더 있다.

 일반 배열과 달리 타입 배열의 크기는 length 프로퍼티를 사용하여 변경할 수 없다. length 프로퍼티는 읽기 전용이므로, non-strict 모드에서는 값을 변경하려는 시도가 모두 무시되고 strict 모드에서는 에러가 발생한다.

10.4.1 공통 메서드

타입 배열은 일반 배열과 기능적으로 동등한 메서드를 많이 가지고 있다. 다음에 나열된 배열 메서드는 모두 타입 배열에서 사용할 수 있다.

copyWithin()	entries()	fill()	filter()
find()	findIndex()	forEach()	indexOf()
join()	keys()	lastIndexOf()	map()
reduce()	reduceRight()	reverse()	slice()
some()	sort()	values()	

이 메서드는 Array.prototype의 메서드들과 유사하게 동작하지만 정확하게 같지는 않다는 것을 명심하자. 타입 배열의 메서드는 배열을 반환할 때 숫자 타입의 안전성을 추가로 검사하고, 일반 배열 대신 타입 배열을 반환한다(Symbol. species 때문). 다음 예제에서 그 차이를 확인할 수 있다.

```
let ints = new Int16Array([25, 50]),
    mapped = ints.map(v => v * 2);

console.log(mapped.length);        // 2
console.log(mapped[0]);            // 50
console.log(mapped[1]);            // 100

console.log(mapped instanceof Int16Array);  // true
```

이 코드는 ints의 값을 기반으로 새 배열을 만들기 위해 map() 메서드를 사용한
다. map()에 전달된 함수는 배열에서 각 값에 2를 곱하여 새로운 Int16Array를
반환한다.

10.4.2 동일한 이터레이터들

타입 배열은 일반 배열과 마찬가지로 세 개의 이터레이터를 가진다. 바로
entries()와 keys(), values() 메서드이다. 이는 타입 배열에도 일반 배열처럼 전
개 연산자와 for-of 반복문을 사용할 수 있다는 의미이다. 다음 예제를 살펴보자.

```
let ints = new Int16Array([25, 50]),
    intsArray = [...ints];

console.log(intsArray instanceof Array);    // true
console.log(intsArray[0]);                  // 25
console.log(intsArray[1]);                  // 50
```

이 코드는 타입 배열 ints와 동일한 데이터를 가진 새 배열 intsArray를 만든다.
다른 이터러블처럼 전개 연산자는 타입 배열을 일반 배열로 쉽게 변환한다.

10.4.3 of()와 from() 메서드

추가로, 모든 타입 배열은 Array.of()와 Array.from() 메서드처럼 동작하는 정적
of()와 from()을 가진다. 차이점은 타입 배열의 메서드는 일반 배열 대신 타입
배열을 반환한다는 것이다. 다음 예제에서는 타입 배열을 만들 때 이 메서드를
사용한다.

```
let ints = Int16Array.of(25, 50),
    floats = Float32Array.from([1.5, 2.5]);

console.log(ints instanceof Int16Array);      // true
console.log(floats instanceof Float32Array);  // true

console.log(ints.length);       // 2
console.log(ints[0]);           // 25
console.log(ints[1]);           // 50

console.log(floats.length);     // 2
console.log(floats[0]);         // 1.5
console.log(floats[1]);         // 2.5
```

이 예제에서 of()와 from() 메서드는 각각 Int16Array와 Float32Array를 만든다. 이 메서드는 타입 배열을 일반 배열만큼 쉽게 만들 수 있도록 해준다.

10.5 타입 배열과 일반 배열의 차이점

타입 배열과 보통 배열의 가장 중요한 차이점은 타입 배열은 일반 배열이 아니라는 것이다. 타입 배열은 Array를 상속하지 않으며 Array.isArray()에 전달되면 false가 반환된다. 다음 예제를 살펴보자.

```
let ints = new Int16Array([25, 50]);

console.log(ints instanceof Array);    // false
console.log(Array.isArray(ints));      // false
```

ints 변수는 타입 배열이기 때문에 Array의 인스턴스가 아니며 배열로 식별될 수 없다. 타입 배열과 일반 배열은 매우 유사하지만, 많은 부분에서 다르게 동작하기 때문에 이 차이는 중요하다.

10.5.1 동작에서의 차이점

일반 배열은 조작을 통해 크기가 늘어나거나 줄어들 수 있지만 타입 배열은 항상 같은 크기를 유지한다. 또한 일반 배열에서는 존재하지 않는 숫자 인덱스에 값을 할당할 수 있지만 타입 배열에서는 값을 할당하는 연산을 무시하기 때문에 불가능하다. 다음 예제를 살펴보자.

```
let ints = new Int16Array([25, 50]);

console.log(ints.length);    // 2
console.log(ints[0]);        // 25
console.log(ints[1]);        // 50

ints[2] = 5;

console.log(ints.length);    // 2
console.log(ints[2]);        // undefined
```

이 예제에서 숫자 인덱스 2에 값 5를 할당했지만 여전히 ints 배열의 크기는 늘어나지 않는다. length는 그대로 남아 있고 값은 버려진다.

타입 배열은 또한 유효한 데이터 타입만 사용되도록 보장하기 위해 검사를 수행한다. 0은 유효하지 않은 값을 대체할 때 사용된다. 다음 예제를 살펴보자.

```
let ints = new Int16Array(["hi"]);

console.log(ints.length);      // 1
console.log(ints[0]);          // 0
```

이 코드는 Int16Array에 문자열 값 "hi"를 사용하려 시도한다. 물론 문자열은 타입 배열에서 유효하지 않은 데이터 타입이므로 대신 0이 삽입된다. 배열의 length는 1이고 ints[0]은 존재하지만 0을 포함한다.

타입 배열에 값을 수정하는 모든 메서드에도 같은 제한이 강제된다. 예를 들어, map()에 전달된 함수가 타입 배열에 유효하지 않은 값을 반환하면 그때 유효하지 않은 값 대신 0이 사용된다.

```
let ints = new Int16Array([25, 50]),
    mapped = ints.map(v => "hi");

console.log(mapped.length);           // 2
console.log(mapped[0]);               // 0
console.log(mapped[1]);               // 0

console.log(mapped instanceof Int16Array);  // true
console.log(mapped instanceof Array);       // false
```

문자열 값 "hi"는 16비트 정수가 아니기 때문에 결과 배열에는 0으로 대체된 값이 들어간다. 이러한 에러 교정 동작 덕분에 타입 배열 메서드는 유효하지 않은 데이터가 제공될 때 에러를 발생시키지 않는데, 이는 유효하지 않은 데이터가 배열에 결코 할당될 수 없기 때문이다.

10.5.2 이용할 수 없는 메서드

타입 배열은 일반 배열과 유사한 메서드를 많이 가지고 있지만, 몇 가지 메서드는 가지고 있지 않다. 다음에 나열된 메서드는 타입 배열에서 이용할 수 없다.

concat()	pop()	push()	shift()
splice()	unshift()		

이 리스트의 메서드는 concat() 메서드를 제외하면 모두 배열의 크기를 변경하는 메서드이다. 타입 배열은 크기를 변경할 수 없으므로 배열의 크기를 변경하

는 메서드를 타입 배열에 이용할 수 없다. concat() 메서드 또한 이용할 수 없는 데, 그 이유는 두 타입 배열을 연결한 결과가(특히 다른 데이터 타입을 처리해야 하는 경우) 불분명하고, 이는 처음부터 타입 배열을 사용하려는 목적과 모순되기 때문이다.

10.5.3 추가적인 메서드

마지막으로 타입 배열은 일반 배열에는 존재하지 않는 set()과 subarray()라는 두 개의 메서드를 가진다. 이 두 메서드에서 set()은 다른 배열을 이미 존재하는 타입 배열에 복사하는데 반해, subarray()는 이미 존재하는 타입 배열의 일부를 추출하여 새로운 타입 배열을 만든다는 점에서 반대로 동작한다.

set() 메서드는 배열(타입 배열과 일반 배열 모두)과 데이터를 삽입할 오프셋을 선택적 인자로 받는다. 만약 아무것도 전달하지 않으면 오프셋은 기본적으로 0이다. 배열 인자의 데이터는 유효한 데이터 타입이 사용된 경우만 타깃이 되는 타입 배열에 복사된다. 다음 예제를 살펴보자.

```
let ints = new Int16Array(4);

ints.set([25, 50]);
ints.set([75, 100], 2);

console.log(ints.toString());    // 25,50,75,100
```

이 코드는 네 개의 요소를 가진 Int16Array를 만든다. 처음 set() 호출은 두 값을 배열의 첫 번째와 두 번째 요소에 복사한다. 두 번째 set() 호출은 두 값이 배열의 세 번째 요소에서부터 위치하도록 가리키는 오프셋 2를 사용한다.

subarray() 메서드는 선택적으로 시작과 끝 인덱스(slice() 메서드에서처럼 끝 인덱스는 제외됨)를 받고 새 타입 배열을 반환한다. 타입 배열의 복사본을 만들기 위해 두 인자를 생략할 수도 있다. 다음 예제를 살펴보자.

```
let ints = new Int16Array([25, 50, 75, 100]),
    subints1 = ints.subarray(),
    subints2 = ints.subarray(2),
    subints3 = ints.subarray(1, 3);

console.log(subints1.toString());    // 25,50,75,100
console.log(subints2.toString());    // 75,100
console.log(subints3.toString());    // 50,75
```

이 예제에서 세 타입 배열은 원본 배열인 ints로부터 만들어졌다. subints1 배열은 ints와 같은 정보를 포함하는 복사본이다. subints2 배열은 인덱스 2부터 데이터를 복사하기 시작하기 때문에, ints 배열의 마지막 두 요소(75와 100)만 포함한다. subints3 배열은 subarray()가 호출될 때 처음 인덱스와 끝 인덱스를 전달했으므로 ints 배열 중간의 두 요소만 포함한다.

10.6 요약

ECMAScript 6에서는 ECMAScript 5의 작업에 이어서 배열을 더욱 유용하게 만들었다. Array.of()와 Array.from() 메서드를 사용하여 배열을 만드는 두 가지 방법도 새 기능에 포함되었다. Array.from() 메서드를 사용하면 이터러블과 유사 배열 객체도 배열로 변환할 수 있다. 두 메서드는 파생 배열 클래스에 의해 상속되며, 어떤 타입이 반환되어야 하는지 결정하기 위해 Symbol.species 프로퍼티를 사용한다(다른 상속된 메서드도 배열을 반환할 때 Symbol.species를 사용한다).

또한 배열에 몇 가지 새로운 메서드가 도입되었다. fill()과 copyWithin() 메서드는 특정 위치의 배열 요소를 대체하도록 해준다. find()와 findIndex() 메서드는 특정 기준에 맞는 배열의 첫 번째 요소를 찾을 때 유용하다. find()는 기준에 맞는 첫 요소를 반환하고, findIndex()는 기준에 맞는 요소의 인덱스를 반환한다.

타입 배열은 Array를 상속하지 않기 때문에 엄밀히 말하면 배열이 아니지만, 배열과 많은 부분에서 유사하게 동작한다. 타입 배열은 여덟 가지 다른 숫자 데이터 타입 중 하나를 포함하고, 숫자 또는 연속된 숫자들의 내부 비트를 나타내는 ArrayBuffer 객체를 기반으로 한다. 타입 배열은 자바스크립트 숫자 타입처럼 값의 형식이 변환되지 않기 때문에, 산술 비트 연산을 수행하는 데 더 효율적이다.

11장

프로미스와 비동기 프로그래밍

비동기 프로그래밍을 쉽게 처리할 수 있다는 점은 자바스크립트의 가장 강력한 부분 중 하나이다. 웹을 위해 만들어진 언어이기 때문에, 자바스크립트에서는 처음부터 클릭과 키 입력 같은 비동기적인 사용자 인터랙션에 반응할 필요가 있었다. Node.js는 이벤트 대신 콜백을 사용하여 자바스크립트 비동기 프로그래밍을 더욱 대중화했다. 그러나 더 많은 프로그램들이 비동기 프로그래밍을 사용하여 제작되면서 이벤트와 콜백만으로는 개발자가 원하는 모든 것을 충분히 지원할 수 없었다. 프로미스는 이런 문제에 대한 해결책이다.

프로미스는 비동기 프로그래밍을 위한 또 하나의 선택지이고, 다른 언어의 future와 deferred처럼 동작한다. 프로미스는 이벤트와 콜백처럼 나중에 실행될 코드를 명시하지만, 코드 실행의 결과가 성공인지 실패인지 또한 명시적으로 가리킨다. 성공인지 실패인지에 기초한 여러 개의 프로미스를 연결하여, 이해하기 쉽고 디버깅하기 쉽도록 코드를 단순하게 만들 수 있다.

이 장에서는 프로미스가 어떻게 동작하는지 살펴본다. 그러나 프로미스를 보다 잘 이해하기 위해서는 먼저 몇 가지 기본 개념을 이해하는 것이 중요하다.

11.1 비동기 프로그래밍 배경 지식

자바스크립트 엔진은 싱글 스레드 이벤트 루프 개념을 기반으로 한다. 싱글 스레드는 한 번에 한개의 코드만 실행된다는 의미이다. 이는 여러 개의 스레드가 코드를 동시에 실행되도록 해주는 Java나 C++ 같은 언어와 대조된다.

여러 개의 코드가 상태에 접근하여 변경할 수 있을 때 그 상태를 유지하고 보호하는 것은 어려운 문제이며, 스레드 기반 소프트웨어에서 잦은 버그의 원인이 된다.

자바스크립트 엔진은 한 번에 한 개의 코드만 실행할 수 있으므로 실행 예정인 코드를 추적할 필요가 있다. 실행 예정인 코드는 작업큐에 유지된다. 코드는 실행될 준비가 될 때마다 작업큐에 추가된다. 자바스크립트 엔진이 코드 실행을 마치면, 이벤트 루프는 큐에서 다음 작업을 꺼내 실행한다. 이벤트 루프는 자바스크립트 엔진 내의 프로세스이며, 코드 실행을 감시하고 작업큐를 관리한다. 큐처럼 첫 작업에서 마지막 작업까지 실행된다는 것을 명심하자.

11.1.1 이벤트 모델

한 사용자가 버튼을 클릭하거나 키보드의 키를 눌렀을 때 onclick 같은 이벤트가 발생한다. 이 이벤트는 작업큐의 맨 뒤에 새로운 작업을 추가하여 인터랙션에 응답할 것이다. 이는 자바스크립트의 가장 기초적인 비동기 프로그래밍 형태이다. 이벤트 핸들러 코드는 이벤트가 발생될 때까지 실행되지 않고, 실행되면 적절한 컨텍스트를 가진다. 다음 예제를 살펴보자.

```
let button = document.getElementById("my-btn");
button.onclick = function(event) {
    console.log("Clicked");
};
```

이 코드에서 console.log("Clicked")는 button이 클릭될 때까지 실행되지 않을 것이다. button이 클릭되면 onclick에 할당된 함수는 작업큐의 뒤에 추가되고, 추가된 함수의 앞에 다른 작업들이 모두 완료된 후에 실행될 것이다.

간단한 인터랙션을 위한 이벤트는 잘 동작하지만, 연결된 여러 개의 개별 비동기 호출은 각 이벤트에 대한 이벤트 타깃(이 예제에서는 button)을 추적해야 하기 때문에 더욱 복잡하다. 추가로 처음 이벤트가 발생하기 전에 적절한 이벤트 핸들러가 모두 추가되었는지도 보장할 필요가 있다. 예를 들어 onclick이 할당되기 전에 button이 클릭되면 아무런 일도 일어나지 않을 것이다. 그러므로 이벤트는 사용자 인터랙션에 대한 응답이나 그와 유사한 기능에 유용하지만, 더 복잡한 요구사항에는 유연하지 않다.

11.1.2 콜백 패턴

Node.js는 콜백을 대중화하여 비동기 프로그래밍 모델을 발전시켰다. 콜백 패턴은 비동기 코드가 특정 시점까지 실행되지 않는다는 점에서는 이벤트 모델과 유사하다. 반면 다음 예제처럼, 호출할 함수가 인자로 전달되는 차이가 있다.

```
readFile("example.txt", function(err, contents) {
    if (err) {
        throw err;
    }

    console.log(contents);
});
console.log("Hi!");
```

이 예제는 Node.js의 전통적인 에러 퍼스트 콜백 스타일을 사용한다. read File() 함수는 디스크에서 (첫 인자로 명시된) 파일을 읽도록 의도되었고, 작업이 완료되면 (두 번째 인자인) 콜백을 실행한다. 만약 에러가 발생한다면 콜백의 err 인자는 에러 객체일 것이다. 그렇지 않다면 contents 인자는 문자열 파일 콘텐츠를 포함한다.

콜백 패턴을 사용하면 readFile()은 즉시 실행되기 시작하고 디스크로부터 파일을 읽기 시작할 때 멈춘다. 즉 readFile()이 호출된 후, console.log(contents)가 출력되기 전에 console.log("Hi!")가 출력된다는 의미이다.

readFile()이 실행을 완료하면, 작업큐의 맨 뒤에 콜백 함수와 콜백 함수의 인자를 가진 새로운 작업이 추가된다. 그 작업은 앞선 모든 다른 작업 완료 후 실행된다.

콜백 패턴은 여러 개의 호출 연결이 쉽기 때문에 이벤트보다 더 유연하다. 다음 예제를 살펴보자.

```
readFile("example.txt", function(err, contents) {
    if (err) {
        throw err;
    }

    writeFile("example.txt", function(err) {
        if (err) {
            throw err;
        }

        console.log("File was written!");
```

```
        });
    });
```

이 코드에서 readFile() 호출이 성공하면 또 다른 비동기 호출인 writeFile() 함
수를 실행한다. err를 검사하는 동일한 패턴이 두 함수에 모두 존재하는 것에 주
목하자. readFile() 실행이 완료되면, 에러가 발생하지 않는 경우 writeFile()
함수를 호출하는 작업을 작업큐에 추가한다. 그리고 나서 writeFile() 실행이
완료되었을 때 작업을 작업큐에 추가한다.

이 패턴은 잘 동작하지만 쉽게 콜백 헬(callback hell)에 빠질 수 있다. 콜백 헬
은 다음 예제처럼 너무 많은 콜백이 중첩되었을 때 발생한다.

```
method1(function(err, result) {

    if (err) {
        throw err;
    }

    method2(function(err, result) {

        if (err) {
            throw err;
        }

        method3(function(err, result) {

            if (err) {
                throw err;
            }

            method4(function(err, result) {

                if (err) {
                    throw err;
                }

                method5(result);
            });

        });

    });

});
```

이 예제에서처럼, 여러 개의 중첩된 메서드 호출은 이해하기 어렵고 디버깅도
어렵게 뒤얽힌 거미줄 같은 코드를 만든다. 콜백은 더 복잡한 기능을 구현하려

할 때도 문제가 있다. 만약 두 개의 비동기 연산을 병렬로 실행하고 둘 다 완료되었을 때 결과를 알기 원한다면? 만약 두 개의 비동기 연산을 동시에 실행하지만 첫 번째 연산이 완료되었을 때 결과만 알기 원한다면? 이런 경우, 여러 개의 콜백을 추적하고 연산을 정리할 필요가 있으며 프로미스는 이 문제를 크게 개선한다.

11.2 프로미스 기초

프로미스는 비동기 연산의 결과를 위한 플레이스 홀더이다. 다음 예제처럼 이벤트를 구독하거나 함수에 콜백을 전달하는 대신, 프로미스를 반환할 수 있다.

```
// readFile이 앞으로 어떤 시점에 완료할 것을 약속함
let promise = readFile("example.txt");
```

이 코드에서 readFile()은 파일을 즉시 읽기 시작하지 않고, 나중에 읽을 것이다. 대신, 함수는 비동기 읽기 연산을 나타내는 프로미스 객체를 반환하므로 나중에 그 작업을 실행할 수 있다. 그 결과와 함께 언제 작업할 수 있는지는 전적으로 프로미스의 생명주기가 어떻게 종료되는지에 달려 있다.

11.2.1 프로미스 생명주기

각 프로미스는 비동기 연산이 아직 완료되지 않았음을 가리키는 보류(pending) 상태에서 시작하여 짧은 생명주기를 통과한다. 보류 프로미스는 미확정(un-settled) 상태로 간주된다. 앞 예제의 프로미스는 readFile() 함수가 그 프로미스를 반환하는 시점에 보류 상태에 있게 된다. 비동기 연산이 완료되면 이 프로미스는 확정(settled) 상태로 간주되고 두 가지 가능한 상태[1] 중 하나가 된다.

- 성공(Fulfilled): 프로미스의 비동기 연산이 성공적으로 완료되었다.
- 실패(Rejected): 프로미스의 비동기 연산이 에러나 다른 이유 때문에 성공적으로 완료되지 않았다.

프로미스 내부의 [[PromiseState]] 프로퍼티는 프로미스의 상태를 반영하여 "pending"이나 "fulfilled", "rejected"로 설정된다. 이 프로퍼티는 프로미스

---

[1] (옮긴이) 프로미스의 상태에 대해서는 다음 웹페이지의 그림을 참고하자.
https://developer.mozilla.org/en/docs/Web/JavaScript/Reference/Global_Objects/Promise

객체에 노출되지 않으므로 프로그램적으로 어떤 상태를 정할 수 없다. 그러나 then() 메서드를 사용하여 프로미스의 상태가 변경될 때 특정 동작을 취하도록 할 수 있다.

then() 메서드는 모든 프로미스에 존재하며 두 개의 인자를 받는다. 첫 번째 인자는 프로미스가 성공했을 때 호출할 함수다. 비동기 연산과 관련된 추가적인 데이터는 성공 함수로 전달된다. 두 번째 인자는 프로미스가 실패했을 때 호출할 함수다. 성공 함수와 유사하게, 실패 함수에는 실패와 관련된 추가적인 데이터가 전달된다.

 앞 문단에서 설명한 then() 메서드를 구현한 객체를 대너블(thenable)이라 부른다. 모든 프로미스는 대너블이지만 모든 대너블이 프로미스는 아니다.

then()의 두 인자는 선택적이므로, 어떤 성공과 실패 조합도 받을 수 있다. 다음 예제에서 then() 호출 방식을 살펴보자.

```
let promise = readFile("example.txt");

promise.then(function(contents) {
    // 성공 시
    console.log(contents);
}, function(err) {
    // 실패 시
    console.error(err.message);
});

promise.then(function(contents) {
    // 성공 시
    console.log(contents);
});

promise.then(null, function(err) {
    // 실패 시
    console.error(err.message);
});
```

세 가지 then()은 모두 같은 프로미스에서 호출된다. 첫 번째 호출은 성공과 실패를 모두 처리한다. 두 번째 호출은 성공만 처리하고 에러가 발생해도 아무런 동작을 하지 않는다. 세 번째 호출은 실패만 처리하고 성공에 대해서는 아무런 동작을 하지 않는다.

또한 프로미스는 실패 핸들러만 받는 then()과 동일하게 동작하는 catch() 메서드를 가진다. 예를 들어, 다음 예제의 catch()와 then()은 기능적으로 동일하다.

```
promise.catch(function(err) {
    // 실패 시
    console.error(err.message);
});

// 다음과 같음

promise.then(null, function(err) {
    // 실패 시
    console.error(err.message);
});
```

then()과 catch() 메서드는 비동기 연산의 결과를 적절하게 처리하기 위해 조합하여 사용되도록 의도되었다. 이 시스템은 연산이 성공했는지 실패했는지 명확하게 나타내기 때문에 이벤트와 콜백을 사용하는 것보다 낫다(이벤트는 에러가 있으면 발생하지 않고, 콜백은 항상 에러 인자 검사를 수행해야만 한다). 만약 프로미스에 실패 핸들러를 추가하지 않으면 실패 시에 아무런 처리도 되지 않는다는 것을 명심하자. 실패에 대한 로그만 남기더라도 실패 핸들러를 항상 추가해야 한다.

프로미스가 이미 확정 상태가 된 후 작업큐에 추가되었더라도 성공이나 실패 핸들러는 여전히 실행될 것이다. 이는 언제든지 새로운 성공핸들러나 실패 핸들러를 추가할 수 있으며 그에 대한 호출을 보장한다는 의미이다. 다음 예제를 살펴보자.

```
let promise = readFile("example.txt");

// 원본 성공 핸들러
promise.then(function(contents) {
    console.log(contents);

    // 또 다른 성공 핸들러 추가
    promise.then(function(contents) {
        console.log(contents);
    });
});
```

이 코드에서 성공 핸들러는 같은 프로미스에 또 다른 성공 핸들러를 추가한다. 그 시점에 프로미스는 이미 성공했으므로 새로운 성공 핸들러는 작업큐에 추가되며 큐에서 다른 모든 실행중인 작업이 완료되었을 때 호출된다. 실패 핸들러도 같은 방식으로 동작한다.

 각각의 then()이나 catch() 호출은 프로미스가 처리되었을 때 실행할 새로운 작업을 만든다. 그러나 엄밀히 말하면 이런 작업들은 프로미스를 위해 예약된 작업큐에 분리되어 추가된다. 일반적인 작업큐가 어떻게 동작하는지 이해하기만 한다면, 프로미스를 사용하는 방법을 이해하는 데 이 두 번째 작업큐의 자세한 내용은 그리 중요치 않다.

11.2.2 미확정 프로미스 만들기

새로운 프로미스는 Promise 생성자를 사용하여 만든다. 이 생성자는 프로미스 초기화 코드를 포함하는 실행자(executor) 함수 하나를 인자로 받는다. 이 실행자에는 resolve()와 reject()라 명명된 두 함수가 인자로 전달된다. resolve() 함수는 프로미스의 실행자가 성공적으로 실행 완료되었을 때 처리될 준비가 되었다는 신호를 보내기 위해 호출되는데 반해, reject() 함수는 실행자가 실패했음을 나타낸다.

이 장에서 이미 살펴본 readFile() 함수를 Node.js의 프로미스를 사용하여 구현한 예제를 살펴보자.

```
// Node.js 예제

let fs = require("fs");

function readFile(filename) {
    return new Promise(function(resolve, reject) {

        // 비동기 연산 수행
        fs.readFile(filename, { encoding: "utf8" }, function(err, contents) {

        // 에러 검사
            if (err) {
                reject(err);
                return;
            }

            // 성공시 수행
            resolve(contents);

        });
    });
}

let promise = readFile("example.txt");
```

```
// 성공과 실패에 모두 대응
promise.then(function(contents) {
    // 성공 시
    console.log(contents);
}, function(err) {
    // 실패 시
    console.error(err.message);
});
```

이 예제에서 비동기 호출인 Node.js의 `fs.readFile()`를 프로미스가 감싸고 있다. 실행자는 reject() 함수에 에러 객체를 전달하거나 resolve() 함수에 파일 콘텐츠를 전달한다.

readFile()이 호출되는 즉시 실행자가 실행됨을 명심하자. resolve()나 reject()가 실행자 내에서 호출되면 프로미스를 처리하기 위해 작업큐에 작업이 추가된다. 이를 작업 스케줄링이라고 부르며, 만약 이전에 setTimeout()이나 setInterval() 함수를 사용해본 적이 있다면 익숙할 것이다. 작업 스케줄링에서는 "지금 바로 실행하는 게 아니라 나중에 실행해"라고 하기 위해 작업큐에 새로운 작업을 추가한다. 예를 들어 setTimeout() 함수는 작업이 큐에 추가되기 전에 약간의 딜레이를 줄 수 있도록 한다.

```
// 500ms 후 작업큐에 이 함수를 추가
setTimeout(function() {
    console.log("Timeout");
}, 500);

console.log("Hi!");
```

이 코드는 작업이 500ms 후 작업큐에 추가되도록 스케줄링한다. 두 개의 console.log() 출력은 다음과 같다.

```
Hi!
Timeout
```

setTimeout()에 전달된 함수는 500ms 지연 때문에 console.log("Hi!")보다 늦게 실행된다.

프로미스도 유사하게 동작한다. 프로미스 실행자는 소스코드의 프로미스 실행자 이후 코드보다 먼저 실행된다. 다음 예제를 살펴보자.

```
let promise = new Promise(function(resolve, reject) {
    console.log("Promise");
    resolve();
});

console.log("Hi!");
```

이 코드의 출력은 다음과 같다.

```
Promise
Hi!
```

resolve() 호출은 비동기 연산을 작동시킨다. then()과 catch()에 전달된 함수는 작업큐에 추가되기 때문에 비동기로 실행된다. 다음 예제를 살펴보자.

```
let promise = new Promise(function(resolve, reject) {
    console.log("Promise");
    resolve();
});

promise.then(function() {
    console.log("Resolved.");
});

console.log("Hi!");
```

이 예제의 출력은 다음과 같다.

```
Promise
Hi!
Resolved
```

then() 호출이 console.log("Hi!")보다 앞에 있지만, (실행자와 달리) 바로 실행되지 않음에 주목해야 한다. 그 이유는 실행자가 실행을 완료한 후 성공과 실패 핸들러가 항상 작업큐의 맨 뒤에 추가되기 때문이다.

11.2.3 확정 프로미스 만들기

Promise 생성자는 미확정 프로미스를 만들기 위한 최적의 방법이며, 이는 프로미스 실행자가 실행을 동적으로 하는 특징 때문이다. 그러나 프로미스가 한 가지 값만 표현하길 원한다면, 단순히 resolve() 함수에 값을 전달하는 작업을 스케줄링하는 것은 의미가 없다. 대신 특정 값이 주어진 확정 프로미스를 만들기 위해 두 메서드 중 하나를 선택하여 사용할 수 있다.

Promise.resolve() 사용하기

Promise.resolve() 메서드는 하나의 인자를 받고 성공 상태의 프로미스를 반환한다. 이는 작업 스케줄링이 일어나지 않는다는 의미이며, 값을 얻기 위해서는 프로미스에 하나 이상의 성공 핸들러를 추가할 필요가 있다. 다음 예제를 살펴보자.

```
let promise = Promise.resolve(42);

promise.then(function(value) {
    console.log(value);        // 42
});
```

이 코드는 성공한 프로미스를 만들기 때문에 성공 핸들러는 value에서 42를 얻는다. 만약 실패 핸들러가 이 프로미스에 추가되었다면, 절대로 실패한 상태가 되지 않을 것이므로 호출되지 않을 것이다.

Promise.reject() 사용하기

또한 Promise.reject() 메서드를 사용하여 실패한 프로미스를 만들 수 있다. 이는 실패한 상태로 프로미스를 만드는 것만 제외하면 Promise.resolve()와 유사하게 동작한다. 다음 예제를 살펴보자.

```
let promise = Promise.reject(42);

promise.catch(function(value) {
    console.log(value);        // 42
});
```

이 프로미스에 추가된 실패 핸들러는 어떤 것이든 호출되지만 성공 핸들러는 호출되지 않을 것이다.

 Promise.resolve()나 Promise.reject() 메서드 중 하나에 프로미스를 전달하면, 그 프로미스는 변경없이 그대로 반환된다.

프로미스가 아닌 대너블

Promise.resolve()와 Promise.reject() 둘 다 인자로 프로미스가 아닌 대너블 (thenable)도 받을 수 있다. 프로미스가 아닌 대너블이 전달되면 이 메서드는 then() 함수 이후에 호출되는 새로운 프로미스를 만든다.

프로미스가 아닌 대너블은 resolve와 reject 인자를 받는 then() 메서드를 가진 객체이다. 다음 예제를 살펴보자.

```
let thenable = {
    then: function(resolve, reject) {
        resolve(42);
    }
};
```

이 예제에서 thenable 객체는 then() 메서드 외에 프로미스와 관련된 특징이 없다. thenable을 성공한 프로미스로 변경하기 위해 Promise.resolve()를 호출할 수 있다.

```
let thenable = {
    then: function(resolve, reject) {
        resolve(42);
    }
};

let p1 = Promise.resolve(thenable);
p1.then(function(value) {
    console.log(value);    // 42
});
```

이 예제에서 Promise.resolve()는 thenable.then()을 호출하여 프로미스 상태를 결정할 수 있다. thenable의 프로미스는 성공한 상태가 되는데 이는 then() 메서드 내에 resolve(42)가 호출되기 때문이다. p1이라는 새로운 프로미스는 thenable에서 전달받은 값(즉, 42)과 함께 성공한 상태로 만들어지며, p1 성공 핸들러는 값으로 42를 받는다.

Promise.resolve()를 사용하여 같은 방식으로 대너블에서 실패한 프로미스를 만들 수 있다.

```
let thenable = {
    then: function(resolve, reject) {
        reject(42);
```

```
    }
};

let p1 = Promise.resolve(thenable);
p1.catch(function(value) {
    console.log(value);      // 42
});
```

이 예제는 thenable이 실패한 것만 제외하면 앞의 예제와 유사하다. thenable.
then()을 실행하면 값으로 42를 가지고 실패한 상태인 새로운 프로미스가 만들
어진다. 이 값은 p1의 실패 핸들러에 전달된다.

이처럼 Promise.resolve()와 Promise.reject()는 프로미스가 아닌 대너블과
도 잘 동작한다. 많은 라이브러리들은 ECMAScript 6에 프로미스가 도입되기 전
부터 대너블을 사용했으므로, 대너블을 프로미스 형태로 변경해주는 기능은 이
미 존재하는 라이브러리와의 호환을 위해서 매우 중요하다. 객체가 프로미스인
지 확신하지 못하겠다면, (예상되는 결과에 따라) Promise.resolve()나 Promise.
reject()에 객체를 전달하는 것이 프로미스를 알아내는 좋은 방법이며, 그 이유
는 프로미스일 경우 변경 없이 전달될 것이기 때문이다.

11.2.4 실행자 에러

만약 실행자에서 에러가 발생하면 프로미스의 실패 핸들러가 호출된다. 다음 예
제를 살펴보자.

```
let promise = new Promise(function(resolve, reject) {
    throw new Error("Explosion!");
});

promise.catch(function(error) {
    console.log(error.message);      // "Explosion!"
});
```

이 코드에서 실행자는 의도적으로 에러를 발생시킨다. 모든 실행자는 내부적으
로 try-catch를 가지고 있으므로 에러를 잡고 에러 객체를 실패 핸들러에 전달
한다. 앞의 예제는 다음과 동일하다.

```
let promise = new Promise(function(resolve, reject) {
    try {
        throw new Error("Explosion!");
    } catch (ex) {
```

```
            reject(ex);
        }
    });

    promise.catch(function(error) {
        console.log(error.message);        // "Explosion!"
    });
```

실행자는 일반적인 사용례를 단순화하기 위해 발생한 에러를 처리하지만, 실행자에서 발생한 에러는 실패 핸들러가 존재할 때만 전달된다. 그렇지 않으면 에러는 숨겨진다. 이러한 부분은 프로미스 사용 초기부터 개발자들에게 문제가 되었고, 자바스크립트 환경에서는 실패한 프로미스를 처리하기 위한 훅을 제공하여 이 문제를 해결한다.

11.3 전역 프로미스 실패 처리

프로미스에서 가장 논란이 되는 부분은 프로미스가 실패 핸들러 없이 실패했을 때 발생하는 암묵적인 실패이다. 일부 개발자는 이를 자바스크립트 명세의 가장 큰 결함으로 간주하며, 그 이유는 자바스크립트 언어에서 유일하게 에러를 식별할 수 없게 하기 때문이다.

프로미스 실패가 처리되었는지 판단하는 것은 프로미스의 특성 때문에 간단하지 않다. 다음 예제를 살펴보자.

```
let rejected = Promise.reject(42);

// 이 시점에는 실패가 처리되지 않음

// 어느 정도 시간이 흐른 후...
rejected.catch(function(value) {
    // 이제 실패가 처리됨
    console.log(value);
});
```

then()이나 catch()는 어떤 시점에든 호출할 수 있고, 프로미스가 확정되거나 확정되지 않았는지에 상관없이 올바르게 동작하며, 이는 프로미스가 언제 처리될 것인지 정확히 알기 어렵게 만든다. 이 경우 프로미스는 즉시 실패하지만 특정 시점까지 처리되지 않는다.

ECMAScript의 향후 버전에서 이 문제를 해결할 가능성이 있겠지만, Node.js와 브라우저에서는 개발자의 어려움을 해결하기 위해 실패 처리를 구현해왔다.

이는 ECMAScript 6 명세의 일부가 아니며 프로미스를 사용할 때 이용할 수 있는 유용한 도구이다.

11.3.1 Node.js 실패 처리

Node.js는 프로미스 실패 처리와 관련된 process 객체에서 두 개의 이벤트를 발생시킨다.

- unhandledRejection: 프로미스가 실패하고 같은 이벤트 루프 턴에서 실패 핸들러가 호출되지 않으면 발생
- rejectionHandled: 프로미스가 실패하고 이벤트 루프의 턴 이후 실패 핸들러가 호출되면 발생

이러한 이벤트들은 실패하고 처리되지 않은 프로미스를 식별하여 처리할 수 있도록 설계되었다. unhandledRejection 이벤트 핸들러에는 인자로 실패 이유(주로 에러 객체)와 실패한 프로미스가 전달된다. 다음 코드에서 unhandledRejection의 동작을 살펴보자.

```
let rejected;

process.on("unhandledRejection", function(reason, promise) {
    console.log(reason.message);          // "Explosion!"
    console.log(rejected === promise);    // true
});

rejected = Promise.reject(new Error("Explosion!"));
```

이 예제는 에러 객체를 전달하여 실패한 프로미스를 만들고 unhandledRejection 이벤트를 구독한다. 이벤트 핸들러는 첫 번째 인자로 에러 객체를 받고 두 번째 인자로 프로미스를 받는다.

rejectionHandled 이벤트 핸들러는 한 개의 인자만 받는데, 실패한 프로미스이다. 다음 예제를 살펴보자.

```
let rejected;

process.on("rejectionHandled", function(promise) {
    console.log(rejected === promise);            // true
});

rejected = Promise.reject(new Error("Explosion!"));
```

```
    // 실패 핸들러 추가를 기다림
setTimeout(function() {
    rejected.catch(function(value) {
        console.log(value.message);      // "Explosion!"
    });
}, 1000);
```

이 예제에서 rejectionHandled 이벤트는 실패 핸들러가 최종적으로 호출되었을 때 발생한다. 만약 실패 핸들러가 rejected가 만들어진 후 rejected에 직접 연결되었다면, 이 이벤트는 발생하지 않았을 것이다. 즉, 실패 핸들러가 rejected가 만들어진 이벤트 루프와 같은 턴에서 호출되는 경우, 유용하지 않다.

처리되지 않을 가능성이 있는 실패를 적절히 추적하려면, rejectionHandled와 unhandledRejection 이벤트를 사용해 그 실패들의 리스트를 저장해야 한다. 그러고 나서 리스트를 검사하기 위해서 약간의 시간을 기다려야 한다. 다음 예제를 살펴보자.

```
let possiblyUnhandledRejections = new Map();

// 실패가 처리되지 않았을 때, Map에 실패를 추가
process.on("unhandledRejection", function(reason, promise) {
    possiblyUnhandledRejections.set(promise, reason);
});

process.on("rejectionHandled", function(promise) {
    possiblyUnhandledRejections.delete(promise);
});

setInterval(function() {

    possiblyUnhandledRejections.forEach(function(reason, promise) {
        console.log(reason.message ? reason.message : reason);

        // 이 실패를 처리하기 위한 작업 수행
        handleRejection(promise, reason);
    });

    possiblyUnhandledRejections.clear();

}, 60000);
```

이 코드는 프로미스와 실패 이유를 저장하기 위해 Map을 사용한다. 각 프로미스는 키이고 프로미스의 이유는 값이 된다. unhandledRejection 이벤트가 발생할 때마다 프로미스와 실패 이유는 Map에 추가된다. rejectionHandled 이벤트가 발생할 때마다 Map에서 처리된 프로미스가 제거된다. 결과적으로

possiblyUnhandledRejections는 이벤트가 호출될 때마다 늘어나고 줄어든다. setInterval() 호출은 처리되지 않을 가능성이 있는 실패 리스트를 주기적으로 검사하고 콘솔에 정보를 출력한다(실제로는 로그를 남기거나 다른 방법으로 실패를 처리하려 할 것이다). 이 예제에서는 어떤 프로미스가 존재하는지 살펴보기 위해 정기적으로 검사할 필요가 있기 때문에, Weak Map 대신 Map을 사용한다.

이 예제는 Node.js에 한정되지만, 브라우저에서도 개발자에게 처리되지 않은 실패에 대해 알려주기 위해 유사 메커니즘을 구현해왔다.

11.3.2 브라우저 실패 처리

브라우저도 마찬가지로 처리되지 않은 실패를 식별하도록 돕는 두 개의 이벤트를 발생시킨다. 이 이벤트들은 window 객체에서 발생하며 Node.js와 실질적으로 동일하다.

- unhandledrejection: 프로미스가 실패하고 같은 이벤트 루프 턴에서 실패 핸들러가 호출되지 않으면 발생
- rejectionhandled: 프로미스가 실패하고 이벤트 루프의 턴 이후 실패 핸들러가 호출되면 발생

Node.js 구현에서 이벤트 핸들러는 개별적인 매개변수를 전달받지만, 브라우저의 이벤트 핸들러는 다음 프로퍼티를 가진 이벤트 객체를 받는다.

- type: 이벤트의 이름 ("unhandledrejection"이나 "rejectionhandled")
- promise: 실패한 프로미스 객체
- reason: 프로미스로부터 받은 실패 이유

브라우저 구현의 차이점은 실패 이유(reason)를 두 이벤트에서 모두 이용할 수 있다는 것이다. 다음 예제를 살펴보자.

```
let rejected;

window.onunhandledrejection = function(event) {
    console.log(event.type);                    // "unhandledrejection"
    console.log(event.reason.message);          // "Explosion!"
    console.log(rejected === event.promise);    // true
};
```

```
window.onrejectionhandled = function(event) {
    console.log(event.type);                    // "rejectionhandled"
    console.log(event.reason.message);          // "Explosion!"
    console.log(rejected === event.promise);    // true
};

rejected = Promise.reject(new Error("Explosion!"));
```

이 코드는 DOM Level 0 표기법인 onunhandledrejection과 onrejectionhandled 를 사용하여 두 이벤트 핸들러를 할당한다(취향에 따라 addEventListener("unh andledrejection")와 addEventListener("rejectionhandled")를 사용할 수도 있 다). 각 이벤트 핸들러는 실패한 프로미스에 대한 정보를 가진 이벤트 객체를 받 는다. type과 promise, reason 프로퍼티는 두 이벤트 핸들러에서 모두 이용할 수 있다.

브라우저에서 처리되지 않은 실패를 추적하는 코드는 Node.js와 매우 유사 하다.

```
let possiblyUnhandledRejections = new Map();

// 실패가 처리되지 않았을 때, Map에 실패를 추가
window.onunhandledrejection = function(event) {
    possiblyUnhandledRejections.set(event.promise, event.reason);
};

window.onrejectionhandled = function(event) {
    possiblyUnhandledRejections.delete(event.promise);
};

setInterval(function() {

    possiblyUnhandledRejections.forEach(function(reason, promise) {
        console.log(reason.message ? reason.message : reason);

        // 이 실패를 처리하기 위한 작업 수행
        handleRejection(promise, reason);
    });

    possiblyUnhandledRejections.clear();

}, 60000);
```

이 구현은 Node.js 구현과 거의 같다. 마찬가지로 프로미스와 실패 이유를 Map 에 저장하고 나중에 검사하는 접근법을 사용한다. 단 하나의 차이점은 이벤트 핸들러에서 정보를 전달 받는 위치뿐이다.

프로미스 실패를 처리하는 것이 까다롭게 느껴질 수 있지만, 이는 얼마나 프로미스가 강력한지에 비하면 작은 단점일 뿐이다. 이제 다음 단계로 여러 개의 프로미스를 연결해보자.

11.4 프로미스 연결하기

지금까지 살펴본 프로미스는 콜백과 setTimeout() 함수의 조합을 약간 개선한 것에 불과해 보이지만, 보이는 것보다 훨씬 많은 장점이 있다. 특히 복잡한 비동기 동작을 수행하기 위해 프로미스를 연결하는 여러 가지 방법이 존재한다.

각 then()이나 catch() 호출은 또 다른 프로미스를 만들어 반환한다. 이 두 번째 프로미스는 첫 번째 프로미스가 성공하거나 실패했을 때만 처리된다. 다음 예제를 살펴보자.

```
let p1 = new Promise(function(resolve, reject) {
    resolve(42);
});

p1.then(function(value) {
    console.log(value);
}).then(function() {
    console.log("Finished");
});
```

이 코드는 다음 결과를 출력한다.

```
42
Finished
```

p1.then() 호출은 then()이 호출될 때 두 번째 프로미스를 반환한다. 두 번째 then() 성공 핸들러는 첫 번째 프로미스가 처리된 후에만 호출된다. 이 예제에서 연결을 끊어서 살펴보면 다음 예제와 같다.

```
let p1 = new Promise(function(resolve, reject) {
    resolve(42);
});

let p2 = p1.then(function(value) {
    console.log(value);
})
```

```
p2.then(function() {
    console.log("Finished");
});
```

이 예제에서 p1.then()의 결과는 p2에 저장되고, p2.then()은 마지막 성공 핸들러를 추가하기 위해 호출된다. 짐작할 수 있듯이 p2.then() 호출도 프로미스를 반환하지만, 이 예제에서는 그 프로미스를 사용하지 않는다.

11.4.1 에러 처리

프로미스 연결에서는 이전 프로미스의 성공 핸들러나 실패 핸들러에서 발생한 에러를 잡을 수 있다. 다음 예제를 살펴보자.

```
let p1 = new Promise(function(resolve, reject) {
    resolve(42);
});

p1.then(function(value) {
    throw new Error("Boom!");
}).catch(function(error) {
    console.log(error.message);      // "Boom!"
});
```

이 코드에서 p1의 성공 핸들러는 에러를 발생시킨다. 두 번째 프로미스의 catch() 메서드에 연결된 호출은, 실패 핸들러를 통해 에러를 전달 받을 수 있다. 이는 실패 핸들러가 에러를 발생시켜도 마찬가지이다.

```
let p1 = new Promise(function(resolve, reject) {
    throw new Error("Explosion!");
});

p1.catch(function(error) {
    console.log(error.message);      // "Explosion!"
    throw new Error("Boom!");
}).catch(function(error) {
    console.log(error.message);      // "Boom!"
});
```

이 예제에서 실행자는 에러를 발생시키고, p1 프로미스의 실패 핸들러를 실행시킨다. 그러고 나서 이 핸들러는 다시 에러를 발생시키고, 그 에러는 두 번째 프로미스의 실패 핸들러에 의해 처리된다. 프로미스 호출은 연결된 다른 프로미스의 에러를 인지한다.

프로미스 연결 마지막에 실패 핸들러를 추가하면 어떤 발생가능한 에러든 적절하게 처리되는 것을 항상 보장할 수 있다.

11.4.2 프로미스 연결에서 값 반환하기

프로미스 연결에서 또 하나 중요한 점은 다음 프로미스에 데이터를 전달하는 기능이다. 앞에서 실행자 내부의 resolve() 핸들러로 전달된 값이 어떻게 그 프로미스의 성공 핸들러에 전달되는지는 이미 살펴봤지만, 성공 핸들러에 반환 값을 지정하여 연결을 따라 데이터를 전달할 수 있다.

다음 예제를 살펴보자.

```
let p1 = new Promise(function(resolve, reject) {
    resolve(42);
});

p1.then(function(value) {
    console.log(value);          // "42"
    return value + 1;
}).then(function(value) {
    console.log(value);          // "43"
});
```

p1의 성공 핸들러는 실행될 때 value + 1를 반환한다. value는 42(실행자로부터 전달된 값)이므로 성공 핸들러는 43을 반환한다. 이 값은 두 번째 프로미스의 성공 핸들러에 전달되어 콘솔에 출력된다.

실패 핸들러에서도 같은 작업을 할 수 있다. 실패 핸들러는 호출되었을 때 값을 반환할 수 있다. 값을 반환한다면, 그 값은 다음 예제처럼 연결의 다음 프로미스가 성공할 때 사용된다.

```
let p1 = new Promise(function(resolve, reject) {
    reject(42);
});

p1.catch(function(value) {
    console.log(value);          // "42"
    return value + 1;
}).then(function(value) {
    console.log(value);          // "43"
});
```

이 예제에서 실행자는 reject()에 42를 전달하여 호출한다. 이 값은 프로미스의 실패 핸들러로 전달되고, value + 1이 반환된다. 이 반환 값은 실패 핸들러에서 전달되었지만 다음에 연결된 프로미스의 성공 핸들러에서 사용된다. 필요한 경우 프로미스 하나가 실패해도 전체 연결을 복구하도록 할 수 있다.

11.4.3 프로미스 연결에서 프로미스 반환하기

성공 핸들러나 실패 핸들러로부터 원시값을 반환하여 프로미스 간 데이터를 전달할 수 있지만, 만약 객체를 반환해야 한다면 어떻게 해야 할까? 그 객체가 프로미스라면 이를 처리하는 추가적인 단계가 있다. 다음 예제를 살펴보자.

```javascript
let p1 = new Promise(function(resolve, reject) {
    resolve(42);
});

let p2 = new Promise(function(resolve, reject) {
    resolve(43);
});

p1.then(function(value) {
    // 첫 번째 성공 핸들러
    console.log(value);     // 42
    return p2;
}).then(function(value) {
    // 두 번째 성공 핸들러
    console.log(value);     // 43
});
```

이 코드에서 p1은 42를 전달하여 처리하는 작업을 스케줄링한다. p1의 성공 핸들러는 p2를 반환하고, 프로미스 p2는 이미 성공된 상태이다. p2는 성공했기 때문에 두 번째 성공 핸들러가 호출된다. p2가 실패했다면 두 번째 성공 핸들러 대신 실패 핸들러(만약 존재했다면)가 호출되었을 것이다.

이 패턴에서 알아둬야 할 중요한 점은 두 번째 성공 핸들러가 p2가 아니라 세 번째 프로미스에 추가되었다는 것이다. 앞에서 살펴본 예제는 다음 예제와 같다.

```javascript
let p1 = new Promise(function(resolve, reject) {
    resolve(42);
});

let p2 = new Promise(function(resolve, reject) {
    resolve(43);
```

```
});

let p3 = p1.then(function(value) {
    // 첫 번째 성공 핸들러
    console.log(value);      // 42
    return p2;
});

p3.then(function(value) {
    // 두 번째 성공 핸들러
    console.log(value);      // 43
});
```

이 코드에서 두 번째 성공 핸들러는 p2가 아니라 p3 에 연결된다는 것을 명확히 알 수 있다. 이는 미묘하지만 중요한 차이점이며, 그 이유는 만약 p2가 실패하면 두 번째 성공 핸들러가 호출되지 않을 것이기 때문이다. 다음 예제를 살펴보자.

```
let p1 = new Promise(function(resolve, reject) {
    resolve(42);
});

let p2 = new Promise(function(resolve, reject) {
    reject(43);
});

p1.then(function(value) {
    // 첫 번째 성공 핸들러
    console.log(value);      // 42
    return p2;
}).then(function(value) {
    // 두 번째 성공 핸들러
    console.log(value);          // 호출되지 않음
});
```

이 예제에서 p2가 실패했기 때문에 두 번째 성공 핸들러는 절대 호출되지 않는다. 대신 실패 핸들러를 추가할 수 있다.

```
let p1 = new Promise(function(resolve, reject) {
    resolve(42);
});

let p2 = new Promise(function(resolve, reject) {
    reject(43);
});

p1.then(function(value) {
    // 첫 번째 성공 핸들러
    console.log(value);      // 42
```

```
        return p2;
}).catch(function(value) {
    // 실패 핸들러
    console.log(value);      // 43
});
```

이제 예제의 p2가 실패하면 실패 핸들러가 호출된다. p2의 실패 값 43이 실패 핸들러에 전달된다.

프로미스 실행자가 실행되었을 때, 성공 핸들러나 실패 핸들러에서 대너블을 반환하는 것은 앞에서와 마찬가지이다. 처음 정의된 프로미스가 그 실행자를 먼저 실행하고 나서, 두 번째 프로미스 실행자가 실행될 것이다. 대너블을 반환한다는 것은 프로미스 결과에 대한 추가 응답을 정의할 수 있다는 의미이다. 즉, 성공 핸들러 내에서 새로운 프로미스를 만들어, 성공 핸들러의 실행을 연기할 수 있다. 다음 예제를 살펴보자.

```
let p1 = new Promise(function(resolve, reject) {
    resolve(42);
});

p1.then(function(value) {
    console.log(value);      // 42

    // 새로운 프로미스를 만듦
    let p2 = new Promise(function(resolve, reject) {
        resolve(43);
    });

    return p2
}).then(function(value) {
    console.log(value);      // 43
});
```

이 예제는 p1의 성공 핸들러에서 새로운 프로미스를 만든다. 이는 두 번째 성공 핸들러가 p2가 성공할 때까지 실행되지 않는다는 의미이다. 이 패턴은 또 다른 프로미스를 실행시키기 전에 이전의 프로미스가 확정될 때까지 기다리길 원할 때 유용하다.

11.5 여러 개의 프로미스에 응답하기

지금까지 이 장의 예제에서는 한 번에 하나의 프로미스 응답만 처리했다. 그러나 때때로 다음 동작을 정하기 위해 여러 개의 프로미스 진행 상태를 관찰하길 원할 수 있다. ECMAScript 6에서는 여러 개의 프로미스를 관찰할 수 있도록 Promise.all()과 Promise.race() 두 개의 메서드가 제공된다.

11.5.1 Promise.all() 메서드

Promise.all() 메서드는 관리할 프로미스들의 이터러블(배열 같은) 인자 하나를 받고, 이터러블 내 모든 프로미스가 처리된 경우에만 처리된 프로미스 하나를 반환한다. 반환된 프로미스는 다음 예제처럼 이터러블 내의 모든 프로미스가 성공했을 때 성공한다.

```
let p1 = new Promise(function(resolve, reject) {
    resolve(42);
});

let p2 = new Promise(function(resolve, reject) {
    resolve(43);
});

let p3 = new Promise(function(resolve, reject) {
    resolve(44);
});

let p4 = Promise.all([p1, p2, p3]);

p4.then(function(value) {
    console.log(Array.isArray(value));   // true
    console.log(value[0]);               // 42
    console.log(value[1]);               // 43
    console.log(value[2]);               // 44
});
```

각 프로미스는 숫자를 전달하며 성공한다. Promise.all() 호출은 프로미스 p4를 만들고, 이 프로미스는 프로미스 p1과 p2, p3가 성공했을 때 성공한다. p4의 성공 핸들러에는 각 프로미스의 처리된 값인 42와 43, 44를 포함하는 배열이 결과값으로 전달된다. 그 값들은 프로미스들이 처리된 순서대로 저장되므로, 프로미스 결과와 처리된 프로미스를 일치시킬 수 있다.

Promise.all()에 전달된 어떤 프로미스가 실패하면, 반환된 프로미스는 다른 프로미스가 완료되길 기다리지 않고 즉시 실패한다.

```
let p1 = new Promise(function(resolve, reject) {
    resolve(42);
});
```

```
let p2 = new Promise(function(resolve, reject) {
    reject(43);
});

let p3 = new Promise(function(resolve, reject) {
    resolve(44);
});

let p4 = Promise.all([p1, p2, p3]);

p4.catch(function(value) {
    console.log(Array.isArray(value))    // false
    console.log(value);                  // 43
});
```

이 예제에서 p2는 값으로 43을 전달하며 실패한다. p4의 실패 핸들러는 p1이나 p3의 실행이 완료되기를 기다리지 않고 즉시 호출된다(여전히 실행은 완료되지만, p4가 기다리지 않을 뿐이다). 실패 핸들러는 항상 배열이 아닌 하나의 값을 받고, 그 값은 실패한 프로미스의 실패 값이다. 이 예제의 경우, 실패 핸들러에는 p2의 실패를 반영하여 43이 전달된다.

11.5.2 Promise.race() 메서드

Promise.race() 메서드는 여러 개의 프로미스를 관찰하는데 약간 다른 방식을 제공한다. 이 메서드 또한 프로미스의 이터러블을 받고 프로미스 하나를 반환하지만, 반환된 프로미스는 첫 번째 프로미스가 확정되자마자 확정된다. Promise.all() 메서드처럼 모든 프로미스가 성공하기를 기다리는 대신, Promise.race() 메서드는 배열 내의 어떤 프로미스라도 성공하면 바로 그에 맞는 프로미스를 반환한다. 다음 예제를 살펴보자.

```
let p1 = Promise.resolve(42);

let p2 = new Promise(function(resolve, reject) {
    resolve(43);
});

let p3 = new Promise(function(resolve, reject) {
    resolve(44);
});

let p4 = Promise.race([p1, p2, p3]);

p4.then(function(value) {
```

```
    console.log(value);      // 42
  });
```

이 코드에서 다른 프로미스들은 작업을 스케쥴링하는 반면 p1은 성공 프로미스로 만들어진다. 그러고 나서 p4의 성공 핸들러는 42의 값을 전달받아 호출되고 다른 프로미스는 무시된다. `Promise.race()`에 전달된 프로미스들은 첫 번째 프로미스가 확정될 때까지 경쟁 상태에 놓인다. 만약 첫 번째 프로미스가 성공 상태로 확정되면, 반환된 프로미스 또한 성공한다. 반면 첫 번째 프로미스가 실패 상태로 확정되면, 반환된 프로미스 또한 실패한다. 다음 예제에서 실패한 경우를 살펴보자.

```
  let p1 = new Promise(function(resolve, reject) {
      resolve(42);
  });

  let p2 = Promise.reject(43);

  let p3 = new Promise(function(resolve, reject) {
      resolve(44);
  });

  let p4 = Promise.race([p1, p2, p3]);

  p4.catch(function(value) {
      console.log(value);      // 43
  });
```

이 예제에서 `Promise.race()`가 호출되었을 때 p2가 이미 실패 상태이기 때문에 p4 또한 실패한다. p1과 p3이 성공하더라도 이는 p2가 실패한 후에 발생하는 일이므로 무시된다.

11.6 프로미스 상속하기

다른 내장 타입처럼 파생 클래스의 기반 클래스로 프로미스를 사용할 수 있다. 이는 내장 프로미스의 기능을 확장하기 위하여 프로미스의 변형을 정의할 수 있다는 의미이다. 예를 들어, `then()`과 `catch()` 메서드에 더해 `success()`와 `failure()` 메서드를 사용할 수 있는 프로미스를 만들고 싶다고 가정해보자. 다음 예제와 같은 형태의 프로미스를 만들 수 있다.

```
class MyPromise extends Promise {

    // 기본 생성자 사용

    success(resolve, reject) {
        return this.then(resolve, reject);
    }

    failure(reject) {
        return this.catch(reject);
    }

}

let promise = new MyPromise(function(resolve, reject) {
    resolve(42);
});

promise.success(function(value) {
    console.log(value);                // 42
}).failure(function(value) {
    console.log(value);
});
```

이 예제에서 MyPromise는 Promise에서 파생되었고 두 개의 추가적인 메서드를 가진다. success() 메서드는 resolve()와 같고 failure()는 reject() 메서드와 같다. 추가된 각 메서드는 모방할 메서드를 호출하기 위해 this를 사용한다. 파생된 프로미스 함수는 success()와 failure()를 호출할 수 있다는 것을 제외하면 내장 프로미스와 동일하게 동작한다.

정적 메서드도 상속되기 때문에 파생된 메서드에는 MyPromise.resolve()와 MyPromise.reject(), MyPromise.race(), MyPromise.all() 메서드도 모두 존재한다. MyPromise.race()와 MyPromise.all() 메서드는 내장 메서드와 같지만, MyPromise.resolve()와 MyPromise.reject() 메서드는 약간 차이가 있다.

MyPromise.resolve()와 MyPromise.reject()는 프로미스가 반환하는 타입을 정하기 위해 Symbol.species 프로퍼티(209쪽 참고)를 사용하기 때문에, 전달되는 값에 상관없이 MyPromise의 인스턴스를 반환할 것이다. 내장 프로미스가 각 메서드에 전달되면 프로미스는 성공하거나 실패할 것이고, 그 메서드는 새로운 MyPromise를 반환할 것이므로 성공 핸들러와 실패 핸들러를 할당할 수 있다. 다음 예제를 살펴보자.

```
let p1 = new Promise(function(resolve, reject) {
    resolve(42);
```

```
});

let p2 = MyPromise.resolve(p1);
p2.success(function(value) {
    console.log(value);          // 42
});

console.log(p2 instanceof MyPromise);   // true
```

이 예제에서 p1은 MyPromise.resolve() 메서드에 전달되는 내장 프로미스이다. p2 는 MyPromise의 인스턴스이며, p1의 처리된 값이 p2의 성공 핸들러에 전달된다.

만약 MyPromise의 인스턴스가 MyPromise.resolve()나 MyPromise.reject() 메서드에 전달되면, 처리되지 않고 바로 반환될 것이다. 그 외에는 Promise. resolve()와 Promise.reject()와 동일하게 동작한다.

11.7 프로미스 기반 비동기 작업 실행

8장에서 제네레이터를 소개했고 다음 예제처럼 비동기 작업 실행을 위해 제네 레이터를 어떻게 사용하는지 살펴봤다.

```
let fs = require("fs");

function run(taskDef) {

    // 이터레이터를 만들고, 어디에서나 이용 가능하도록 한다
    let task = taskDef();

    // 작업을 시작한다
    let result = task.next();

    // next()를 호출하는 재귀 함수
    function step() {

        // 더 작업할 부분이 있다면
        if (!result.done) {
            if (typeof result.value === "function") {
                result.value(function(err, data) {
                    if (err) {
                        result = task.throw(err);
                        return;
                    }

                    result = task.next(data);
                    step();
                });
            } else {
```

```
                        result = task.next(result.value);
                        step();
                    }

                }
            }

        // 위 과정을 시작
        step();

    }

    // 작업 실행기를 사용하기 위한 함수 정의

    function readFile(filename) {
        return function(callback) {
            fs.readFile(filename, callback);
        };
    }

    // 작업 실행

    run(function*() {
        let contents = yield readFile("config.json");
        doSomethingWith(contents);
        console.log("Done");
    });
```

이 구현에는 몇 가지 문제점이 있다. 먼저, 함수를 반환하는 함수에 모든 함수를 감싸는 것은 혼란스럽다(심지어 이 문장조차 혼란스럽다). 두 번째로, 작업 실행기를 위한 콜백으로 의도된 함수 반환 값인지 콜백이 아닌 반환 값인지 구별할 방법이 없다.

이 과정은 각 비동기 연산이 프로미스를 반환하도록 보장하여 단순화하고 일반화할 수 있다. 다음 예제에서, 모든 비동기 코드에 공통 인터페이스로 프로미스를 사용하여 작업 실행기를 단순화시키는 방법 한 가지를 살펴보자.

```
let fs = require("fs");

function run(taskDef) {

    // 이터레이터를 만든다
    let task = taskDef();

    // 작업을 시작한다
    let result = task.next();

    // 순회를 위한 재귀 함수
    (function step() {
```

```
            // 더 작업할 부분이 있다면
            if (!result.done) {

                // result.value를 쉽게 처리된 프로미스로 만든다.
                let promise = Promise.resolve(result.value);
                promise.then(function(value) {
                    result = task.next(value);
                    step();
                }).catch(function(error) {
                    result = task.throw(error);
                    step();
                });
            }
        }());
    }

    // 작업 실행기를 사용하기 위한 함수 정의

    function readFile(filename) {
        return new Promise(function(resolve, reject) {
            fs.readFile(filename, function(err, contents) {
                if (err) {
                    reject(err);
                } else {
                    resolve(contents);
                }
            });
        });
    }

    // 작업 실행

    run(function*() {
        let contents = yield readFile("config.json");
        doSomethingWith(contents);
        console.log("Done");
    });
```

이 예제에서 run() 함수는 이터레이터를 만들기 위해 제네레이터를 실행한다. 이 함수는 작업을 시작하기 위해 task.next()를 호출하고, 이터레이터가 완료될 때까지 재귀적으로 step()을 호출한다.

step() 함수 내에 더 수행할 작업이 있다면 result.done은 false가 된다. 그 시점에 result.value는 프로미스여야 하지만, 프로미스가 아닌 함수를 반환하는 경우를 위해 Promise.resolve()를 호출한다(Promise.resolve()는 매개변수가 프로미스인 경우에는 그대로 통과시키고 프로미스가 아닌 경우에는 프로미스로 감싸서 반환한다는 것을 기억하자). 그 다음, 프로미스 값을 받아서 그 값을 다시 이터레이터에 돌려주는 성공 핸들러가 추가된다. 그리고 나서 step() 함수가 호출되기 전에 result가 다음 yield 결과에 할당된다.

실패 핸들러는 에러 객체에 어떤 실패 결과든지 저장한다. task.throw() 메서드는 다시 이터레이터에 에러 객체를 전달하고, 작업에서 에러가 감지되면 result는 다음 yield 결과에 할당된다. 마지막으로 작업을 지속하기 위해 catch() 내에서 step()을 호출한다.

이 run() 함수는 개발자에게 프로미스(또는 콜백)를 노출하지 않고, 비동기 코드를 만들기 위해 yield를 사용하는 어떤 제네레이터든지 수행할 수 있다. 사실상 함수 호출의 반환 값이 항상 프로미스로 변환되기 때문에, 이 함수는 프로미스 이외 다른 것도 반환할 수 있다. 이는 yield를 사용하여 호출되는 동기 메서드와 비동기 메서드 모두 올바르게 동작하며, 반환 값이 프로미스인지를 확인할 필요가 없다는 의미이다.

readFile()과 같은 비동기 함수가 올바르게 그 상태를 식별하는 프로미스를 반환하는지에만 신경을 쓰면 된다. Node.js 내장 메서드에서는 콜백을 사용하는 대신 프로미스를 반환하는 메서드로 변환해야만 할 것이다.

> ### 앞으로의 비동기 작업 실행
>
> 자바스크립트에서 비동기 작업을 더 간단하게 실행하기 위해, 새로운 문법 도입을 진행 중에 있다. 예를 들어, await 문법은 앞 절의 프로미스 기반 예제를 밀접하게 반영하도록 진행 중이다. 기본 아이디어는 다음 예제처럼 제네레이터 대신 async를 표시한 함수를 사용하고, 함수를 호출할 때 yield 대신 await를 사용하는 것이다.
>
> ```
> (async function() {
>     let contents = await readFile("config.json");
>     doSomethingWith(contents);
>     console.log("Done");
> });
> ```
>
> function 앞의 async 키워드는 함수가 비동기 방식으로 수행됨을 나타낸다. await 키워드는 readFile("config.json") 함수 호출이 프로미스를 반환해야 한다는 것을 표시하고, 만약 그렇지 않다면 응답을 프로미스로 감싸야 한다. 이는 앞 절의 run() 구현과 같으며, 프로미스가 실패하면 await는 에러를 발생시킬 것이고, 그렇지 않으면 프로미스로부터 값을 반환할 것이다. 최종적으로 이터레이터 기반 상태 머신을 관리하는 수고 없이 동기적인 코드처럼 비동기 코드를 작성할 수 있다.
> await 문법은 ECMAScript 2017 (ECMAScript 8)에서 마무리될 예정이다.[2]

2　(옮긴이) 공식화 되었으며 다음 링크에서 확인해볼 수 있다. *https://tc39.github.io/ecma262/#sec-async-function-definitions*

11.8 요약

프로미스는 비동기 연산에 대해 이벤트나 콜백이 할 수 있는 것보다 더 나은 제어 기능과 결합 능력을 부여하여, 자바스크립트 비동기 프로그래밍을 개선하기 위해 설계되었다. 프로미스는 작업을 자바스크립트 엔진의 작업큐에 추가하여 나중에 실행되도록 스케줄링하고, 두 번째 작업큐는 프로미스 성공 핸들러와 실패 핸들러를 추적하여 적절한 실행을 보장한다.

프로미스는 보류와 성공, 실패의 세 가지 상태를 가진다. 프로미스는 보류 상태에서 시작하고 성공적으로 실행되면 성공 상태로, 실패하면 실패 상태로 변환된다. 두 경우 모두 프로미스가 확정되는 시점을 나타내는 핸들러를 추가할 수 있다. then() 메서드는 성공 핸들러와 실패 핸들러를 할당하도록 해주고, catch() 메서드는 실패 핸들러만 할당하도록 해준다.

다양한 방법으로 프로미스를 연결할 수 있고 프로미스들 간 정보를 전달할 수 있다. then()에 대한 각 호출은 이전의 프로미스가 처리되면 처리 상태로 변환되는 새 프로미스를 만들고 반환한다. 이러한 프로미스 연결은 비동기 이벤트들에 대한 연쇄적인 응답을 처리하는데 사용될 수 있다. 또한 여러 개의 프로미스의 진행 상황을 감시하고 그에 맞게 응답하기 위해 Promise.race()와 Promise.all()을 사용할 수 있다.

비동기 작업은, 프로미스가 비동기 연산이 반환할 수 있는 공통 인터페이스를 제공하기 때문에 제네레이터와 프로미스를 조합하면 더 쉽게 실행할 수 있다. 그리고 비동기 응답을 기다리고 그에 맞게 응답하기 위해 제네레이터와 yield 연산자를 사용할 수 있다.

대부분의 새로운 웹 API는 프로미스를 기반으로 구현되고 있으며, 향후 훨씬 더 많은 것을 기대할 수 있을 것이다.

12장

프락시와 리플렉션 API

ECMAScript 5와 ECMAScript 6는 둘 다 자바스크립트의 기능을 쉽게 이해하도록 하는데 중점을 두고 개발되어 왔다. 예를 들어, ECMAScript 5 이전의 자바스크립트 환경에도 열거와 쓰기가 불가능한 객체 프로퍼티가 있었지만, 개발자들은 그러한 프로퍼티를 정의할 수 없었다. 그래서 ECMAScript 5에는 자바스크립트 엔진이 할 수 있던 작업을 개발자들도 할 수 있도록 `Object.defineProperty()` 메서드가 포함되었다.

더 나아가, ECMAScript 6에서는 이전에 내장 객체에서만 이용할 수 있던 자바스크립트 엔진 기능에 개발자들이 접근할 수 있는 방법을 제공한다. 자바스크립트에서는 저수준 자바스크립트 엔진 연산을 가로채고 변경할 수 있는 래퍼인 프락시를 제공해 객체의 내부 동작을 노출시킨다. 이 장에서는 프락시가 세부적으로 다루어야 할 문제들을 설명하고, 프락시를 효과적으로 만들고 사용할 수 있는 방법에 대해 논의한다.

12.1 배열의 문제점

ECMAScript 6 이전의 자바스크립트 배열 객체는 개발자가 정의한 객체로는 흉내낼 수 없는 방식으로 동작한다. 배열의 `length` 프로퍼티는 특정 배열 요소에 값을 할당하면 그에 영향을 받고, `length` 프로퍼티를 수정하여 배열 요소를 수정할 수 있다. 다음 예제를 살펴보자.

```
let colors = ["red", "green", "blue"];

console.log(colors.length);          // 3

colors[3] = "black";

console.log(colors.length);          // 4
console.log(colors[3]);              // "black"

colors.length = 2;

console.log(colors.length);          // 2
console.log(colors[3]);              // undefined
console.log(colors[2]);              // undefined
console.log(colors[1]);              // "green"
```

colors 배열은 세 개의 요소를 가지고 있다. colors[3]에 "black"을 할당하면 length 프로퍼티는 자동으로 증가하여 4가 된다. length 프로퍼티에 2를 할당하면 배열의 마지막 두 요소가 제거되어 처음 두 요소만 남는다. ECMAScript 5에서는 개발자가 이러한 동작을 구현할 수 없었지만, ECMAScript 6에 프락시가 추가되면서 가능하게 되었다.

 이 숫자 프로퍼티와 length 프로퍼티의 비표준 동작으로 인해 배열은 ECMAScript 6에서 이형 객체로 간주된다.

12.2 프락시와 리플렉션 도입하기

new Proxy() 호출은 (타깃으로 불리는) 객체를 대신하는 프락시를 만든다. 프락시는 타깃을 가상화하므로 프락시와 타깃은 기능적으로 동일해 보인다.

프락시를 사용하면 타깃에서 자바스크립트 엔진 내부의 저수준 객체 연산을 가로챌 수 있다. 이러한 저수준 연산을 가로채기 위해 트랩을 사용하는데, 트랩은 특정 연산에 응답하는 함수이다.

Reflect 객체로 표현되는 리플렉션 API는 프락시가 오버라이드할 수 있는 저수준 연산에 기본 동작을 제공하는 메서드의 컬렉션이다. 모든 프락시 트랩에는 대응하는 Reflect 메서드가 있다. 이 메서드들은 프락시 트랩과 이름이 같으며 각각의 트랩과 동일한 인자를 전달받는다. 표 12-1은 프락시 트랩 동작을 요약한 것이다.

프락시 트랩	기본 동작 오버라이드	기본 동작
get	프로퍼티 값을 읽을 때	Reflect.get()
set	프로퍼티 값을 쓸 때	Reflect.set()
has	in 연산자	Reflect.has()
deleteProperty	delete 연산자	Reflect.deleteProperty()
getPrototypeOf	Object.getPrototypeOf()	Reflect.getPrototypeOf()
setPrototypeOf	Object.setPrototypeOf()	Reflect.setPrototypeOf()
isExtensible	Object.isExtensible()	Reflect.isExtensible()
preventExtensions	Object.preventExtensions()	Reflect.preventExtensions()
getOwnPropertyDescriptor	Object.getOwnProperty Descriptor()	Reflect.getOwnProperty Descriptor()
defineProperty	Object.defineProperty()	Reflect.defineProperty()
ownKeys	Object.keys, Object. getOwnPropertyNames(), Object. getOwnPropertySymbols()	Reflect.ownKeys()
apply	함수 호출 시	Reflect.apply()
construct	new와 함께 함수 호출 시	Reflect.construct()

표 12-1 프락시 트랩 동작

각 트랩은 자바스크립트 객체의 내장된 동작 일부를 오버라이드하여, 그 동작을
가로채고 수정하도록 허용한다. 여전히 내장된 동작을 사용할 필요가 있다면,
그에 상응하는 리플렉션 API 메서드를 사용할 수 있다. 프락시와 리플렉션 API
의 관계는 프락시를 만들기 시작할 때 명확해지므로, 예제를 통해 살펴보는 것
이 가장 좋다.

 원래 ECMAScript 6 명세에는 enumerate라 불리는 트랩이 있었으며, 이 트랩은 for-in
과 Object.keys()에서 객체의 프로퍼티를 열거하는 방법을 변경하려는 목적으로 설계
되었다. 그러나 enumerate 트랩은 구현하는 중에 곤란한 부분이 발견되어, ECMAScript
7(또는 ECMAScript 2016)에서 제거되었다. 자바스크립트 환경에서 enumerate 트랩은
더 이상 존재하지 않으며 이 장에서도 다루지 않는다.

12.3 간단한 프락시 만들기

Proxy 생성자를 사용하여 프락시를 만들려면 타깃과 핸들러를 인자로 전달해야 한다. 핸들러는 하나 이상의 트랩을 정의하는 객체이다. 프락시는 트랩이 정의한 연산을 제외하고 모든 연산에 기본 동작을 사용한다. 다음 예제처럼, 트랩 없는 핸들러를 사용하여 간단한 전달 프락시를 만들 수 있다.

```
let target = {};

let proxy = new Proxy(target, {});

proxy.name = "proxy";
console.log(proxy.name);        // "proxy"
console.log(target.name);       // "proxy"

target.name = "target";
console.log(proxy.name);        // "target"
console.log(target.name);       // "target"
```

이 예제에서 proxy는 target에 모든 연산을 전달한다. proxy.name 프로퍼티에 "proxy"가 할당되면 target에 name이 만들어진다. 프락시는 이 프로퍼티를 저장하지 않고 단순히 target에 연산을 전달한다. 마찬가지로, proxy.name과 target.name의 값은 target.name에 대한 참조이기 때문에 동일하다. 이는 반대로 새로운 값을 target.name에 설정하면 proxy.name에도 똑같이 반영된다는 의미이다. 트랩이 없는 프락시는 그다지 흥미로운 점이 없지만, 트랩을 정의하면 어떻게 되는지 살펴보자.

12.4 set 트랩을 사용하여 프로퍼티 유효성 검사하기

프로퍼티 값이 숫자여야 하는 객체를 만들려 한다고 가정해보자. 이는 객체에 추가되는 새로운 프로퍼티는 모두 유효성 검사를 해야 하고, 그 값이 숫자가 아니면 에러가 발생해야 한다는 의미이다. 그렇게 하기 위해, set 트랩을 정의하여 값을 설정하는 기본 동작을 오버라이드할 수 있다. set 트랩은 네 개의 인자를 전달 받는다.

- trapTarget - 프로퍼티를 받을 객체(프락시의 타깃)
- key - 작성할 프로퍼티의 키(문자 또는 심벌)
- value - 프로퍼티에 쓰여질 값

• receiver - 연산이 수행되는 객체(일반적으로 프락시)

Reflect.set()은 set 트랩에 상응하는 리플렉션 메서드이며, 이는 이 연산에 대한 기본 동작이다. Reflect.set() 메서드는 트랩 내부에서 쉽게 사용할 수 있도록 set 프락시 트랩과 같이 네 개의 인자를 받는다. set 프락시 트랩은 프로퍼티가 설정되면 true를 반환하고 그렇지 않으면 false를 반환해야 한다(Reflect.set() 메서드는 연산이 성공했는지에 기반하여 그에 맞는 값을 반환한다).

프로퍼티의 값이 유효한지를 검사하기 위해, set 트랩을 사용하고 전달되는 value를 검사한다. 다음 예제를 살펴보자.

```
let target = {
    name: "target"
};

let proxy = new Proxy(target, {
    set(trapTarget, key, value, receiver) {

        // 이미 존재하는 프로퍼티는 무시하므로 그에 영향을 주지 않음
        if (!trapTarget.hasOwnProperty(key)) {
            if (isNaN(value)) {
                throw new TypeError("Property must be a number.");
            }
        }

        // 프로퍼티 추가
        return Reflect.set(trapTarget, key, value, receiver);
    }
});

// 새 프로퍼티 추가
proxy.count = 1;
console.log(proxy.count);        // 1
console.log(target.count);       // 1

// 타깃에 이미 존재하기 때문에 할당 가능
proxy.name = "proxy";
console.log(proxy.name);         // "proxy"
console.log(target.name);        // "proxy"

// 에러 발생
proxy.anotherName = "proxy";
```

이 코드는 target에 추가되는 새로운 프로퍼티의 값 유효성을 검사하는 프락시 트랩을 정의한다. proxy.count = 1이 실행되면, set 트랩이 호출된다. trapTarget 값은 target과 같고, key는 "count"이며, value는 1이고, receiver(이

예제에서는 사용되지 않음)는 proxy이다. target에 count라는 이름의 프로퍼티가 존재하지 않으므로, 프락시는 isNaN()에 value를 전달하여 유효성 검사를 수행한다. 결과가 NaN이면, 이 프로퍼티 값은 숫자가 아니므로 에러가 발생한다. 이 코드는 count를 1로 설정했기 때문에, 프락시는 새 프로퍼티를 추가하기 위해 Reflect.set()을 트랩에 전달된 네 인자와 함께 호출한다.

proxy.name에 문자열이 할당될 때, 연산은 성공적으로 완료된다. target이 이미 name 프로퍼티를 갖고 있기 때문에, trapTarget.hasOwnProperty() 메서드가 호출되어 이 프로퍼티는 유효성 검사에서 제외된다. 이는 이미 존재하던 숫자가 아닌 프로퍼티 값도 여전히 지원되도록 보장한다.

하지만 proxy.anotherName에 문자열을 할당하면, 에러가 발생한다. anotherName 프로퍼티는 타깃에 존재하지 않으므로, 유효성 검사를 필요로 한다. "proxy"는 숫자가 아니기 때문에, 유효성 검사 도중에 에러가 발생한다.

set 프락시 트랩은 프로퍼티에 값을 쓸 때 가로챌 수 있게 해주고, get 프락시 트랩은 프로퍼티의 값을 읽을 때 가로챌 수 있게 해준다.

12.5 get 트랩을 사용하여 객체의 형태 유효성 검사하기

자바스크립트에서 특이하고 가끔 혼동되는 것 중 하나는 존재하지 않는 프로퍼티를 읽어도 에러가 발생하지 않는다는 것이다. 대신 다음 예제처럼, undefined 값이 프로퍼티 값으로 사용된다.

```
let target = {};

console.log(target.name);      // undefined
```

대부분의 다른 언어에서는, target.name을 읽으려 하면 프로퍼티가 존재하지 않기 때문에 에러가 발생한다. 그러나 자바스크립트에서는 target.name 프로퍼티의 값으로 undefined를 사용한다. 대규모 코드를 기반으로 작업하고 있다면, 프로퍼티 이름에 오타가 있을 때 이 동작이 어떻게 중요한 문제를 일으킬 수 있는지 아마 잘 알 것이다. 프락시는 객체 형태 유효성 검사를 수행하여 이 문제로부터 벗어나도록 돕는다.

객체 형태는 객체에서 이용할 수 있는 프로퍼티와 메서드의 컬렉션이다. 자바스크립트 엔진은 코드를 최적화 하기 위해 객체 형태를 사용하고, 종종 객체를 나타내기 위한 클래스를 만든다. 객체가 처음에 항상 같은 프로퍼티와 메서드를 가지고 있을 것이라고 안전하게 가정할 수 있다면(Object.preventExtensions() 나 Object.seal(), Object.freeze() 메서드를 통해 강제할 수 있는 동작), 존재하지 않는 프로퍼티에 접근하려 할 때 에러를 발생시키는 것이 도움이 될 것이다. 프락시는 객체 형태 유효성 검사를 쉽게 할 수 있도록 한다.

프로퍼티 유효성 검사는 프로퍼티를 읽을 때만 수행되어야 하기 때문에, get 트랩을 사용한다. get 트랩은 객체에 프로퍼티가 존재하지 않더라도 프로퍼티를 읽을 때 호출되고, 세 개의 인자를 갖는다.

- trapTarget - 프로퍼티가 읽혀지는 객체(프락시의 타깃)
- key - 읽을 프로퍼티의 키(문자열이나 심벌)
- receiver - 연산이 수행되는 객체(일반적으로 프락시)

이 인자들은 한 가지 차이점을 제외하고 set 트랩의 인자와 같다. get 트랩은 값을 쓰지 않기 때문에 value 인자가 없다. Reflect.get() 메서드는 get 트랩과 마찬가지로 세 가지 같은 인자를 받고 프로퍼티의 기본 값을 반환한다.

다음 예제처럼, 프로퍼티가 타깃에 존재하지 않을 때 에러를 발생시키기 위해 get 트랩과 Reflect.get()을 사용할 수 있다.

```javascript
let proxy = new Proxy({}, {
    get(trapTarget, key, receiver) {
        if (!(key in receiver)) {
            throw new TypeError("Property " + key + " doesn't exist.");
        }

        return Reflect.get(trapTarget, key, receiver);
    }
});

// 프로퍼티 추가는 여전히 잘 동작
proxy.name = "proxy";
console.log(proxy.name);            // "proxy"

// 존재하지 않는 프로퍼티는 에러를 발생시킴
console.log(proxy.nme);             // 에러 발생
```

in 연산자는 receiver에 프로퍼티가 이미 존재하는지 확인하는데 사용된다. 프락시가 다음 절에서 설명할 has 트랩을 가졌을 경우에 대비하여 trapTarget 대신 receiver가 in 연산에 사용된다. has 트랩이 있는 경우 trapTarget을 사용하

면 has 트랩을 회피하고 잠재적으로 잘못된 결과를 줄 수 있다. 만약 프로퍼티가 존재하지 않으면 에러가 발생하고, 그렇지 않으면 기본 동작이 사용된다.

이 코드에서는 proxy.name 같은 새 프로퍼티를 문제없이 추가하고 작성하고 읽을 수 있다. 마지막 라인은 오타를 포함하며, proxy.nme 대신 proxy.name이어야 할 것이다. nme는 존재하지 않는 프로퍼티이기 때문에 에러가 발생한다.

12.6 has 트랩을 사용하여 프로퍼티 존재를 숨기기

in 연산자는 주어진 객체에 특정 프로퍼티가 존재하는지 판단하는데, 그 객체나 프로토타입 프로퍼티에 특정 프로퍼티의 이름이나 심벌이 있다면 true를 반환한다. 다음 예제를 살펴보자.

```
let target = {
    value: 42;
}

console.log("value" in target);    // true
console.log("toString" in target); // true
```

value와 toString 모두 target에 존재하므로 in 연산자는 true를 반환한다. value는 객체가 가진 프로퍼티인 반면, toString은 프로토타입 프로퍼티(Object에서 상속)이다. 프락시를 사용하면 이 연산를 가로챌 수 있고, has 트랩을 사용하여 in 연산 결과로 다른 값을 반환할 수 있다.

has 트랩은 in 연산자가 사용될 때 호출된다. 이때 has 트랩에는 두 개의 인자가 전달된다.

- trapTarget - 프로퍼티가 읽혀지는 객체(프락시의 타깃)
- key - 검사할 프로퍼티의 키(문자열이나 심벌)

Reflect.has() 메서드는 이와 동일한 인자를 받고, in 연산자의 기본 응답을 반환한다. has 트랩과 Reflect.has()를 사용하면 다른 프로퍼티에 대한 동작은 유지한 채, 일부 프로퍼티에 대해서만 in의 동작을 변경할 수 있다. 예를 들어, 다음 예제처럼 value 프로퍼티만 숨길 수도 있다.

```
let target = {
    name: "target",
    value: 42
```

```
};

let proxy = new Proxy(target, {
    has(trapTarget, key) {

        if (key === "value") {
            return false;
        } else {
            return Reflect.has(trapTarget, key);
        }
    }
});


console.log("value" in proxy);      // false
console.log("name" in proxy);       // true
console.log("toString" in proxy);   // true
```

proxy의 has 트랩은 key가 "value"인지를 검사하고, 그렇다면 false를 반환한다. 그렇지 않으면, Reflect.has() 메서드를 호출하여 기본 동작을 사용한다. 결과적으로, in 연산자는 value 프로퍼티가 타깃에 존재함에도 불구하고 false를 반환한다. name과 toString 프로퍼티는 in 연산의 결과로 올바르게 true를 반환한다.

12.7 deleteProperty 트랩으로 프로퍼티 제거 방지하기

delete 연산자는 객체에서 프로퍼티를 제거하며, 제거가 성공하면 true를, 실패하면 false를 반환한다. strict 모드에서는 수정 불가능한 프로퍼티에 delete 연산자를 사용하면 에러가 발생하고, non-strict 모드에서는 false가 반환된다. 다음 예제를 살펴보자.

```
let target = {
    name: "target",
    value: 42
};

Object.defineProperty(target, "name", { configurable: false });

console.log("value" in target);     // true

let result1 = delete target.value;
console.log(result1);               // true

console.log("value" in target);     // false

// 주의: 다음 라인은 strict 모드에서 에러를 발생시킴
let result2 = delete target.name;
```

```
console.log(result2);              // false

console.log("name" in target);     // true
```

value 프로퍼티는 delete 연산자에 의해 제거되고, 그 결과로 세 번째 console.log 호출의 in 연산자는 false를 반환한다. 수정 불가능한 프로퍼티인 name은 제거될 수 없으므로 delete 연산자는 false를 반환한다(strict 모드에서 이 코드를 실행하면 false가 반환되는 대신 에러가 발생한다). 이 동작은 프락시의 deleteProperty 트랩을 사용하여 변경할 수 있다.

deleteProperty 트랩은 delete 연산자가 객체 프로퍼티에 사용될 때 호출된다. 이 트랩은 두 개의 인자를 전달받는다.

- trapTarget - 프로퍼티가 제거될 객체(프락시의 타깃)
- key - 제거할 프로퍼티 키(문자열이나 심벌)

Reflect.deleteProperty()는 deleteProperty 트랩의 기본 구현을 제공하고 동일하게 두 개의 인자를 전달받는다. Reflect.deleteProperty()와 deleteProperty 트랩을 조합하여 delete 연산 동작 방식을 변경할 수 있다. 예를 들어, 다음 예제처럼 value 프로퍼티가 제거되지 않도록 보장할 수 있다.

```
let target = {
    name: "target",
    value: 42
};

let proxy = new Proxy(target, {
    deleteProperty(trapTarget, key) {

        if (key === "value") {
            return false;
        } else {
            return Reflect.deleteProperty(trapTarget, key);
        }
    }
});

// proxy.value 제거 시도

console.log("value" in proxy);     // true

let result1 = delete proxy.value;
console.log(result1);              // false
```

```
console.log("value" in proxy);        // true

// proxy.name 제거 시도

console.log("name" in proxy);         // true

let result2 = delete proxy.name;
console.log(result2);                 // true

console.log("name" in proxy);         // false
```

이 코드는 has 트랩 예제와 매우 유사하며, deleteProperty 트랩은 key 가 "value"인지 검사하고 만약 그렇다면 false를 반환한다. 그렇지 않으면 Reflect.deleteProperty() 메서드를 호출하여 기본 동작을 사용한다. value 프로퍼티는 트랩에서 특별하게 처리되어 proxy를 통해서는 제거되지 않는 반면, name 프로퍼티는 예상대로 제거된다. 이러한 접근은 strict 모드에서 에러가 발생하지 않으면서, 제거되지 않도록 프로퍼티를 보호하려 할 때 특히 유용하다.

12.8 프로토타입 프락시 트랩

4장에서, ECMAScript 5의 Object.getPrototypeOf()를 보완하기 위해 ECMAScript 6에 추가된 Object.setPrototypeOf() 메서드를 소개했다. 프락시는 setPrototypeOf와 getPrototypeOf 트랩을 통해 두 메서드의 실행을 가로챌 수 있다. 두 경우 모두 Object의 메서드가 프락시의 해당 트랩을 호출하도록 함으로써, 그 메서드의 동작을 변경할 수 있다.

이 두 가지 트랩은 프로토타입 프락시와 연관되어 있기 때문에, 메서드도 각 트랩의 타입과 연관되어 있다. setPrototypeOf 트랩은 다음 인자를 전달받는다.

- trapTarget - 프로토타입이 설정되어야 하는 객체(프락시의 타깃)
- proto - 프로토타입으로 사용되는 객체

이는 Object.setPrototypeOf()와 Reflect.setPrototypeOf() 메서드에 전달된 인자와 같다. 반면, getPrototypeOf 트랩은 Object.getPrototypeOf()와 Reflect.getPrototypeOf() 메서드에 전달되는 trapTarget 인자만 받는다.

12.8.1 프로토타입 프락시 트랩의 동작 방식

프로토타입 프락시 트랩에는 몇 가지 제한 사항이 있다. 먼저 getPrototypeOf

트랩은 객체나 null을 반환해야 하고, 다른 값을 반환하면 런타임 에러가 발생한다. 반환 값 검사는 Object.getPrototypeOf()가 항상 기대하는 값을 반환하도록 보장한다. 두 번째로 연산이 실패한 경우 setPrototypeOf 트랩의 반환 값은 false여야 한다. setPrototypeOf이 false를 반환하면 Object.setPrototypeOf()는 에러를 발생시킨다. 만약 setPrototypeOf가 false가 아닌 값을 반환하면 Object.setPrototypeOf()는 연산이 성공했다고 추정한다.

다음 예제는 항상 null을 반환하여 프락시의 프로토타입을 숨기고, 프로토타입이 변경되지 않도록 한다.

```
let target = {};
let proxy = new Proxy(target, {
    getPrototypeOf(trapTarget) {
        return null;
    },
    setPrototypeOf(trapTarget, proto) {
        return false;
    }
});

let targetProto = Object.getPrototypeOf(target);
let proxyProto = Object.getPrototypeOf(proxy);

console.log(targetProto === Object.prototype);    // true
console.log(proxyProto === Object.prototype);     // false
console.log(proxyProto);                          // null

// 실행 성공
Object.setPrototypeOf(target, {});

// 에러 발생
Object.setPrototypeOf(proxy, {});
```

이 코드에서 target과 proxy간 동작의 차이점을 알 수 있다. target에 Object.getPrototypeOf()를 실행하면 값을 반환하지만, proxy에 실행하면 getPrototypeOf 트랩이 호출되었기 때문에 null을 반환한다. 마찬가지로 target에 Object.setPrototypeOf()를 실행하면 성공적으로 실행되지만, proxy에 실행하면 setPrototypeOf 트랩 때문에 에러가 발생한다.

이 두 트랩에서 기본 동작을 사용하려면 그에 해당하는 Reflect 메서드를 사용할 수 있다. 예를 들어, 다음 예제처럼 getPrototypeOf와 setPrototypeOf 트랩의 기본 동작을 구현할 수 있다.

```
let target = {};
let proxy = new Proxy(target, {
    getPrototypeOf(trapTarget) {
        return Reflect.getPrototypeOf(trapTarget);
    },
    setPrototypeOf(trapTarget, proto) {
        return Reflect.setPrototypeOf(trapTarget, proto);
    }
});

let targetProto = Object.getPrototypeOf(target);
let proxyProto = Object.getPrototypeOf(proxy);

console.log(targetProto === Object.prototype);      // true
console.log(proxyProto === Object.prototype);       // true

// 실행 성공
Object.setPrototypeOf(target, {});

// 실행 성공
Object.setPrototypeOf(proxy, {});
```

이 예제에서 target과 proxy를 바꿔 사용해도 같은 결과를 얻을 수 있으며, 이는 getPrototypeOf와 setPrototypeOf 트랩에서 단지 기본 구현만을 사용하고 있기 때문이다. 이 예제에서는 Object의 메서드가 아닌 Reflect.getPrototypeOf()와 Reflect.setPrototypeOf()를 사용하고 있다는 것이 중요한데, 이는 몇 가지 중요한 차이점 때문이다.

12.8.2 왜 같은 메서드가 두 가지나 있을까?

Reflect.getPrototypeOf()와 Reflect.setPrototypeOf()의 혼란스러운 점은 Object.getPrototypeOf()나 Object.setPrototypeOf()와 유사해 보인다는 것이다. 비록 두 가지 메서드들이 유사한 연산을 수행하지만, 이들 간에는 분명한 차이가 있다.

Object.getPrototypeOf()와 Object.setPrototypeOf()는 처음부터 개발자들이 사용하도록 만들어진 고수준의 연산자이다. 반면 Reflect.getPrototypeOf()와 Reflect.setPrototypeOf()는, 기존에는 내부 동작이었던 [[GetPrototypeOf]]와 [[SetPrototypeOf]] 연산에 개발자들이 접근하도록 해주는 저수준의 연산자이다. Reflect.getPrototypeOf() 메서드는 내부의 [[GetPrototypeOf]] 연산자(입력 유효성 검사 포함)에 대한 래퍼이다. Reflect.setPrototypeOf() 메서드와 [[SetPrototypeOf]]의 관계도 마찬가지이다. Object의 해당 메서드 또한

[[GetPrototypeOf]]와 [[SetPrototypeOf]]를 호출하지만, 호출하기 전에 몇 가지 단계를 수행하고 동작 방식을 정하기 위해 반환 값을 검사한다.

Reflect.getPrototypeOf() 메서드는 인자가 객체가 아니면 에러를 발생시키는데 반해, Object.getPrototypeOf()는 연산을 수행하기 전에 값을 강제로 객체로 변환한다. 만약 각 메서드에 숫자를 전달하면 다른 결과를 얻게 된다.

```
let result1 = Object.getPrototypeOf(1);
console.log(result1 === Number.prototype);  // true

// 에러 발생
Reflect.getPrototypeOf(1);
```

Object.getPrototypeOf() 메서드는 먼저 값을 Number 객체로 강제 변환한 뒤, Number.prototype을 반환하기 때문에 숫자 1의 프로토타입을 문제없이 반환한다. Reflect.getPrototypeOf() 메서드는 값을 강제로 변환하지 않고, 전달된 1이 객체가 아니기 때문에 에러가 발생한다.

마찬가지로 Reflect.setPrototypeOf() 메서드도 Object.setPrototypeOf() 메서드와 다르다. 구체적으로, Reflect.setPrototypeOf()는 연산이 성공했는지를 나타내는 불린 값을 반환한다. 성공하면 true가 반환되고 실패하면 false가 반환된다. 반면 Object.setPrototypeOf()이 실패하면 에러가 발생한다.

287쪽 "프로토타입 프락시 트랩의 동작 방식" 첫 번째 예제처럼, setPrototypeOf 프락시 트랩이 false를 반환하면 Object.setPrototypeOf()는 에러를 발생시킨다. 또한, Object.setPrototypeOf() 메서드는 첫 번째 인자를 반환하므로 setPrototypeOf 프락시 트랩의 기본 동작을 구현하기에 적합하지 않다.

```
let target1 = {};
let result1 = Object.setPrototypeOf(target1, {});
console.log(result1 === target1);                 // true

let target2 = {};
let result2 = Reflect.setPrototypeOf(target2, {});
console.log(result2 === target2);                 // false
console.log(result2);                             // true
```

이 예제에서 Object.setPrototypeOf()는 값으로 target1을 반환하지만 Refrect.setPrototypeOf()는 true를 반환한다.

이는 작은 차이지만 매우 중요하다. Object와 Reflect는 중복 메서드를 가진

것처럼 보이지만, 프락시 트랩 내부에서는 항상 Reflect의 메서드를 사용해야
한다.

 Reflect.getPrototypeOf()/Object.getPrototypeOf()와 Reflect.setProto
typeOf()/Object.setPrototypeOf()는 프락시에서 사용될 때 각각 getPrototypeOf
와 setPrototypeOf 프락시 트랩을 호출할 것이다.

12.9 객체 확장 트랩

ECMAScript 5에서는 Object.preventExtensions()과 Object.isExtensible() 메
서드를 통해 객체의 확장성을 수정하는 기능이 추가되었고, ECMAScript 6에서
는 프락시에서 preventExtensions와 isExtensible 트랩을 통해 원본 객체에 대
한 메서드 호출을 가로챌 수 있도록 하였다. 두 트랩은 메서드가 호출되는 객체
인 trapTarget 인자 하나를 받는다. isExtensible 트랩은 객체가 확장 가능한지
나타내는 불린 값을 반환해야 하고, preventExtensions 트랩은 연산이 성공했는
지를 나타내는 불린 값을 반환해야만 한다.

　Reflect.preventExtensions()와 Reflect.isExtensible() 메서드는 기본 동작을
구현한다. 두 메서드 모두 불린 값을 반환하므로 해당하는 트랩에서 직접 사용
할 수 있다.

12.9.1 두 가지 기본적인 예제

객체 확장 트랩의 실제 동작을 살펴보기 위해, isExtensible과 prevent
Extensions 트랩의 기본 동작을 구현한 다음 예제를 살펴보자.

```
let target = {};
let proxy = new Proxy(target, {
    isExtensible(trapTarget) {
        return Reflect.isExtensible(trapTarget);
    },
    preventExtensions(trapTarget) {
        return Reflect.preventExtensions(trapTarget);
    }
});


console.log(Object.isExtensible(target));       // true
console.log(Object.isExtensible(proxy));        // true
```

```
Object.preventExtensions(proxy);

console.log(Object.isExtensible(target));        // false
console.log(Object.isExtensible(proxy));         // false
```

이 예제에서 Object.preventExtensions()와 Object.isExtensible() 메서드가 올바르게 proxy에서 target으로 전달되는지 볼 수 있다. 물론 동작을 변경할 수도 있다. 예를 들어, 특정 프락시에서 Object.preventExtensions()가 성공하지 않도록 하고 싶으면 preventExtensions 트랩에서 false를 반환할 수 있다.

```
let target = {};
let proxy = new Proxy(target, {
    isExtensible(trapTarget) {
        return Reflect.isExtensible(trapTarget);
    },
    preventExtensions(trapTarget) {
        return false;
    }
});

console.log(Object.isExtensible(target));        // true
console.log(Object.isExtensible(proxy));         // true

Object.preventExtensions(proxy);

console.log(Object.isExtensible(target));        // true
console.log(Object.isExtensible(proxy));         // true
```

이 예제에서 preventExtensions 트랩이 false를 반환하기 때문에, Object.preventExtensions(proxy) 호출은 사실상 무시된다. 연산이 원본 객체인 target에 전달되지 않으므로 Object.isExtensible()은 true를 반환한다.

12.9.2 중복 확장 메서드

아마 Object와 Reflect에 중복 메서드가 또 있다는 것을 알아챘을 것이다. 이 경우에는 앞에서 살펴본 것보다 더 유사하다. Object.isExtensible()와 Reflect.isExtensible() 메서드는 객체가 아닌 값을 전달할 때만 차이가 있다. 그 경우, Object.isExtensible()는 항상 false를 반환하고 Reflect.isExtensible()은 에러를 발생시킨다. 다음 예제에서 이러한 동작을 살펴보자

```
let result1 = Object.isExtensible(2);
console.log(result1);                      // false

// 에러 발생
let result2 = Reflect.isExtensible(2);
```

이 제한 사항은 Object.getPrototypeOf()와 Reflect.getPrototypeOf() 메서드 간 차이점과 유사하며, 이는 저수준 기능을 가진 메서드가 고수준 메서드보다 더 엄격한 에러 검사를 하기 때문이다.

Object.preventExtensions()와 Reflect.preventExtensions() 메서드 또한 매우 유사하다. Object.preventExtensions() 메서드는 인자로 전달된 값이 객체가 아니더라도 항상 그 값을 반환한다. 반면, Reflect.preventExtensions()는 인자가 객체가 아니면 에러를 발생시키고, 인자가 객체라면 연산이 성공한 경우 true를, 성공하지 않은 경우 false를 반환한다. 다음 예제를 살펴보자.

```
let result1 = Object.preventExtensions(2);
console.log(result1);                      // 2

let target = {};
let result2 = Reflect.preventExtensions(target);
console.log(result2);                      // true

// 에러 발생
let result3 = Reflect.preventExtensions(2);
```

이 예제에서 값 2는 객체가 아니지만, Object.preventExtensions()는 그 값을 전달받아서 다시 반환한다. Reflect.preventExtensions() 메서드는 객체가 전달되면 true를 반환하고, 2가 전달되면 에러를 발생시킨다.

12.10 프로퍼티 디스크립터 트랩

ECMAScript 5에서 가장 중요한 기능 중 하나는 Object.defineProperty() 메서드를 사용하여 프로퍼티 속성을 정의할 수 있다는 것이다. 그 이전 버전의 자바스크립트에서는 접근자 프로퍼티를 정의하거나 읽기 전용 프로퍼티와 열거 불가능한 프로퍼티를 만들 방법이 없었다. 이 모든 것이 Object.defineProperty()를 통해 가능했고, Object.getOwnPropertyDescriptor() 메서드를 사용하면 그러한 속성을 가져올 수 있었다.

프락시는 defineProperty와 getOwnPropertyDescriptor 트랩을 사용하여 Object.defineProperty()와 Object.getOwnPropertyDescriptor() 메서드 호출을 가로챌 수 있게 해준다. defineProperty 트랩은 다음 인자를 받는다.

- trapTarget - 프로퍼티가 정의되어야 하는 객체(프락시의 타깃)
- key - 프로퍼티 문자열이나 심벌
- descriptor - 프로퍼티 디스크립터 객체

defineProperty 트랩은 연산이 성공적으로 수행되면 true을 반환해야 하고, 그렇지 않으면 false를 반환해야 한다. getOwnPropertyDescriptor 트랩은 trapTarget과 key를 받고, 디스크립터를 반환한다. Reflect.defineProperty()와 Reflect.getOwnPropertyDescriptor() 메서드는 각각 짝을 이루는 프락시 트랩과 동일한 인자를 받는다. 각 트랩의 기본 동작을 구현한 다음 예제를 살펴보자.

```
let proxy = new Proxy({}, {
    defineProperty(trapTarget, key, descriptor) {
        return Reflect.defineProperty(trapTarget, key, descriptor);
    },
    getOwnPropertyDescriptor(trapTarget, key) {
        return Reflect.getOwnPropertyDescriptor(trapTarget, key);
    }
});


Object.defineProperty(proxy, "name", {
    value: "proxy"
});

console.log(proxy.name);              // "proxy"

let descriptor = Object.getOwnPropertyDescriptor(proxy, "name");

console.log(descriptor.value);        // "proxy"
```

이 코드에서는 Object.defineProperty() 메서드를 사용하여 프락시에 "name"이라는 프로퍼티를 정의한다. 그러고 나서 Object.getOwnPropertyDescriptor() 메서드를 사용하여 이 프로퍼티의 프로퍼티 디스크립터를 얻는다.

12.10.1 Object.defineProperty() 방지하기

defineProperty 트랩은 연산이 성공적으로 완료되었는지를 나타내는 불린 값 반환을 필요로 한다. true가 반환되면 Object.defineProperty() 메서드는 성공하고, false가 반환되면 Object.defineProperty()는 에러를 발생시킨다. 이를 이용해서 Object.defineProperty() 메서드가 정의할 수 있는 프로퍼티 종류를 제한할 수 있다. 예를 들어, 심벌 타입 프로퍼티가 정의되는 것을 방지하고 싶다면, 다음 예제처럼 키가 심벌인지 검사하고 그렇지 않으면 false를 반환하면 된다.

```js
let proxy = new Proxy({}, {
    defineProperty(trapTarget, key, descriptor) {

        if (typeof key === "symbol") {
            return false;
        }

        return Reflect.defineProperty(trapTarget, key, descriptor);
    }
});


Object.defineProperty(proxy, "name", {
    value: "proxy"
});

console.log(proxy.name);                    // "proxy"

let nameSymbol = Symbol("name");

// 에러 발생
Object.defineProperty(proxy, nameSymbol, {
    value: "proxy"
});
```

defineProperty 프락시 트랩은 key가 심벌이면 false를 반환하고 그렇지 않으면 기본 동작을 수행한다. Object.defineProperty()가 키로 "name"을 전달받아 호출되면, 키가 문자열이기 때문에 메서드는 성공적으로 수행된다. Object.defineProperty()가 nameSymbol을 전달받아 호출될 때는 defineProperty 트랩이 false를 반환하기 때문에 에러가 발생한다.

 또한 true를 반환하고 Reflect.defineProperty() 메서드가 호출되지 않도록 하여, Object.defineProperty()가 에러 발생 없이 조용히 실패하도록 할 수 있다. 이는 사실상 프로퍼티를 정의하지 않도록 하여 에러를 막는 것과 같다.

12.10.2 디스크립터 객체 제한 사항

Object.defineProperty()와 Object.getOwnPropertyDescriptor()를 사용할 때 일

관된 동작을 보장하기 위해, defineProperty 트랩에 전달되는 디스크립터 객체는 정규화를 거친다. getOwnPropertyDescriptor 트랩에서 반환된 객체 또한 같은 이유로 항상 유효하다.

Object.defineProperty() 메서드에 세 번째 인자로 무슨 객체가 전달되는지와 상관없이, enumerable과 configurable, value, writable, get, set 프로퍼티만 defineProperty 트랩에 전달된 디스크립터 객체가 될 것이다. 다음 예제를 살펴보자.

```javascript
let proxy = new Proxy({}, {
    defineProperty(trapTarget, key, descriptor) {
        console.log(descriptor.value);          // "proxy"
        console.log(descriptor.name);           // undefined

        return Reflect.defineProperty(trapTarget, key, descriptor);
    }
});

Object.defineProperty(proxy, "name", {
    value: "proxy",
    name: "custom"
});
```

이 예제에서 Object.defineProperty()의 세 번째 인자에는 비표준인 name 프로퍼티가 포함되어 호출된다. defineProperty 트랩이 호출될 때, descriptor 객체에 name 프로퍼티는 없지만 value 프로퍼티는 있다. 이는 descriptor가 Object.defineProperty() 메서드에 전달된 실제 세 번째 인자를 참조하지 않고, 허용되는 프로퍼티만 포함하는 새로운 객체를 참조하기 때문이다. Reflect.defineProperty() 메서드 또한 디스크립터의 비표준 프로퍼티를 무시한다.

getOwnPropertyDescriptor 트랩은 반환 값이 null이나 undefined 또는 객체여야 하는 조금 다른 제한 사항을 가진다. 객체가 반환될 때, 그 객체의 프로퍼티로 enumerable과 configurable, value, writable, get, set만 허용된다. 다음 예제에서 살펴볼 수 있듯이, 허용되지 않는 프로퍼티를 가진 객체가 반환되면 에러가 발생한다.

```javascript
let proxy = new Proxy({}, {
    getOwnPropertyDescriptor(trapTarget, key) {
        return {
            name: "proxy"
        };
```

```
        }
    });

    // 에러 발생
    let descriptor = Object.getOwnPropertyDescriptor(proxy, "name");
```

name 프로퍼티는 프로퍼티 디스크립터에 허용되지 않으므로, `Object.getOwn` `PropertyDescriptor()`가 호출될 때 getOwnPropertyDescriptor의 반환 값은 에러를 발생시킨다. 이 제한 사항은 `Object.getOwnPropertyDescriptor()`가 프락시에서의 메서드 사용과 상관없이 항상 신뢰할 수 있는 구조를 갖도록 한다.

12.10.3 중복 디스크립터 메서드

ECMAScript 6에는 혼란스러운 유사 메서드가 한 가지 더 있다. `Object.define` `Property()`와 `Object.getOwnPropertyDescriptor()` 메서드는 각각 `Reflect.define` `Property()`와 `Reflect.getOwnPropertyDescriptor()` 메서드와 동일한 것처럼 보인다. 앞서 살펴본 이번 장의 다른 메서드들처럼 이 네 가지 메서드에는 미묘하지만 중요한 차이점이 있다.

defineProperty() 메서드

`Object.defineProperty()`와 `Reflect.defineProperty()` 메서드는 반환 값을 제외하고는 동일하다. `Object.defineProperty()` 메서드는 첫 번째 인자를 반환하는데 반해, `Reflect.defineProperty()`는 연산이 성공하면 true를 반환하고 실패하면 false를 반환한다. 다음 예제를 살펴보자.

```
    let target = {};

    let result1 = Object.defineProperty(target, "name", { value: "target "});

    console.log(target === result1);        // true

    let result2 = Reflect.defineProperty(target, "name", { value: "reflect" });

    console.log(result2);                   // true
```

target에 `Object.defineProperty()`를 호출할 때 반환 값은 target이다. target에 `Reflect.defineProperty()`를 호출할 때 반환 값은 true를 반환하며 이는 연산이 성공했음을 나타낸다. defineProperty 프락시 트랩은 반환 값으로 불린 값을 필요로 하기 때문에, 필요한 경우 `Reflect.defineProperty()`를 사용하여 기본 동작을 구현하는 것이 좋다.

getOwnPropertyDescriptor() 메서드

Object.getOwnPropertyDescriptor() 메서드는 첫 번째 인자로 원시값이 전달되면 이 값을 객체로 강제 변환하고 연산을 지속한다. 반면 Reflect.getOwnPropertyDescriptor() 메서드는 첫 번째 인자로 원시값이 전달되면 에러를 발생시킨다. 다음 예제를 살펴보자.

```
let descriptor1 = Object.getOwnPropertyDescriptor(2, "name");
console.log(descriptor1);        // undefined

// 에러 발생
let descriptor2 = Reflect.getOwnPropertyDescriptor(2, "name");
```

Object.getOwnPropertyDescriptor() 메서드는 undefined를 반환하는데, 그 이유는 2를 객체로 강제 변환하더라도 변환된 객체에는 name 프로퍼티가 없기 때문이다. 이는 객체에서 주어진 이름의 프로퍼티를 찾을 수 없을 때 메서드의 표준 동작이다. 그러나 Reflect.getOwnPropertyDescriptor()를 호출하면 즉시 에러가 발생하며, 이 메서드는 첫 번째 인자에 원시값을 허용하지 않기 때문이다.

12.11 ownKeys 트랩

ownKeys 프락시 트랩은 내부 메서드 [[OwnPropertyKeys]]를 가로채고, 값의 배열을 반환하여 그 동작을 오버라이드 하도록 해준다. 이 배열은 네 가지 메서드에서 사용되며, 그 메서드는 Object.keys()와 Object.getOwnPropertyNames(), Object.getOwnPropertySymbols(), Object.assign() 메서드다(Object.assign() 메서드는 복사할 프로퍼티를 정하기 위해 배열을 사용한다).

ownKeys 트랩의 기본 동작은 Reflect.ownKeys() 메서드에 의해 구현되고, 문자열과 심벌을 포함한 객체 내 프로퍼티의 키 배열을 반환한다. Object.getOwnPropertyNames() 메서드와 Object.keys() 메서드는 배열에서 심벌을 제외한 결과를 반환하는데 반해, Object.getOwnPropertySymbols()는 배열에서 문자열을 제외한 결과를 반환한다. Object.assign() 메서드는 문자열과 심벌이 모두 포함된 배열을 사용한다.

ownKeys 트랩은 하나의 인자로 타깃을 전달받고 배열이나 유사 배열 객체를 반환해야만 하며, 그렇지 않으면 에러를 발생시킨다. 예를 들어, Object.

keys() 메서드나 Object.getOwnPropertyNames() 메서드, Object.getOwnProperty
Symbols() 메서드, Object.assign() 메서드가 호출될때, 사용되길 원하지 않는
프로퍼티 키를 제외하기 위해 ownKeys 트랩을 사용할 수 있다. 자바스크립트에
서 비공개 필드를 나타내는 공통 표기법인, 언더스코어로 시작하는 이름의 프로
퍼티를 포함하고 싶지 않다고 가정해보자. 다음 예제처럼 프로퍼티 키를 제외하
기 위해 ownKeys 트랩을 사용할 수 있다.

```javascript
let proxy = new Proxy({}, {
    ownKeys(trapTarget) {
        return Reflect.ownKeys(trapTarget).filter(key => {
            return typeof key !== "string" || key[0] !== "_";
        });
    }
});

let nameSymbol = Symbol("name");

proxy.name = "proxy";
proxy._name = "private";
proxy[nameSymbol] = "symbol";

let names = Object.getOwnPropertyNames(proxy),
    keys = Object.keys(proxy);
    symbols = Object.getOwnPropertySymbols(proxy);

console.log(names.length);      // 1
console.log(names[0]);          // "name"

console.log(keys.length);       // 1
console.log(keys[0]);           // "name"

console.log(symbols.length);    // 1
console.log(symbols[0]);        // "Symbol(name)"
```

이 예제는 ownKeys 트랩을 사용하고, 타깃의 기본 프로퍼티 키 리스트를 얻기 위
해 먼저 Reflect.ownKeys()를 호출한다. 그 다음, filter() 메서드는 언더스코어
문자로 시작하는 문자열 키를 제외하기 위해 사용된다. 그리고 나서 proxy 객
체에 name과 _name, nameSymbol 세 개의 프로퍼티가 추가된다. proxy에 Object.
getOwnPropertyNames()와 Object.keys()를 호출하면 name 프로퍼티만 반환된다.
마찬가지로 proxy에 Object.getOwnPropertySymbols()를 호출하면 nameSymbol이
반환된다. _name 프로퍼티는 제외되어 어느 결과에도 나타나지 않는다.

또한 ownKeys 트랩은, 반복문 내부에서 사용하는 키를 결정하기 위해 트랩을
호출하는 for-in문에 영향을 미친다.

12.12 apply와 construct 트랩을 사용한 함수 프락시

모든 프락시 트랩 중 apply와 construct만이 프락시 타깃으로 함수를 사용한다. 3장에서 살펴보았듯이, 함수는 new 연산자 없이 호출될 때와 함께 호출될 때 각각 실행되는 [[Call]]과 [[Construct]]라는 두 개의 내부 메서드를 가진다. apply와 construct 트랩은 각 내부 메서드에 해당하며 이 메서드를 오버라이드한다. 함수가 new 없이 호출될 때 apply 트랩은 다음 인자를 전달받고, Reflect.apply()는 그 인자를 필요로 한다.

- trapTarget - 실행되는 함수(프락시의 타깃)
- thisArg - 호출되는 함수 내부의 this 값
- argumentsList - 함수에 전달된 인자의 배열

new를 사용하여 함수를 실행했을 때 호출되는 construct 트랩은 다음 인자를 전달받는다.

- trapTarget - 실행되는 함수(프락시의 타깃)
- argumentsList - 함수에 전달된 인자의 배열

Reflect.contsruct() 메서드 또한 이 두 인자를 받고, 선택적으로 세 번째 인자인 newTarget을 받는다. newTarget 인자가 전달되면 이 인자는 함수 내의 new.target 값을 가리킨다.

이와 함께, apply와 construct 트랩은 어떤 프락시 타깃 함수의 동작이든지 완전하게 제어한다. 다음 예제처럼 함수의 기본 동작을 흉내낼 수 있다.

```
let target = function() { return 42 },
    proxy = new Proxy(target, {
        apply: function(trapTarget, thisArg, argumentList) {
            return Reflect.apply(trapTarget, thisArg, argumentList);
        },
        construct: function(trapTarget, argumentList) {
            return Reflect.construct(trapTarget, argumentList);
        }
    });

// 함수를 타깃으로 하는 프락시는 함수로 여겨짐
console.log(typeof proxy);              // "function"

console.log(proxy());                   // 42

var instance = new proxy();
```

```
console.log(instance instanceof proxy);     // true
console.log(instance instanceof target);    // true
```

이 예제에서 함수는 숫자 42를 반환한다. 이 함수의 프락시는 Reflect.apply()와 Reflect.construct() 메서드에 동작을 위임하기 위해 apply와 construct 트랩을 사용한다. 결과적으로, 프락시 함수는 typeof를 사용하면 함수로 식별되며 정확히 타깃 함수처럼 동작한다. 프락시는 42를 반환하기 위해 new 없이 호출된 뒤에, instance라는 객체를 만들기 위해 new와 함께 호출된다. instance 객체는 proxy와 target의 인스턴스로 여겨지는데, 이는 instanceof가 인스턴스인지 알아내는 정보를 얻기 위해 프로토타입 체인을 사용하기 때문이다. 프로토타입 체인 검색은 이 프락시에 영향을 받지 않는데, 이러한 이유로 proxy와 target이 동일한 프로토타입을 가지는 것으로 나타난다.

12.12.1 함수 매개변수 유효성 검사하기

apply와 construct 트랩은 함수 실행 방법을 변경할 수 있도록 하는 몇 가지 가능성을 제공한다. 예를 들어, 모든 인자에 대해 타입 유효성 검사를 하고 싶다고 가정해보자. apply 트랩 내에서 인자를 검사할 수 있다.

```
// 모든 인자를 더하는 함수
function sum(...values) {
    return values.reduce((previous, current) => previous + current, 0);
}

let sumProxy = new Proxy(sum, {
        apply: function(trapTarget, thisArg, argumentList) {

            argumentList.forEach((arg) => {
                if (typeof arg !== "number") {
                    throw new TypeError("All arguments must be numbers.");
                }
            });

            return Reflect.apply(trapTarget, thisArg, argumentList);
        },
        construct: function(trapTarget, argumentList) {
            throw new TypeError("This function can't be called with new.");
        }
    });

console.log(sumProxy(1, 2, 3, 4));          // 10

// 에러 발생
```

```
console.log(sumProxy(1, "2", 3, 4));

// 마찬가지로 에러 발생
let result = new sumProxy();
```

이 예제는 모든 인자가 숫자인지를 보장하기 위해 apply 트랩을 사용한다. sum()
함수는 전달된 모든 인자를 더한다. 숫자가 아닌 값이 전달된다 해도 이 함수
는 연산을 시도할 것이며, 이는 예상치 못한 결과를 일으킨다. sum()을 감싸는
sumProxy() 프락시를 사용하여, 함수 호출을 가로채고 그 호출이 진행되기 전에
각 인자가 숫자인지 보장한다. 안전하게 사용하기 위해, 이 코드는 construct 트
랩을 사용하여 new와 함께 호출될 수 없는 함수라는 것 또한 보장한다.

반대로, 함수가 new를 사용하여 호출되었음을 보장하고 그 인자가 숫자인지
유효성을 검사하도록 할 수 있다.

```
function Numbers(...values) {
    this.values = values;
}

let NumbersProxy = new Proxy(Numbers, {

    apply: function(trapTarget, thisArg, argumentList) {
        throw new TypeError("This function must be called with new.");
    },

    construct: function(trapTarget, argumentList) {
        argumentList.forEach((arg) => {
            if (typeof arg !== "number") {
                throw new TypeError("All arguments must be numbers.");
            }
        });

        return Reflect.construct(trapTarget, argumentList);
    }
});

let instance = new NumbersProxy(1, 2, 3, 4);
console.log(instance.values);           // [1,2,3,4]

// 에러 발생
NumbersProxy(1, 2, 3, 4);
```

이 예제에서 apply 트랩은 에러를 발생시키고, construct 트랩은 입력값 유효성
검사와 새 인스턴스를 반환하기 위해 Reflect.construct() 메서드를 사용한다. 물
론, new.target을 대신 사용하여 프락시 없이 이와 같은 작업을 수행할 수 있다.

12.12.2 new 없이 생성자 호출하기

3장에서 new.target 메타 프로퍼티를 소개했다. 간단하게 말하면, new.target 은 new가 호출된 함수에 대한 참조이며, 이는 다음 예제처럼 new.target의 값을 검사하여 함수가 new를 사용하여 호출되었는지 여부를 확인할 수 있다는 의미 이다.

```
function Numbers(...values) {

    if (typeof new.target === "undefined") {
        throw new TypeError("This function must be called with new.");
    }

    this.values = values;
}

let instance = new Numbers(1, 2, 3, 4);
console.log(instance.values);                  // [1,2,3,4]

// 에러 발생
Numbers(1, 2, 3, 4);
```

이 코드는 Numbers()가 new 없이 호출될 때 에러를 발생시키며, 이는 301쪽 "함수 매개변수 유효성 검사하기"의 두 번째 예제와 유사하지만 프락시를 사용하지 않았다. 목표가 new 없이 함수를 호출하지 못하도록 막는 것이라면, 이 예제처럼 코드를 작성하는 것이 프락시를 사용하는 것보다 훨씬 간단하고 좋다. 그러나 이것만으로는 수정될 필요가 있는 함수의 동작을 제어할 수 없다. 그러한 경우 에는 프락시를 사용하는 것이 바람직하다.

수정할 수 없는 코드에 Numbers() 함수가 정의되어 있다고 가정해보자. 그리고 그 코드가 new.target에 의존하고 있다는 것을 알고 있으며, 함수를 호출하면서 검사를 피하길 원한다. 이런 경우 new를 사용할 때 동작이 이미 설정되어 있으므로 apply 트랩을 사용할 수 있다.

```
function Numbers(...values) {

    if (typeof new.target === "undefined") {
        throw new TypeError("This function must be called with new.");
    }

    this.values = values;
}
```

```
let NumbersProxy = new Proxy(Numbers, {
    apply: function(trapTarget, thisArg, argumentsList) {
        return Reflect.construct(trapTarget, argumentsList);
    }
});

let instance = NumbersProxy(1, 2, 3, 4);
console.log(instance.values);            // [1,2,3,4]
```

NumbersProxy() 함수는 new 없이 Numbers를 호출하는 것을 허용하며, 그렇게 호출하더라도 마치 new와 함께 호출된 것처럼 동작하도록 한다. 이를 위해 apply 트랩은 apply 내에 전달된 인자와 함께 Reflect.construct()를 호출한다. Numbers 내의 new.target은 Numbers와 동일하므로 에러가 발생하지 않는다. 이 예제는 new.target을 수정하는 간단한 예지만, 직접 할당하는 방식으로 수정할 수도 있다. 이는 다음 절에서 살펴보겠다.

12.12.3 추상 기반 클래스 생성자 오버라이딩하기

한 단계 더 나아가, new.target에 할당될 특정값을 Reflect.construct()의 세 번째 인자로 지정하여 new.target을 수정할 수 있다. 이 방식은 (9장에서 살펴본) 추상 기반 클래스 생성자를 만들 때처럼, 함수가 알려진 값에 대해 new.target을 검사할 때 유용하다. 다음 예제처럼, 추상 기반 클래스 생성자에서 new.target은 클래스 생성자가 아닌 다른 값이 될 것이라 예상된다.

```
class AbstractNumbers {

    constructor(...values) {
        if (new.target === AbstractNumbers) {
            throw new TypeError("This function must be inherited from.");
        }

        this.values = values;
    }
}

class Numbers extends AbstractNumbers {}

let instance = new Numbers(1, 2, 3, 4);
console.log(instance.values);            // [1,2,3,4]

// 에러 발생
new AbstractNumbers(1, 2, 3, 4);
```

new AbstractNumbers()가 호출될 때 new.target은 AbstractNumbers와 동일하므로 에러가 발생한다. new Numbers() 호출은 new.target이 Numbers와 동일하기 때문에 여전히 잘 동작한다. 프락시에서 new.target을 수동으로 할당하여 이러한 생성자 제한 사항을 우회할 수 있다.

```
class AbstractNumbers {

    constructor(...values) {
        if (new.target === AbstractNumbers) {
            throw new TypeError("This function must be inherited from.");
        }

        this.values = values;
    }
}

let AbstractNumbersProxy = new Proxy(AbstractNumbers, {
    construct: function(trapTarget, argumentList) {
        return Reflect.construct(trapTarget, argumentList, function() {});
    }
});


let instance = new AbstractNumbersProxy(1, 2, 3, 4);
console.log(instance.values);          // [1,2,3,4]
```

AbstractNumbersProxy는 new AbstractNumbersProxy() 메서드 호출을 가로채기 위해 construct 트랩을 사용한다. 그리고 나서 Reflect.construct() 메서드는 트랩에 전달된 인자와 함께 호출되고, 세 번째 인자에 빈 함수를 추가한다. 빈 함수는 생성자 내에서 new.target의 값으로 사용된다. new.target이 AbstractNumbers와 동일하지 않기 때문에, 에러가 발생하지 않고 생성자는 문제 없이 실행된다.

12.12.4 호출 가능한 클래스 생성자

9장에서는 클래스 생성자가 항상 new와 함께 호출되어야 한다고 설명했다. 이는 클래스 생성자의 내부 메서드 [[Call]]이 에러를 발생시키도록 되어 있기 때문이다. 그러나 프락시는 [[Call]] 메서드 호출을 가로챌 수 있고, 이는 프락시를 이용하여 호출 가능한 클래스 생성자를 만들 수 있다는 의미이다. 예를 들어 new를 사용하지 않고 동작하는 클래스 생성자를 원하면, 새 인스턴스를 만들 때 apply 트랩을 사용할 수 있다. 다음 예제 코드를 살펴보자.

```
class Person {
    constructor(name) {
        this.name = name;
    }
}

let PersonProxy = new Proxy(Person, {
        apply: function(trapTarget, thisArg, argumentList) {
            return new trapTarget(...argumentList);
        }
    });

let me = PersonProxy("Nicholas");
console.log(me.name);                   // "Nicholas"
console.log(me instanceof Person);      // true
console.log(me instanceof PersonProxy); // true
```

PersonProxy 객체는 Person 클래스 생성자의 프락시이다. 클래스 생성자도 함수이므로, 프락시에 사용되면 함수처럼 동작한다. apply 트랩은 기본 동작을 덮어 쓰고, 대신 Person과 동일한 trapTarget의 새 인스턴스를 반환한다(이 예제에서 trapTarget은 클래스를 수동으로 명시할 필요가 없음을 보이기 위해 사용했다). argumentList는 전개 연산자를 통해 각각의 인자로 나누어져 trapTarget에 전달된다. new를 사용하지 않고 PersonProxy()를 호출하면 Person의 인스턴스를 반환한다. new 없이 Person()을 호출하려고 하면 생성자는 여전히 에러를 발생시킬 것이다. 호출 가능한 클래스 생성자를 만드는 것은 오직 프락시를 사용해서만 가능하다.

12.13 취소 가능한 프락시

일반적으로 프락시는 일단 만들어지면 취소되지 않는다. 지금까지 이 장의 예제는 취소될 수 없는 프락시로 사용되었다. 그러나 더 이상 사용되지 않는 프락시를 취소하길 원하는 상황도 있을 수 있다. 보안 목적으로 API를 통해 객체를 제공하고 특정 시점에 일부 기능에 대한 접근을 차단하는 능력을 유지하려 할 때, 프락시 취소 기능이 유용할 것이다.

Proxy.revocable() 메서드를 사용하여 취소 가능한 프락시를 만들 수 있고, 이 메서드는 Proxy 생성자와 마찬가지로 인자로 타깃 객체와 프락시 핸들러를 받는다. 반환 값은 다음 프로퍼티를 가진 객체이다.

- proxy - 취소 가능한 프락시 객체
- revoke - 프락시를 취소하기 위해 호출하는 함수

revoke() 함수가 호출되면, 더 이상 proxy를 통한 연산이 수행되지 않는다. 프락시 객체에서 프락시 트랩을 동작시키는 모든 접근 시도는 에러를 발생시킨다. 다음 예제를 살펴보자.

```
let target = {
    name: "target"
};

let { proxy, revoke } = Proxy.revocable(target, {});

console.log(proxy.name);          // "target"

revoke();

// 에러 발생
console.log(proxy.name);
```

이 예제는 취소 가능한 프락시를 만든다. Proxy.revocable() 메서드에 의해 반환된 객체는 proxy와 revoke 프로퍼티를 가지며, 구조분해를 사용하여 같은 이름의 proxy와 revoke 변수에 할당된다. 그 후 proxy 객체는 취소 불가능한 프락시 객체처럼 사용되므로, proxy.name은 target.name을 전달하여 "target"을 반환한다. 그러나 revoke() 함수가 호출되면, proxy는 더 이상 동작하지 않는다. proxy.name에 접근하려 하면 에러가 발생하며, proxy에 트랩을 동작하게 하는 다른 연산들도 마찬가지이다.

12.14 배열 문제 해결하기

이 장의 시작에서, 왜 개발자들이 ECMAScript 6 이전의 자바스크립트에서 객체의 동작을 올바르게 흉내 낼 수 없는지에 대해 설명했다. 프락시와 리플렉션 API는 내장 Array 타입에 프로퍼티가 추가되고 제거될 때와 똑같이 동작하는 객체를 만들 수 있게 해준다. 다음 예제를 통해 프락시가 흉내 낼 동작을 다시 한 번 살펴보자.

```
let colors = ["red", "green", "blue"];

console.log(colors.length);         // 3
```

```
colors[3] = "black";

console.log(colors.length);        // 4
console.log(colors[3]);            // "black"

colors.length = 2;

console.log(colors.length);        // 2
console.log(colors[3]);            // undefined
console.log(colors[2]);            // undefined
console.log(colors[1]);            // "green"
```

이 예제에서 주목해야 할 중요 동작은 두 가지다.

* color[3]에 값이 할당되었을 때 length 프로퍼티의 값이 4로 증가한다.
* length 프로퍼티에 2를 설정하면 배열의 마지막 두 요소가 제거된다.

내장 배열이 동작하는 방식을 재현하기 위해 이 두 가지 동작을 정확히 흉내 낼 필요가 있다. 다음 절에서 이 동작을 올바르게 흉내 내는 객체를 만들기 위해 어떻게 해야 하는지 살펴본다.

12.14.1 배열 인덱스 감지하기

배열에서 정수 프로퍼티 키에 값을 할당하는 것은 정수 프로퍼티가 아닌 키에 값을 할당하는 것과 다르게 처리되기 때문에 특별한 경우라는 것을 명심하자. ECMAScript 6 명세는 프로퍼티 키가 배열 인덱스인지 아닌지 결정하는 방법에 대해 다음 지침을 제공한다.

문자열 프로퍼티 이름 P는 ToString(ToUint32(P))가 P와 같고 ToUint32(P)와 $2^{32}-1$이 같지 않은 필요충분 조건이면 배열 인덱스이다.[1]

이 연산은 다음 예제처럼 구현할 수 있다.

```
function toUint32(value) {
    return Math.floor(Math.abs(Number(value))) % Math.pow(2, 32);
}

function isArrayIndex(key) {
    let numericKey = toUint32(key);
    return String(numericKey) == key && numericKey < (Math.pow(2, 32) - 1);
}
```

---

1 (옮긴이) *http://www.ecma-international.org/ecma-262/6.0/#sec-array-exotic-objects*

toUint32() 함수는 주어진 값을 명세에 설명되어 있는 알고리즘을 사용하여 부호 없는 32비트 정수(unsigned 32-bit integer) 변환한다. isArrayIndex() 함수는 먼저 키를 uint32로 변환하고 키와 배열 인덱스가 같은지 결정하기 위해 비교를 수행한다. 이런 두 가지 유틸리티 함수를 이용하여, 내장 배열을 흉내 낼 객체를 구현해 볼 수 있다.

12.14.2 새 요소가 추가되었을 때 length 증가시키기

앞에서 설명한 두 가지 배열 동작은 프로퍼티 할당에 의존한다. 이는 두 가지 동작을 만들기 위해 set 프락시 트랩을 사용할 필요가 있다는 의미이다. length – 1보다 더 큰 배열 인덱스가 사용되었을 때 length 프로퍼티를 증가시킴으로써 다음 예제처럼 첫 번째 동작을 구현해볼 수 있다.

```
function toUint32(value) {
    return Math.floor(Math.abs(Number(value))) % Math.pow(2, 32);
}

function isArrayIndex(key) {
    let numericKey = toUint32(key);
    return String(numericKey) == key && numericKey < (Math.pow(2, 32) - 1);
}

function createMyArray(length=0) {
    return new Proxy({ length }, {
        set(trapTarget, key, value) {

            let currentLength = Reflect.get(trapTarget, "length");

            // 특별한 경우
            if (isArrayIndex(key)) {
                let numericKey = Number(key);

                if (numericKey >= currentLength) {
                    Reflect.set(trapTarget, "length", numericKey + 1);
                }
            }

            // 키 타입과 상관없이 이 동작을 수행
            return Reflect.set(trapTarget, key, value);
        }
    });
}

let colors = createMyArray(3);
console.log(colors.length);        // 3

colors[0] = "red";
```

```
colors[1] = "green";
colors[2] = "blue";

console.log(colors.length);            // 3

colors[3] = "black";

console.log(colors.length);            // 4
console.log(colors[3]);                // "black"
```

이 코드는 배열 인덱스의 설정을 가로채기 위해 set 프락시 트랩을 사용한다. 키가 배열 인덱스이면, 키는 항상 문자열로 전달되기 때문에 숫자로 변환된다. 그 다음에 숫자로 변환된 값이 현재 length 프로퍼티 값과 같거나 더 크면, length 프로퍼티는 숫자 키보다 1 큰 값으로 변경된다(인덱스 3 위치에 요소를 설정한다는 것은 length가 4가 되어야 함을 의미한다). 그리고 나서 프로퍼티를 지정한 값으로 설정해야 하기 때문에, 프로퍼티를 설정하는 기본 동작은 Reflect.set()을 사용한다.

처음 사용자 정의 배열은 createMyArray()를 통해 만들어졌으며 length에는 3이 할당되었다. 그리고 곧이어 세 요소에 값이 추가되었다. length 프로퍼티는 "black"이 프로퍼티 3에 할당되기 전까지 3인 채로 남아 있다. 할당 이후 length는 4가 된다.

첫 번째 배열 동작은 잘 동작하며, 이제 두 번째 동작을 구현할 차례이다.

12.14.3 length를 감소시켜서 요소를 제거하기

앞에서 흉내 낸 첫 번째 배열 동작은 배열 인덱스가 length 프로퍼티보다 크거나 같을 때만 사용된다. 두 번째 동작은 반대로 length 프로퍼티가 이전에 포함하고 있는 값보다 작을 때 배열 요소를 제거한다. 이는 length 프로퍼티를 변경하는 것뿐 아니라 존재하지 않아야 하는 요소를 제거한다는 의미이다. 예를 들어 length가 4인 배열의 length를 2로 설정하면, 2와 3에 위치하는 요소는 제거된다. 이 작업은 첫 번째 동작과 함께 set 프락시 트랩 안에서 수행할 수 있다. 다음 예제는 앞의 예제에서 createMyArray 메서드를 수정한 버전이다.

```
function toUint32(value) {
    return Math.floor(Math.abs(Number(value))) % Math.pow(2, 32);
}

function isArrayIndex(key) {
    let numericKey = toUint32(key);
```

```
        return String(numericKey) == key && numericKey < (Math.pow(2, 32) - 1);
}

function createMyArray(length=0) {
    return new Proxy({ length }, {
        set(trapTarget, key, value) {

            let currentLength = Reflect.get(trapTarget, "length");

            // 특별한 경우
            if (isArrayIndex(key)) {
                let numericKey = Number(key);

                if (numericKey >= currentLength) {
                    Reflect.set(trapTarget, "length", numericKey + 1);
                }
            } else if (key === "length") {

                if (value < currentLength) {
                    for (let index = currentLength - 1; index >= value; index--) {
                        Reflect.deleteProperty(trapTarget, index);
                    }
                }

            }

            // 키 타입과 상관없이 이 동작을 수행
            return Reflect.set(trapTarget, key, value);
        }
    });
}

let colors = createMyArray(3);
console.log(colors.length);          // 3

colors[0] = "red";
colors[1] = "green";
colors[2] = "blue";
colors[3] = "black";

console.log(colors.length);          // 4

colors.length = 2;

console.log(colors.length);          // 2
console.log(colors[3]);              // undefined
console.log(colors[2]);              // undefined
console.log(colors[1]);              // "green"
console.log(colors[0]);              // "red"
```

이 코드에서 set 프락시 트랩은 key가 "length"인지 검사하여 객체의 나머지 부분을 올바르게 조정한다. 검사를 수행할 때, 먼저 Reflect.get()을 사용하여 배열의 현재 길이를 얻고 새 값과 비교한다. 새 값이 배열의 현재 길이보다 작으면, for문에서 더 이상 이용할 수 없어야 하는 타깃의 모든 프로퍼티를 제거한다. for문은 현재 배열 길이(currentLength)에서 새 배열 길이(value)에 도달할 때까지 거꾸로 반복해가면서 각 프로퍼티를 제거한다.

이 예제는 네 가지 색을 colors에 추가하고 나서 length 프로퍼티에 2를 설정한다. 이는 사실상 2와 3의 위치에 있는 요소를 제거하므로, 그 위치의 요소에 접근하려 하면 undefined가 반환된다. length 프로퍼티는 2로 올바르게 설정되고, 0과 1 위치의 요소들은 여전히 접근 가능하다.

이 두 가지 동작 구현과 함께, 내장 배열의 동작을 흉내내는 객체를 쉽게 만들 수 있다. 그러나 이 동작을 캡슐화 하기 위해 클래스를 만드는 것이 함수로 구현하는 것보다 바람직하므로, 다음 단계에서는 클래스로 이 기능을 구현해보겠다.

12.14.4 MyArray 클래스 구현하기

프락시를 사용하는 클래스를 만드는 가장 쉬운 방법은 평소와 마찬가지로 클래스를 정의하고 생성자에서 프락시를 반환하는 것이다. 그런 방식으로 클래스가 인스턴스화 될 때 반환되는 객체는 인스턴스 대신 프락시일 것이다(인스턴스는 생성자 내의 this 값이다). 인스턴스는 프락시의 타깃이 되고, 프락시는 인스턴스인 것처럼 반환된다. 이 인스턴스는 완전히 비공개이며 직접 접근할 수 없지만, 프락시를 통해 간접적으로 접근할 수 있다.

클래스 생성자로부터 프락시를 반환하는 다음 예제를 살펴보자.

```
class Thing {
    constructor() {
        return new Proxy(this, {});
    }
}

let myThing = new Thing();
console.log(myThing instanceof Thing);        // true
```

이 예제에서 Thing 클래스는 생성자에서 프락시를 반환한다. 프락시 타깃은 this이고 이 프락시는 생성자에서 반환된다. 이는 myThing은 Thing 생성자를 호출하여 만들어졌지만 실제로는 프락시라는 의미이다. 프락시는 타깃에 프락시의 동작을 전달하기 때문에, myThing은 여전히 Thing의 인스턴스이며, 어떤 곳에서 Thing 클래스를 사용하더라도 프락시인지 인식할 수 없다.

생성자에서 프락시를 반환할 수 있다는 것을 이해하면, 프락시를 사용하여 사용자 정의 배열 클래스를 만드는 것은 상대적으로 수월하다. 이 코드는 310쪽 "length를 감소시켜서 요소를 제거하기"의 코드와 유사하다. 같은 프락시 코드를 사용할 수 있지만, 이번에는 클래스 생성자 내에서 프락시 코드를 사용해야 한다. 다음 예제를 살펴보자.

```javascript
function toUint32(value) {
    return Math.floor(Math.abs(Number(value))) % Math.pow(2, 32);
}

function isArrayIndex(key) {
    let numericKey = toUint32(key);
    return String(numericKey) == key && numericKey < (Math.pow(2, 32) - 1);
}

class MyArray {
    constructor(length=0) {
        this.length = length;

        return new Proxy(this, {
            set(trapTarget, key, value) {

                let currentLength = Reflect.get(trapTarget, "length");

                // 특별한 경우
                if (isArrayIndex(key)) {
                    let numericKey = Number(key);

                    if (numericKey >= currentLength) {
                        Reflect.set(trapTarget, "length", numericKey + 1);
                    }
                } else if (key === "length") {

                    if (value < currentLength) {
                        for (let index = currentLength - 1; index >= value; index--) {
                            Reflect.deleteProperty(trapTarget, index);
                        }
                    }
                }

                // 키 타입과 상관없이 이 동작을 수행
                return Reflect.set(trapTarget, key, value);
            }
        });

    }
}
```

```
let colors = new MyArray(3);
console.log(colors instanceof MyArray);      // true

console.log(colors.length);         // 3

colors[0] = "red";
colors[1] = "green";
colors[2] = "blue";
colors[3] = "black";

console.log(colors.length);         // 4

colors.length = 2;

console.log(colors.length);         // 2
console.log(colors[3]);             // undefined
console.log(colors[2]);             // undefined
console.log(colors[1]);             // "green"
console.log(colors[0]);             // "red"
```

이 코드는 생성자에서 프락시를 반환하는 MyArray 클래스를 만든다. length 프로퍼티는 생성자에서 추가되고(전달된 값으로 초기화 되거나 기본 값인 0으로 초기화된다) 프락시가 만들어져 반환된다. 이는 colors 변수가 MyArray의 인스턴스로 보이게 하고 핵심 배열 동작 두 가지를 구현한다.

클래스 생성자에서 프락시를 반환하는 것은 간단하지만, 이는 모든 인스턴스에 새 프락시가 생성된다는 의미이기도 하다. 그러나 모든 인스턴스가 하나의 프락시를 공유하는 방법이 존재하며, 그 방법은 프로토타입으로 프락시를 사용하는 것이다.

12.15 프로토타입으로 프락시 사용하기

프락시는 프로토타입으로 사용될 수 있지만, 앞의 예제에 비해 좀 더 복잡하다. 프락시가 프로토타입이면, 프락시 트랩은 기본 연산이 프로토타입에서 지속될 때만 호출되며 프락시의 가용 범위를 프로토타입으로 제한한다. 다음 예제를 살펴보자.

```
let target = {};
let newTarget = Object.create(new Proxy(target, {

    // 호출되지 않음
    defineProperty(trapTarget, name, descriptor) {

        // 만약 호출되면 에러 발생
```

```
        return false;
    }
}));

Object.defineProperty(newTarget, "name", {
    value: "newTarget"
});

console.log(newTarget.name);                    // "newTarget"
console.log(newTarget.hasOwnProperty("name"));  // true
```

newTarget 객체는 프로토타입 프락시와 함께 만들어진다. target을 프락시 타깃으로 만들면, 프락시의 투명하게 전달하는 특성 때문에 target을 newTarget의 프로토타입으로 만드는 것과 사실상 같은 효과를 낸다. 여기서, 프락시 트랩은 newTarget의 연산이 target에서 일어나도록 전달될 때에만 호출될 것이다. Object.defineProperty() 메서드는 newTarget에 name이라는 프로퍼티를 만들기 위해 호출된다. 객체에 프로퍼티를 정의하는 것은 일반적으로 객체 프로토타입으로 이어지는 연산이 아니므로, 프락시의 defineProperty 트랩은 호출되지 않고 name 프로퍼티는 newTarget의 프로퍼티로 추가된다.

프락시는 프로토타입으로 사용될 때 상당히 제한되지만, 몇 가지 트랩은 여전히 유용하다. 다음 절에서 살펴보자.

12.15.1 프로토타입에서 get 트랩 사용하기

프로퍼티를 읽기 위해 내부의 [[Get]] 메서드가 호출되면, 연산은 객체가 가진 프로퍼티를 우선 탐색한다. 객체가 소유한 프로퍼티에서 주어진 이름을 찾지 못하면, 연산은 프로토타입으로 이어지고 그곳에서 프로퍼티를 탐색한다. 이 과정은 탐색할 프로토타입이 더 이상 없을 때까지 이어진다.

이러한 과정 때문에, 만약 get 프락시 트랩을 설정한다면 그 트랩은 주어진 이름의 프로퍼티가 존재하지 않을 때마다 프로토타입에서 호출될 것이다. 존재 여부를 보장할 수 없는 프로퍼티에 접근할 때, 예상치 못한 동작을 방지하기 위해 get 트랩을 사용할 수 있다.

단지 존재하지 않는 프로퍼티에 접근하려고 시도할 때마다 에러를 발생시키는 객체를 만들면 된다.

```
let target = {};
let thing = Object.create(new Proxy(target, {
    get(trapTarget, key, receiver) {
```

```
            throw new ReferenceError(`${key} doesn't exist`);
        }
}));

thing.name = "thing";

console.log(thing.name);          // "thing"

// 에러 발생
let unknown = thing.unknown;
```

이 코드에서 thing 객체는 프로토타입 프락시와 함께 만들어진다. get 트랩은 thing 객체에 주어진 키가 존재하지 않음을 나타내기 위해, 호출되면 에러를 발생시킨다. thing.name을 읽으면 thing에 name 프로퍼티가 존재하기 때문에 프로토타입의 get 트랩이 호출되지 않는다. 존재하지 않는 thing.unknown 프로퍼티에 접근할 때만 get 트랩이 호출된다.

마지막 라인이 실행될 때, unknown은 thing이 소유한 프로퍼티가 아니므로 연산이 프로토타입으로 이어진다. 그리고 나서 get 트랩이 에러를 발생시킨다. 이 동작은 알 수 없는 프로퍼티에 접근할 때 에러가 발생하지 않고 undefined를 반환하는 자바스크립트에서 매우 유용하다(다른 언어에서는 에러가 발생한다).

이 예제에서 trapTarget과 receiver가 다른 객체임을 이해하는 것이 중요한 부분이다. 프락시가 프로토타입으로 사용될 때, trapTarget은 프로토타입 객체지만 receiver는 인스턴스 객체이다. 즉 이 예제의 경우, trapTarget은 target이고 receiver는 thing이다. 이는 프락시의 원본 타깃과 이 연산이 일어나는 객체 둘 다에 접근 가능하다는 의미이다.

12.15.2 프로토타입에서 set 트랩 사용하기

내부의 [[Set]] 메서드 또한 객체가 소유한 프로퍼티를 검사하고, 필요하다면 프로토타입에도 이어서 검사한다. 객체 프로퍼티에 값을 할당할 때, 같은 이름의 프로퍼티가 객체에 존재하면 값을 할당한다. 주어진 이름의 프로퍼티가 없다면, 이어서 프로토타입을 탐색한다. 연산이 프로토타입으로 이어지더라도, 프로퍼티에 값을 할당하는 것은 할당하려는 이름의 프로퍼티가 프로토타입에 존재하는지와 상관이 없다. 할당 연산은 기본적으로 인스턴스(프로토타입이 아닌)에 프로퍼티를 만든다.

프로토타입에서 set 트랩이 언제 호출되고 언제 호출되지 않는지를 알아보기 위해, 먼저 기본 동작을 보여주는 다음 예제를 살펴보자.

```
let target = {};
let thing = Object.create(new Proxy(target, {
    set(trapTarget, key, value, receiver) {
        return Reflect.set(trapTarget, key, value, receiver);
    }
}));

console.log(thing.hasOwnProperty("name"));      // false

// `set` 프락시 트랩 실행
thing.name = "thing";

console.log(thing.name);                        // "thing"
console.log(thing.hasOwnProperty("name"));      // true

// `set` 프락시 트랩이 실행되지 않음
thing.name = "boo";

console.log(thing.name);                        // "boo"
```

이 예제에서, target은 처음에 소유한 프로퍼티가 없다. thing 객체는 프로토타입으로 프락시를 가지고 있는데, 이 프락시의 set 트랩은 새로운 프로퍼티가 만들어지는 것을 가로챈다. thing.name에 값으로 "thing"이 할당될 때, thing에는 name이라는 프로퍼티가 없기 때문에 set 프락시 트랩이 호출된다. set 트랩 내에서, trapTarget은 target이고, receiver는 thing이다. 이 연산은 결국 thing에 새 프로퍼티를 만들어야 하며, 다행히 네 번째 인자로 receiver를 전달하면 Reflect. set()이 이 기본 동작을 구현한다.

name 프로퍼티가 thing에 만들어지면, thing.name에 다른 값을 설정하더라도 더 이상 set 프락시 트랩을 호출하지 않는다. 이 경우, name은 객체가 이미 소유한 프로퍼티이므로, [[Set]] 연산이 절대 프로토타입으로 이어지지 않는다.

12.15.3 프로토타입에서 has 트랩 사용하기

has 트랩이 객체의 in 연산자를 가로챘던 것을 떠올려보자. in 연산자는 먼저 객체가 소유한 프로퍼티에 주어진 이름의 프로퍼티가 있는지 탐색한다. 프로퍼티가 없다면, 이 과정은 프로토타입에서 계속된다. 프로토타입에도 해당 프로퍼티가 없다면, 프로토타입 체인을 통해 프로퍼티를 발견하거나 더 이상 탐색할 프로토타입이 없을 때까지 계속된다.

그러므로 has 트랩은 탐색이 프로토타입 체인 내의 프락시 객체에 도달할 때만 호출된다. 즉 프로토타입 프락시를 사용하면, has 트랩은 주어진 이름의 프로퍼티가 없는 경우에만 호출된다. 다음 예제를 살펴보자.

```
let target = {};
let thing = Object.create(new Proxy(target, {
    has(trapTarget, key) {
        return Reflect.has(trapTarget, key);
    }
}));

// `has` 프락시 트랩을 동작시킴
console.log("name" in thing);                // false

thing.name = "thing";

// `has` 프락시 트랩을 동작시키지 않음
console.log("name" in thing);                // true
```

이 코드에서는 thing의 프로토타입에 has 프락시 트랩을 만든다. has 트랩에는 get과 set 트랩과 달리 receiver 객체가 전달되지 않는데, 그 이유는 in 연산자가 사용될 때 프로토타입 탐색을 자동으로 수행하기 때문이다. 대신 has 트랩은 반드시 target과 같은 trapTarget에서만 동작해야 한다. 이 예제에서 in 연산자가 처음 사용될 때, name 프로퍼티가 thing의 소유 프로퍼티에 존재하지 않기 때문에 has 트랩이 호출된다. 그리고 thing.name에 값이 주어지고 in 연산자가 다시 사용될 때, thing의 name 프로퍼티를 찾은 이후 연산이 멈추므로 has 트랩이 호출되지 않는다.

지금까지 프로토타입 예제에서는 Object.create() 메서드로 만들어진 객체에 초점을 맞췄다. 그러나 프로토타입 프락시를 가진 클래스를 만들려고 한다면 과정이 좀 더 복잡해진다.

12.15.4 클래스에서 프로토타입 프락시

클래스는 프로토타입 프락시를 사용하도록 직접 변경할 수 없는데, 이는 클래스의 prototype 프로퍼티가 쓰기 불가능한 특성을 갖기 때문이다. 그러나 상속을 사용하는 식으로 약간 우회하여 프로토타입 프락시를 가진 클래스를 만들 수 있다. 이를 위해, 먼저 ECMAScript 5 스타일의 생성자 함수를 사용하여 타입을 정의할 필요가 있다. 그리고 나서 프락시로 프로토타입을 덮어쓰면 된다. 다음 예제를 살펴보자.

```
function NoSuchProperty() {
    // 비어 있음
}

NoSuchProperty.prototype = new Proxy({}, {
    get(trapTarget, key, receiver) {
        throw new ReferenceError(`${key} doesn't exist`);
    }
});

let thing = new NoSuchProperty();

// `get` 프락시 트랩 때문에 에러 발생
let result = thing.name;
```

NoSuchProperty 함수는 클래스가 상속하려는 기반을 나타낸다. 함수의 prototype 프로퍼티에는 제약 사항이 없으므로, 프락시로 덮어쓸 수 있다. get 트랩은 프로퍼티가 존재하지 않을 때 에러를 발생시키기 위해 사용된다. thing 객체는 NoSuchProperty의 인스턴스로 만들어지고, 존재하지 않는 name 프로퍼티에 접근하면 에러를 발생시킨다.

다음 단계는 NoSuchProperty을 상속한 클래스를 만드는 것이다. 다음 예제처럼 9장에서 설명한 extends 문법을 사용하여 간단하게 클래스의 프로토타입 체인에 프락시가 포함되도록 할 수 있다. 다음 예제를 살펴보자.

```
function NoSuchProperty() {
    // 비어 있음
}

NoSuchProperty.prototype = new Proxy({}, {
    get(trapTarget, key, receiver) {
        throw new ReferenceError(`${key} doesn't exist`);
    }
});

class Square extends NoSuchProperty {
    constructor(length, width) {
        super();
        this.length = length;
        this.width = width;
    }
}

let shape = new Square(2, 6);

let area1 = shape.length * shape.width;
console.log(area1);                        // 12
```

```
// "wdth"가 존재하지 않기 때문에 에러 발생
let area2 = shape.length * shape.wdth;
```

Square 클래스가 NoSuchProperty를 상속하므로, 프락시는 Square 클래스의 프로토타입 체인에 포함되어 있다. 그리고 나서 shape 객체는 Square의 새로운 인스턴스로 만들어지고 length와 width라는 두 개의 프로퍼티를 가진다. get 프락시 트랩이 호출되지 않기 때문에, 이 프로퍼티의 값을 문제없이 읽을 수 있다. shape에 존재하지 않는 프로퍼티(예를 들면, shape.wdth)에 접근할 때만 get 프락시 트랩이 실행되고 에러가 발생하며, 이는 프락시가 shape의 프로토타입 체인에 포함되어 있다는 것을 증명한다. 그러나 프락시가 shape의 직접적인 프로토타입이 아니라는 것이 분명하게 드러나지 않는다. 사실, 프락시는 shape의 프로토타입 체인의 두 번째 단계에 있다. 앞의 예제를 수정하면 더 분명하게 확인할 수 있다.

```
function NoSuchProperty() {
    // 비어 있음
}

// 프로토타입이 될 프락시의 참조를 저장
let proxy = new Proxy({}, {
    get(trapTarget, key, receiver) {
        throw new ReferenceError(`${key} doesn't exist`);
    }
});

NoSuchProperty.prototype = proxy;

class Square extends NoSuchProperty {
    constructor(length, width) {
        super();
        this.length = length;
        this.width = width;
    }
}

let shape = new Square(2, 6);

let shapeProto = Object.getPrototypeOf(shape);

console.log(shapeProto === proxy);              // false

let secondLevelProto = Object.getPrototypeOf(shapeProto);

console.log(secondLevelProto === proxy);        // true
```

이 예제에서는 proxy라는 변수에 프락시를 저장하여, 나중에 구별하기 쉽도록 한다. shape의 프로토타입은 프락시가 아니라 Square.prototype이다. 그러나 Square.prototype의 프로토타입은 NoSuchProperty에서 상속된 프락시이다.

상속은 프로토타입 체인에 또 다른 단계를 추가하는데, 이는 proxy의 get 트랩 호출을 일으킬 수도 있는 연산이 수행되기 전에 이 추가적인 단계를 거치도록 할 필요가 있기 때문에 중요하다. 다음 예제처럼, 만약 Square.prototype에 프로퍼티가 있다면, 이 프로퍼티가 호출될 때 get 프락시 트랩이 실행되는 것을 방지할 것이다.

```javascript
function NoSuchProperty() {
    // 비어 있음
}

NoSuchProperty.prototype = new Proxy({}, {
    get(trapTarget, key, receiver) {
        throw new ReferenceError(`${key} doesn't exist`);
    }
});

class Square extends NoSuchProperty {
    constructor(length, width) {
        super();
        this.length = length;
        this.width = width;
    }

    getArea() {
        return this.length * this.width;
    }
}

let shape = new Square(2, 6);

let area1 = shape.length * shape.width;
console.log(area1);                      // 12

let area2 = shape.getArea();
console.log(area2);                      // 12

// "wdth"가 존재하지 않기 때문에 에러 발생
let area3 = shape.length * shape.wdth;
```

이 예제에서 Square 클래스에는 getArea() 메서드가 있다. getArea() 메서드는 Square.prototype에 자동으로 추가되므로, shape.getArea()가 호출될 때 getArea() 메서드에 대한 탐색은 shape 인스턴스에서 시작해서 인스턴스의 프로토타입으로 진행된다. 프로토타입에서 getArea()를 찾을 수 있기 때문에 탐색은 멈추고 프락시는 호출되지 않는다. getArea()가 호출되었을 때 잘못된 에러가 발생하는 것을 원치 않기 때문에 이는 올바른 동작이다.

비록 프로토타입 체인에 프락시와 함께 클래스를 만드는 코드가 조금 추가되었지만, 이러한 기능이 필요하다면 충분히 적용해 볼 만한 가치가 있다.

12.16 요약

ECMAScript 6 이전까지, 일부 객체(배열 같은)는 비표준적으로 동작했고 개발자는 이러한 동작을 구현할 수 없었다. 하지만 프락시는 그동안 불가능했던 것들을 가능하게 한다. 프락시는 비표준적으로 동작하는 몇 가지 저수준의 자바스크립트 연산을 개발자가 정의할 수 있도록 하므로, 프락시 트랩을 통해 자바스크립트 내장 객체의 모든 동작을 재현할 수 있다. 이러한 트랩은 in 연산자처럼 다양한 연산이 일어날 때 내부적으로 호출된다.

리플렉션 API 또한 ECMAScript 6에 도입되었는데, 이는 개발자가 각 프락시 트랩을 이용하여 기본 동작을 구현할 수 있다는 의미이다. 각 프락시 트랩은 Reflect 객체에 같은 이름의 메서드를 가지며, 이 또한 ECMAScript 6에서 추가된 부분이다. 프락시 트랩과 리플렉션 API 메서드를 조합하면, 내장된 동작을 기본값으로 사용하면서 특정 조건에서만 다르게 동작하도록 일부 연산을 필터링 하는 것이 가능하다.

취소 가능한 프락시는 revoke() 함수를 사용하여 프락시를 비활성화 시킬 수 있는 특별한 프락시이다. revoke() 함수는 프락시의 모든 기능을 종료하므로, revoke()가 호출된 뒤에 프락시 프로퍼티에 대한 모든 접근 시도는 에러를 발생시킨다. 취소 가능한 프락시는, 서드파티 개발자가 특정 객체에 지정된 시간동안만 접근하도록 할 필요가 있는 애플리케이션 보안에서 중요한 역할을 한다.

프락시를 직접 사용하는 방법이 가장 강력하지만, 다른 객체의 프로토타입으로 프락시를 사용할 수도 있다. 이러한 경우에 효과적으로 사용할 수 있는 프락시 트랩의 종류는 매우 제한적이다. 프로토타입으로 사용될 때 get과 set, has 프락시 트랩만이 항상 호출될 것이므로, 사용할 수 있는 경우가 많지는 않다.

13장

모듈로 캡슐화하기

자바스크립트에서 코드를 로드할 때 "모든 것을 공유하는" 방식은 가장 에러가 발생하기 쉬운 부분이고 언어적으로도 혼란스러운 부분이다. 다른 언어들은 코드의 스코프를 정의하기 위해 패키지 같은 개념을 갖고 있지만, ECMAScript 6 이전까지 자바스크립트 파일에 정의된 애플리케이션의 모든 부분들은 하나의 전역 스코프를 공유했다. 웹 애플리케이션이 더 복잡해지고 더 많은 자바스크립트 코드를 사용하게 될수록, 이러한 접근법은 이름이 충돌한다거나 보안상 우려가 될 만한 문제를 일으켰다. ECMAScript 6의 목표 중 하나는 이러한 문제를 해결하고 자바스크립트 애플리케이션에 질서를 가져오는 것이었으며, 이것이 모듈이 도입된 배경이다.

13.1 모듈이란?

모듈의 자바스크립트 코드는 자동으로 strict 모드에서 실행되며 이를 선택할 수 없다. 모든 것을 공유하는 구조와 달리, 모듈의 최상위 수준에서 만들어진 변수는 공용 전역 스코프에 자동으로 추가되지 않는다. 이렇게 만들어진 변수는 모듈의 최상위 수준 스코프 내에만 존재하며, 모듈 외부에서 이용하기 위해서는 해당 변수나 함수 같은 요소를 모듈에서 익스포트(export)해야 한다. 그리고 다른 모듈의 바인딩을 임포트(import)할 수도 있다.

모듈의 다음 두 가지 특징은 스코프와는 관련이 많지 않지만 중요한 부분이다. 먼저, 최상위 수준에서 모듈의 this 값은 undefined이다. 두 번째로, 모듈은 코드 내에 초창기 브라우저의 부산물인 HTML 스타일 주석을 허용하지 않는다.

모듈이 아닌 형태의 스크립트에는 이러한 특징이 없다. 모듈과 다른 자바스크립트 코드 간의 차이점은 언뜻 사소해 보이지만, 이는 자바스크립트 코드가 로딩되고 실행되는 방식의 커다란 변화를 나타내며, 이 장을 통해 논의할 것이다. 모듈의 진정한 힘은 파일 내에 정의된 모든 것 중 필요한 바인딩만 익스포트하고 임포트하는 기능에 있다. 익스포트와 임포트를 제대로 이해하는 게 스크립트와 모듈이 어떻게 다른지를 이해하는 기본이다.

13.2 익스포트 기본

다른 모듈에 코드 일부를 노출시키기 위해 export 키워드를 사용할 수 있다. 가장 간단한 예로, 다음 예제처럼 변수나 함수, 클래스 선언 앞에 export를 사용하여 모듈로부터 익스포트 시킬 수 있다.

```javascript
// 데이터 익스포트
export var color = "red";
export let name = "Nicholas";
export const magicNumber = 7;

// 함수 익스포트
export function sum(num1, num2) {
    return num1 + num1;
}

// 클래스 익스포트
export class Rectangle {
    constructor(length, width) {
        this.length = length;
        this.width = width;
    }
}

// 이 함수는 모듈에 비공개
function subtract(num1, num2) {
    return num1 - num2;
}

// 함수 정의
function multiply(num1, num2) {
    return num1 * num2;
}

// 위에서 정의한 함수를 익스포트
export { multiply };
```

이 예제에는 몇 가지 주목할 만한 부분이 있다. export 키워드를 제외한 모든 선언은 스크립트에서와 동일하다. 익스포트되는 함수와 클래스 선언은 이름을 필수로 하기 때문에 각각 이름을 가지고 있다. default 키워드를 사용하지 않는 한 익명 함수나 클래스는 익스포트할 수 없다 (329쪽 "모듈의 기본 값"에서 자세하게 논의한다).

또한 multiply() 함수를 살펴보면, 이 함수는 정의될 때 익스포트되지 않는다. 이는 선언을 항상 익스포트할 필요가 없기 때문에 잘 동작하며, 참조를 익스포트할 수도 있다. 그리고 이 예제에서 subtract() 함수를 익스포트하지 않았다는 것에 주목하자. 이 함수는 모듈 외부에서 접근이 불가능하며, 그 이유는 명시적으로 익스포트하지 않은 변수나 함수, 클래스는 모듈 내에 비공개 상태로 남기 때문이다.

13.3 임포트 기본

익스포트한 모듈이 있을 때, import 키워드를 사용하여 다른 모듈에 접근할 수 있다. import문은 두 부분으로 나뉘며, 각각 임포트하려는 것을 나타내는 식별자와 그 식별자가 임포트되어야 하는 모듈이다. 기본형은 다음과 같다.

```
import { identifier1, identifier2 } from "./example.js";
```

import 뒤 중괄호는 주어진 모듈로부터 임포트할 바인딩을 가리킨다. 키워드 from은 주어진 바인딩을 임포트할 모듈을 가리키는데 사용된다. 모듈은 모듈 경로를 나타내는 문자열을 사용하여 명시된다(모듈 명시자(module specifier)로 불림). 브라우저는 <script> 엘리먼트에 전달하는 것과 같은 형식을 사용하며, 이는 파일 확장자를 포함해야 한다는 의미이다. 반면, Node.js에서는 파일 시스템 접두어에 기반하여 로컬 파일과 패키지를 구별하는 컨벤션을 따른다. 예를 들어 example은 패키지이고 ./example.js는 로컬 파일이다.

 임포트할 바인딩의 리스트는 구조분해된 객체와 유사해보이지만, 구조분해된 객체가 아니다.

모듈로부터 바인딩을 임포트할 때, 바인딩은 const를 사용하여 정의한 것처럼 동작한다. 결과적으로 이는 같은 이름의 또 다른 변수를 정의할 수 없고(같은 이름의 또 다른 바인딩을 임포트하는 것 포함), import문 앞에서 그 식별자를 사용할 수 없으며 값을 변경할 수도 없다는 의미이다.

13.3.1 한 개의 바인딩만 임포트하기

324쪽 "익스포트 기본"의 예제가 파일 이름이 example.js인 모듈 안에 있다고 가정하자. 여러 가지 방법으로 모듈에서 바인딩을 임포트하고 사용할 수 있다. 예를 들어, 단 하나의 식별자를 임포트 할 수 있다.

```
// 단 하나의 식별자 임포트
import { sum } from "./example.js";

console.log(sum(1, 2));    // 3

sum = 1;        // 에러 발생
```

example.js에서 하나의 함수보다 더 많이 익스포트할 수 있더라도, 이 예제에서는 sum() 함수만 임포트한다. 임포트된 바인딩에는 재할당이 불가능하기 때문에, sum에 새로운 값을 할당하려 하면 에러가 발생한다.

 브라우저와 Node.js 간의 호환을 위해서는, 임포트할 파일 문자열의 시작에 /나 ./, ../를 포함해야 한다.

13.3.2 여러 개의 바인딩 임포트하기

example 모듈에서 여러 개의 바인딩을 임포트하려면, 다음 예제처럼 명시적으로 나열하면 된다.

```
// 여러 개 임포트
import { sum, multiply, magicNumber } from "./example.js";
console.log(sum(1, magicNumber));    // 8
console.log(multiply(1, 2));         // 2
```

이 예제에서, example 모듈의 sum과 multiply, magicNumber라는 세 개의 바인딩이 임포트된다. 그리고 나서 각 바인딩은 지역 변수로 정의된 것처럼 사용된다.

13.3.3 모듈 전체 임포트하기

특별한 경우, 모듈 전체를 하나의 객체로 임포트할 수 있다. 그리고 나면, 익스포트된 모든 것을 그 객체의 프로퍼티로 이용할 수 있다. 다음 예제를 살펴보자.

```
// 모두 임포트
import * as example from "./example.js";
console.log(example.sum(1,
        example.magicNumber));        // 8
console.log(example.multiply(1, 2));    // 2
```

이 코드에서 example.js에서 익스포트된 모든 바인딩은 example이라는 객체에 로딩된다. 그리고 이름을 명시한 익스포트 값(sum() 함수와 multiple() 함수, magicNumber)은 example의 프로퍼티를 통해 접근 가능하다.

이러한 임포트 형식은 네임스페이스 import라 불린다. 이는 example 객체가 example.js 파일 내에 존재하지 않으며, 이 파일에서 익스포트된 모든 멤버에 접근 가능한 네임스페이스 객체로 대신 만들어지기 때문이다.

그러나 모듈은 import문에서 모듈을 사용한 횟수와 상관없이 한 번만 실행된다는 것을 명심하자. 모듈을 임포트하는 코드가 실행된 후에, 인스턴스화 된 모듈은 메모리에 유지되고 다른 import문이 모듈을 참조할 때마다 재사용된다. 다음 예제를 살펴보자.

```
import { sum } from "./example.js";
import { multiply } from "./example.js";
import { magicNumber } from "./example.js";
```

이 모듈에는 세 개의 import문이 있지만, example.js는 한 번만 실행된다. 만약 같은 애플리케이션 내의 다른 모듈이 example.js로부터 바인딩을 임포트한다면 그 모듈들은 이 코드가 사용하는 것과 같은 모듈 인스턴스를 사용할 것이다.

모듈 문법의 제약 사항

export와 import의 중요한 제약 사항은 다른 문(statement)이나 함수의 외부에서만 사용되어야 한다는 것이다.
예를 들어, 다음 코드는 문법 에러를 발생시킨다.

```
if (flag) {
    export flag;    // 문법 에러
}
```

이 예제에서는 export문이 허용되지 않는 if문 내에 있기 때문에 문법 에러가 발생한다. 조건문 내에 위치하거나 동적으로 수행되는 식으로 익스포트를 사용할 수는 없다. 모듈 문법이 존재하는 한 가지 이유는 자바스크립트 엔진이 무엇을 익스포트할지 정적으로 정할 수 있도록 하는 것이다. 따라서 모듈의 최상위 수준에만 export를 사용할 수 있다.

유사하게, 문 내에 import를 사용할 수 없고 최상위 수준에서만 사용 가능하다. 다음 코드 또한 문법 에러를 발생시킨다.

```
function tryImport() {
    import flag from "./example.js";      // 문법 에러
}
```

익스포트 바인딩을 동적으로 할 수 없는 것과 같은 이유로 임포트 바인딩 또한 동적으로 할 수 없다. export와 import 키워드는 텍스트 에디터와 같은 도구들이 모듈에서 이용할 수 있는 정보가 무엇인지 쉽게 구분하도록 정적으로 설계되었다.

13.3.4 임포트 바인딩의 특이한 점

ECMAScript 6의 import문은 단순히 일반 변수처럼 원본의 바인딩을 참조하지 않고 변수, 함수 및 클래스에 대한 읽기 전용 바인딩을 만든다. 바인딩을 임포트한 모듈은 바인딩의 값을 변경할 수 없지만, 식별자를 익스포트한 모듈은 가능하다. 예를 들어 다음 예제 모듈을 사용하려 한다고 가정하자.

```
export var name = "Nicholas";
export function setName(newName) {
    name = newName;
}
```

name과 setName()를 임포트할 때, setName()은 name의 값을 변경할 수 있다.

```
import { name, setName } from "./example.js";

console.log(name);        // "Nicholas"
setName("Greg");
console.log(name);        // "Greg"

name = "Nicholas";        // 에러 발생
```

setName("Greg") 호출은 setName()이 익스포트된 모듈 안에서 실행되고, name에 "Greg"을 설정한다. 이러한 변경은 임포트된 name 바인딩에 자동으로 반영된다는 것에 주목해야 한다. 그 이유는 name이 익스포트된 name 식별자를 위한 지역 스코프 내의 이름이기 때문이다. 이 코드에서 사용된 name과 임포트된 모듈의 name은 같지 않다.

13.4 익스포트와 임포트에 새로운 이름 사용하기

때때로, 모듈로부터 임포트한 변수나 함수, 클래스의 원본 이름을 그대로 사용하지 않길 원할 수도 있다. 다행히 익스포트하거나 임포트하는 도중에도 이름을 변경할 수 있다.

먼저, 다른 이름으로 익스포트하길 원하는 함수가 있다고 가정하자. as 키워드를 사용하여 모듈 외부에 보여줄 함수의 이름을 명시할 수 있다.

```
function sum(num1, num2) {
    return num1 + num2;
}

export { sum as add };
```

이 예제에서 지역 스코프에 사용되는 이름인 sum() 함수는 익스포트용 이름인 add()로 익스포트된다. 이는 또 다른 모듈이 이 함수를 임포트할 때, add라는 이름을 사용해야 한다는 의미이다.

```
import { add } from "./example.js";
```

함수를 임포트하는 모듈에서 다른 이름을 사용하려 할 때도 as를 사용할 수 있다.

```
import { add as sum } from "./example.js";
console.log(typeof add);          // "undefined"
console.log(sum(1, 2));           // 3
```

이 코드는 sum()(이 컨텍스트에서의 지역 스코프용 이름) 함수로 재정의하기 위해 임포트용 이름을 사용하여 add() 함수를 임포트한다. 임포트 시에 함수의 지역 스코프 이름을 변경하는 것은, 모듈이 add() 함수를 임포트했더라도 이 모듈 내에 add()라는 식별자가 없다는 의미이다

13.5 모듈의 기본 값

모듈 문법은 모듈에서 기본 값을 익스포트하고 임포트하도록 최적화되어 있는데, 그 이유는 이 패턴이 CommonJS(브라우저가 아닌 곳에서 자바스크립트를

사용하기 위한 또 다른 명세) 같은 다른 모듈시스템에서도 매우 일반적이기 때문이다. 모듈의 기본 값은 default 키워드로 지정된 변수나 함수, 클래스이고, 모듈마다 하나의 익스포트 기본 값을 설정할 수 있다. default 키워드를 사용하여 여러 개를 익스포트하면 에러가 발생한다.

13.5.1 기본 값 익스포트하기

default 키워드를 사용하는 간단한 예제를 살펴보자.

```
export default function(num1, num2) {
    return num1 + num2;
}
```

이 모듈은 기본 값으로 함수를 익스포트한다. default 키워드는 이것이 익스포트 기본 값임을 나타낸다. 모듈 자체가 함수를 나타내기 때문에 이름은 필요하지 않다.

또한, 다음 예제처럼 export default 뒤에 이름을 사용하여 익스포트 기본 식별자를 명시할 수도 있다.

```
function sum(num1, num2) {
    return num1 + num2;
}

export default sum;
```

이 예제는 sum() 함수를 먼저 정의하고, 다음에 모듈의 기본 값으로 익스포트한다. 기본 값이 계산되어야 한다면 이러한 접근법이 필요할 수도 있다.

익스포트 기본 값으로 식별자를 명시하는 세 번째 방법은, 다음 예제처럼 이름 재정의 문법을 사용하는 것이다.

```
function sum(num1, num2) {
    return num1 + num2;
}

export { sum as default };
```

이름을 재정의하여 익스포트할 때 식별자 default는 특별한 의미를 가지며, 모듈의 기본 값이라는 것을 나타낸다. 자바스크립트에서 default는 키워드이기 때문에 값이나 함수, 클래스 이름으로 사용할 수 없지만, 프로퍼티 이름으로는 사용할 수 있다. 그러므로 익스포트할 때 이름의 재정의를 위해 특별히 default를 사용할 수 있다. 기본 값이 아닌 익스포트를 정의하는 방법과 일관성을 유지하기 위해 이렇게 한다. 이 문법은 하나의 export문을 사용하여, default를 포함한 여러 개의 익스포트를 동시에 명시하려고 할 때 유용하다.

13.5.2 기본 값 임포트하기
다음 문법을 사용하여 모듈에서 기본 값을 임포트할 수 있다.

```
// 기본 값 임포트
import sum from "./example.js";

console.log(sum(1, 2));     // 3
```

이 임포트문은 example.js 모듈에서 기본 값을 임포트한다. 기본 값이 아닌 것을 임포트할 때와 달리 중괄호를 사용하지 않는다. 지역 이름 sum은 모듈이 익스포트하는 기본 함수를 나타내기 위해 사용된다. 이 문법은 매우 명확하므로, ECMAScript 6 위원회는 이 문법이 웹에서 가장 일반적인 임포트 형식이 되기를 기대하고 있다. 또한 우리는 이를 통해 웹에서 기존 객체를 재사용할 수 있다.

기본 값과 하나 이상의 기본 값이 아닌 바인딩을 익스포트하는 모듈의 경우, 하나의 문을 사용하여 모든 익스포트된 바인딩을 임포트할 수 있다. 예를 들어 다음 모듈이 있다고 가정하자.

```
export let color = "red";

export default function(num1, num2) {
    return num1 + num2;
}
```

다음 예제의 import문을 사용하여 color와 기본 함수를 모두 임포트할 수 있다.

```
import sum, { color } from "./example.js";

console.log(sum(1, 2));     // 3
console.log(color);         // "red"
```

쉼표는 기본 값과 중괄호로 둘러싸인 기본 값이 아닌 지역 이름을 구분한다. 기

본 값은 import문에서 기본 값이 아닌 값 앞에 위치해야만 한다

기본 값을 익스포트할 때와 마찬가지로 이름 재정의 문법을 사용하여 기본 값을 임포트할 수 있다.

```
import { default as sum, color } from "example";

console.log(sum(1, 2));    // 3
console.log(color);        // "red"
```

이 코드에서 기본 값 익스포트(default)는 sum으로 이름이 재정의되고 추가로 익스포트된 color 또한 임포트된다. 이 예제는 앞에서 살펴본 예제와 동일하다.

13.6 바인딩을 다시 익스포트하기

또한, 임포트된 모듈을 다시 익스포트할 수 있다. 예를 들어, 몇 가지 작은 모듈로부터 라이브러리를 만들고 싶을 수 있다. 다음 예제처럼, 이번 장의 앞에서 논의한 패턴을 사용하여 임포트한 값을 다시 익스포트할 수 있다.

```
import { sum } from "./example.js";
export { sum }
```

이 예제는 잘 동작하지만 더 간단하게 같은 작업을 수행하도록 할 수 있다.

```
export { sum } from "./example.js";
```

이 export문 형태에서는 sum을 선언하기 위해 example.js에 명시된 모듈을 조사하고 그 뒤에 sum을 익스포트한다.

```
export { sum as add } from "./example.js";
```

이 예제에서 sum은 example.js로부터 임포트되고 뒤이어 add라는 이름으로 다시 익스포트된다.

다른 모듈에 모두 익스포트하고 싶다면 * 패턴을 사용하면 된다.

```
export * from "./example.js";
```

모든 것을 익스포트하면, 명시적으로 익스포트한 것들뿐 아니라 기본값 또한 포함하게 되며, 이는 모듈에서 익스포트할 수 있는 것들에 영향을 미칠 수도 있다. 예를 들어, example.js가 익스포트 기본 값을 가질 때 이 문법을 사용하면 새로운 익스포트 기본 값을 정의할 수 없다.

13.7 바인딩 없이 임포트하기

어떤 모듈은 아무것도 익스포트하지 않는 대신, 전역 스코프 객체만 수정한다. 모듈 내의 최 상위 수준 변수와 함수, 클래스는 자동으로 전역 스코프가 되지 않는데, 이것이 모듈 내에서 전역 스코프에 접근할 수 없다는 의미는 아니다. 모듈 내부에서도 Array와 Object 같이 전역 스코프로 공유되는 내장 객체에 접근하고 그 정의를 변경할 수 있으며, 만약 그 객체가 변경이 되면 다른 모듈에도 반영될 것이다.

예를 들어, 모든 배열에 pushAll() 메서드를 추가하고 싶다면 다음 예제처럼 모듈을 정의할 수 있다.

```
// 익스포트나 임포트 없는 모듈 코드
Array.prototype.pushAll = function(items) {

    // items는 배열이어야 함
    if (!Array.isArray(items)) {
        throw new TypeError("Argument must be an array.");
    }

    // 내장 push()와 전개 연산자를 사용
    return this.push(...items);
};
```

익스포트나 임포트문이 없지만 이 모듈은 유효하다. 이 코드는 모듈과 스크립트에서 사용될 수 있다. 어떤 것도 익스포트하지 않았기 때문에, 모듈 코드 실행을 위한 바인딩 임포트 없이도 임포트 문을 간소화하여 사용할 수 있다.

```
import "./example.js";

let colors = ["red", "green", "blue"];
let items = [];

items.pushAll(colors);
```

이 코드는 pushAll() 메서드를 포함하는 모듈을 임포트하고 실행하므로, pushAll()은 배열 프로토타입에 추가된다. 이는 이제 이 모듈 내 모든 배열에서 pushAll()을 사용할 수 있다는 의미이다.

 바인딩 없는 임포트문은 대부분 polyfill이나 shim에 사용된다.[1]

13.8 모듈 로드하기

ECMAScript 6에서는 모듈 문법을 정의했지만, 모듈을 로드하는 방식에 대해서는 정의하지 않았다. 구현 환경과 상관없이 모듈을 로드할 수 있도록 지원해야하기에, 명세에서도 대단히 복잡한 부분이다. ECMAScript 6에서는 모든 자바스크립트 환경에서 잘 동작하는 하나의 명세를 만들려고 시도하기보다는, 문법만을 명시하여 HostResolveImportedModule라는 정의되지 않은 내부 연산에 대한 로딩 메커니즘을 추상화했다. 웹 브라우저와 Node.js 개발자들은 각각의 환경에 적합한 방식으로 HostResolveImportedModule 구현 방법을 결정해야 한다.

13.8.1 웹 브라우저에서 모듈 사용하기

ECMAScript 6 이전에도 웹 브라우저에는 웹 애플리케이션에 자바스크립트를 포함하는 여러 가지 방법이 있었다. 스크립트를 로드하는 옵션들은 다음과 같다.

- <script> 엘리먼트의 src 속성에 로드할 코드의 위치를 명시하여 자바스크립트 코드 파일을 로딩
- src 속성 없이 <script> 엘리먼트에 인라인으로 자바스크립트 코드를 내장
- 워커(웹 워커나 서비스 워커)를 실행하여 자바스크립트 코드 파일을 로딩

모듈 스펙을 완전하게 지원하려면, 웹 브라우저는 이러한 각 로딩 메커니즘을 업데이트해야한다. 자세한 설명은 HTML 명세에 정의되어 있으며, 다음 절에 간단하게 요약되어 있다.

---

1 (옮긴이) 간략히 설명하면, 특정 환경(오래된 브라우저 등)에서 지원되지 않는 기능을 구현한 코드 조각을 의미한다.
   참고 : *http://2ality.com/2011/12/shim-vs-polyfill.html*
   https://remysharp.com/2010/10/08/what-is-a-polyfill/

\<script>로 모듈 사용하기

\<script> 엘리먼트의 기본 동작은 모듈이 아닌 스크립트로 자바스크립트 파일을 로드하는 것이다. type 속성이 없거나 type 속성이 자바스크립트 콘텐츠 타입("text/javascript")을 포함하면 기본 동작이 실행된다. \<script> 엘리먼트는 인라인 코드를 실행하거나 src에 명시된 파일을 로드한다. 모듈을 지원하기 위해서는 type 옵션에 "module" 값을 설정해야 한다. type을 "module"로 설정하면 브라우저는 인라인 코드나 src에 명시된 파일 코드를 스크립트가 아니라 모듈로 로드한다. 다음 예제를 살펴보자.

```
<!-- 자바스크립트 파일 모듈 로딩 -->
<script type="module" src="module.js"></script>

<!-- 인라인 모듈 포함 -->
<script type="module">

import { sum } from "./example.js";

let result = sum(1, 2);

</script>
```

이 예제의 첫 \<script> 엘리먼트는 src 속성을 사용하여 외부 모듈 파일을 로드한다. 스크립트로 로드할 때와 차이점은 type에 "module"을 설정한 것뿐이다. 두 번째 \<script> 엘리먼트는 웹 페이지에 직접 작성된 모듈을 포함한다. result 변수는 전역으로 노출되지 않는데, 그 이유는 모듈 내(\<script> 엘리먼트에 의해 정의)에 존재하여 window에 프로퍼티로 추가되지 않기 때문이다.

앞에서 살펴봤듯이, 모듈을 웹페이지에 포함하는 것은 매우 간단하며 스크립트를 포함할 때와 유사하다. 그러나 모듈이 실제 로딩되는 방식에서는 다소 차이가 있다.

 "module"은 "text/javascript"처럼 콘텐츠 타입이 아니라는 것에 주의해야 한다. 반면에 모듈 자바스크립트 파일은 스크립트 자바스크립트 파일과 같은 콘텐츠 타입으로 제공되므로, 콘텐츠 타입인지 여부로만 구별하는 것은 불가능하다. 또한, 브라우저는 type이 인식되지 않는 경우 \<script> 엘리먼트를 무시한다. 즉, 모듈을 지원하지 않는 브라우저는 \<script type="module"> 라인을 자동으로 무시하기 때문에, 하위 호환에 문제가 없다.

웹브라우저에서 모듈이 로드되는 순서

모듈에서는 스크립트와 달리, 올바른 실행을 보장하기 위해 먼저 로딩되어야 하는 파일(의존성이 있는 파일)을 지정하려는 목적으로 import를 사용할 수 있다. 이를 위해 `<script type="module">`은 항상 defer 속성이 적용된 것처럼 동작한다.

defer 속성은 스크립트 파일을 로드하는 데에는 선택적으로 사용할 수 있지만, 모듈 파일을 로드할 때는 항상 적용된다. 모듈 파일은 HTML 파서가 `<script type="module">` 내의 src 속성을 만나자마자 다운로드되기 시작하지만, 문서가 완전히 파싱될 때까지 실행되지 않는다. 또한, 모듈은 HTML 파일 내에 `<script type="module">` 엘리먼트가 위치한 순서대로 실행된다. 이는 두 번째 `<script type="module">`이 src 대신 인라인 코드를 포함하고 있더라도 첫 번째 스크립트 태그가 먼저 실행되는 것을 보장한다는 의미이다. 다음 예제를 살펴보자.

```html
<!-- 먼저 실행됨 -->
<script type="module" src="module1.js"></script>

<!-- 두 번째로 실행됨 -->
<script type="module">
import { sum } from "./example.js";

let result = sum(1, 2);
</script>

<!-- 세 번째로 실행됨 -->
<script type="module" src="module2.js"></script>
```

이 세 개의 `<script>` 엘리먼트는 명시된 순서대로 실행되므로, module1.js 모듈이 인라인 모듈보다 먼저 실행되며, 인라인 모듈은 module2.js 모듈보다 먼저 실행된다.

또한 각 모듈은 하나 이상의 다른 모듈에서 import될 수 있는데, 이는 로딩 순서를 복잡하게 만든다. 이러한 이유로 모든 import문을 식별하기 위해 모듈이 먼저 완전하게 파싱되어야 한다. 그리고 나서 각 import문은 패치(fetch, 네트워크나 캐시로부터)를 시작하며, 모든 import의 리소스들이 로딩되고 실행될 때까지 어떤 모듈도 실행되지 않는다.

명시적으로 `<script type="module">`를 사용하여 포함했는지 암묵적으로 import를 사용하여 포함했는지와 상관없이, 모든 모듈들은 순서대로 로딩되고 실행된다. 이 예제에서 전체 로딩 순서는 다음과 같다.

- module1.js를 다운로드하고 파싱
- modules1.js에 있는 import 리소스를 재귀적으로 다운로드하고 파싱
- 인라인 모듈을 파싱
- 인라인 모듈 안에 있는 import 리소스를 재귀적으로 다운로드하고 파싱
- module2.js를 다운로드하고 파싱
- module2.js에 있는 import 리소스를 재귀적으로 다운로드하고 파싱

로드가 완료되면, 문서가 완전히 파싱될 때까지 아무것도 실행되지 않는다. 문서가 완전히 파싱된 후에, 다음과 같이 동작한다.

- module1.js의 import 리소스를 재귀적으로 실행
- module1.js 실행
- 인라인 모듈의 import 리소스를 재귀적으로 실행
- 인라인 모듈 실행
- module2.js의 import 리소스를 재귀적으로 실행
- module2.js 실행

인라인 모듈도, 코드를 먼저 다운로드할 필요가 없다는 점만 제외하고는 다른 두 모듈과 동일하게 동작한다는 것을 명심하자. 그 외에 import 리소스를 로드하고 모듈을 실행하는 순서는 동일하다.

 defer 속성은 <script type="module">에서는 무시되는데, 이미 defer가 적용된 것처럼 동작하기 때문이다.

웹 브라우저에서 비동기 모듈 로드하기

이미 알고 있듯이 async는 <script> 엘리먼트의 속성이다. 스크립트에 async를 사용하면 파일 다운로드와 파싱이 완료되자마자 스크립트가 바로 실행된다. 그러나 문서 내 async 스크립트의 순서는 스크립트가 실행되는 순서에 영향을 미치지 않는다. 스크립트는 포함한 문서가 파싱이 완료되길 기다리지 않고 항상 다운로드가 끝나자마자 실행된다.

async 속성은 모듈에도 적용될 수 있다. <script type="module">에 async를 사용하면 모듈이 스크립트와 유사한 방식으로 실행된다. 유일한 차이점은 모듈의 모든 import 리소스가 모듈 실행 전에 다운로드된다는 것이다. 이는 모듈 실행에 필요한 모든 리소스가 반드시 먼저 다운로드 된다는 걸 의미한다. 그러나

그게 모듈이 언제 실행될지 확실히 알 수 있다는 의미는 아니다. 다음 예제를 살펴보자.

```
<!--어떤 것이 먼저 실행될지는 알 수 없음 -->
<script type="module" async src="module1.js"></script>
<script type="module" async src="module2.js"></script>
```

이 예제에서 두 모듈 파일은 비동기로 로딩된다. 그러나 코드를 살펴보는 것만으로는 어느 모듈이 먼저 실행될지 알 수 없다. `module1.js` 다운로드가 먼저 완료되면 (import 리소스 모두 포함), 먼저 실행될 것이다. `module2.js` 다운로드가 먼저 완료되면, 먼저 실행될 것이다.

워커에서 모듈 로드하기

웹 워커와 서비스 워커 같은 워커는 웹 페이지 컨텍스트의 외부에서 자바스크립트 코드를 실행한다. 새 워커를 만든다는 것은 새로운 Worker(또는 다른 클래스) 인스턴스를 만들고 자바스크립트 파일의 위치를 전달한다는 의미이다. 다음 예제와 같이, 기본 로딩 메카니즘은 스크립트처럼 파일을 로드한다.

```
// 스크립트처럼 script.js를 로딩
let worker = new Worker("script.js");
```

모듈 로딩을 지원하기 위해, HTML 표준 위원회는 이 생성자에 두 번째 인자를 추가했다. 두 번째 인자는 기본 값이 `"script"`인 type 프로퍼티를 가진 객체이다. 모듈 파일을 로드하기 위해 type을 `"module"`로 설정할 수 있다.

```
// 모듈처럼 module.js을 로딩
let worker = new Worker("module.js", { type: "module" });
```

이 예제에서는 두 번째 인자에 type 프로퍼티 값으로 `"module"`을 전달하여 `module.js`를 스크립트가 아닌 모듈 방식으로 로드한다(type 프로퍼티는 `<script>`의 속성인 type이 모듈과 스크립트를 구분하는 방식을 모방한다). 두 번째 인자는 브라우저의 모든 워커 타입에서 지원된다.

워커 모듈은 일반적으로 워커 스크립트와 같지만, 두 가지 예외가 있다. 첫 번째, 워커 스크립트는 웹 페이지와 같은 출처에서만 로딩될 수 있지만, 워커 모듈은 그러한 제한이 없다. 워커 모듈도 기본적으로 동일한 제약을 가지지만, 접근을 허용하는 적절한 Cross-Origin Resource Sharing(CORS) 헤더를 가진 파일은 로드할 수 있다. 두 번째, 워커 스크립트에서는 워커에 추가적인 스크립트를 로딩하기 위해 self.importScripts() 메서드를 사용할 수 있지만, 워커 모듈에서는 그 대신 import를 사용해야만 하기 때문에 self.importScripts()가 항상 실패한다.

13.8.2 브라우저 모듈 명시자 결의안

이 장의 모든 예제는 모듈 명시자로 (문자열 "./example.js"같은) 상대 경로를 사용해 왔다. 브라우저는 다음과 같은 형식 중 한 가지 모듈 명시자를 필요로 한다.

- 루트 디렉터리를 의미하는 /로 시작
- 현재 디렉터리를 의미하는 ./로 시작
- 부모 디렉터리를 의미하는 ../로 시작
- URL 형식

예를 들어, 다음 코드처럼 https://www.example.com/modules/module.js에 위치한 모듈 파일이 있다고 가정해보자.

```
// https://www.example.com/modules/example1.js로부터 임포트
import { first } from "./example1.js";

// https://www.example.com/example2.js로부터 임포트
import { second } from "../example2.js";

// https://www.example.com/example3.js로부터 임포트
import { third } from "/example3.js";

// https://www2.example.com/example4.js로부터 임포트
import { fourth } from "https://www2.example.com/example4.js";
```

이 예제 마지막 라인의 완전한 URL을 포함하여, 각 모듈 명시자는 브라우저에서 유효하다(www2.example.com가 cross-domain 로딩을 허용하도록 적절하게 설정된 CORS 헤더가 있다고 보장할 필요가 있다). 이러한 것들만 브라우저가 기본적으로 처리할 수 있는 모듈 명시자 형식에 해당하지만, 아직 완성되지 않은 모듈 로더 명세는 다른 형태를 처리할 수 있는 방식을 제공할 것이다.

　그때까지는 다음 예제처럼 정상적으로 보이는 일부 모듈 명시자도 브라우저에서 유효하지 않으며, 에러를 발생시킬 것이다.

```
// 유효하지 않음 - /, 나 ./, ../ 로 시작해야 함
import { first } from "example.js";

// 유효하지 않음 - /, 나 ./, ../ 로 시작해야 함
import { second } from "example/index.js";
```

브라우저에서는 이러한 모듈 명시자를 로드할 수 없다. 두 가지 모듈 명시자는 <script> 태그의 src 값으로 사용될 때 둘 다 잘 동작하지만, 유효하지 않은 형식 (시작 문자가 올바르지 않음)이다. 이는 <script>와 import 간 의도된 차이점에 해당한다.

13.9 요약

ECMAScript 6에서는 패키징과 캡슐화 기능을 위한 방법으로 언어에 모듈이 추가되었다. 모듈은 최상위 수준 변수와 함수, 클래스의 전역 스코프를 수정하지 않는다는 점과 this가 undefined라는 점에서 스크립트와 다르게 동작한다.

모듈을 사용하는 쪽에서 이용할 수 있게 하려면 그 기능을 반드시 익스포트해야 한다. 변수와 함수, 클래스는 모두 익스포트 될 수 있으며 모듈마다 하나의 익스포트 기본 값을 허용할 수 있다. 익스포트 한 뒤에는, 또 다른 모듈에서 익스포트된 이름 모두 또는 일부를 임포트할 수 있다. 이러한 이름은 let으로 정의된 것처럼 동작하고, 같은 모듈에 재선언할 수 없는 블록 바인딩처럼 처리된다.

만약 전역 스코프에서 어떤 작업을 하고 있다면 모듈은 어떤 것도 익스포트할 필요가 없다. 그리고 익스포트가 없는 이러한 모듈은 사실상 모듈 스코프 내에 어떤 바인딩도 포함하지 않고 임포트할 수 있다.

모듈은 다른 모드에서 실행되어야 하기 때문에, 브라우저는 모듈로 실행되어야 하는 원본 파일이나 인라인 코드를 구분하기 위해 <script type="module">를 도입했다. <script type="module">를 통해 로딩된 모듈 파일은 defer 속성이 적용된 것처럼 로딩된다. 모듈은 또한 문서가 완전히 파싱된 후에 포함된 문서에 위치하는 순서대로 실행된다.

ECMAScript 6의 여타 소소한 변경 사항

ECMAScript 6에는 이 책에서 다루는 주요 변경 사항 외에도 자바스크립트를 개선하는 작은 변경 사항이 몇 가지 더 있다. 이러한 변경 사항에는 정수를 더 사용하기 쉽게 만든다거나 새로운 계산 메서드 추가, 유니코드 식별자의 수정, `__proto__` 프로퍼티의 공식화처럼 이 부록에서 설명하는 모든 것들이 포함된다.

A.1 정수 다루기

자바스크립트에서는 정수와 부동소수점 숫자를 표현하기 위해 IEEE 754 인코딩 시스템을 사용하는데, 이로 인해 수년간 많은 혼란이 발생했다. 언어적으로는 개발자들이 숫자 인코딩의 자세한 부분에 집중할 필요가 없도록 보장하느라 고통을 겪었지만, 여전히 종종 문제가 발생했다. ECMAScript 6에서는 정수를 쉽게 식별하고 간편하게 사용하도록 만들어 이러한 문제를 처리한다.

A.1.1 정수 식별하기

ECMAScript 6에서는 자바스크립트에서 정수를 나타내는 값인지 판단할 수 있는 `Number.isInteger()` 메서드가 추가되었다. 비록 자바스크립트에서는 부동소수점 숫자와 정수를 모두 나타내기위해 IEEE 754를 사용하지만, 두 가지 타입의 숫자는 다르게 저장된다. `Number.isInteger()` 메서드는 이러한 저장소의 차이를 이용하며, 메서드가 호출되면 자바스크립트 엔진이 값의 기본적인 표현을 살펴본 뒤 정수인지를 결정한다. 결과적으로, 숫자가 부동소수점 숫자 형태더라도 실질적으로는 정수로 저장되고 Number.isInteger()가 true를 반환할 수 있다. 다음 예제를 살펴보자.

```
console.log(Number.isInteger(25));      // true
console.log(Number.isInteger(25.0));    // true
console.log(Number.isInteger(25.1));    // false
```

이 코드에서 25.0는 부동소수점 숫자로 보이지만 Number.isInteger()는 25와 25.0 모두 true를 반환한다. 자바스크립트에서는 숫자에 소수점을 추가해도 자동으로 부동소수점 숫자로 만들지 않는다. 25.0은 사실 25이기 때문에 정수로 저장된다. 그러나 숫자 25.1에는 소수값이 있으므로 부동소수점 숫자로 저장된다.

A.1.2 안전한 정수

IEEE 754에서는 -2^{53}과 2^{53} 사이의 정수만 정확히 표현할 수 있고, "안전한" 범위 바깥의 2진수 표현은 다양한 숫자 값을 표현하기 위해 재사용된다. 이는 자바스크립트가 IEEE 754 범위 내에서만 정수를 문제없이 안전하게 표현할 수 있다는 의미이다. 다음 예제를 살펴보자.

```
console.log(Math.pow(2, 53));       // 9007199254740992
console.log(Math.pow(2, 53) + 1);   // 9007199254740992
```

이 예제에서 각각 다른 두 개의 숫자는 동일한 자바스크립트 정수로 표현되며, 이 결과는 오타 때문이 아니다. 값이 안전한 범위를 벗어날수록 그 영향은 더욱 커진다.

ECMAScript 6에서는 언어가 정확히 표현할 수 있는 정수를 더 잘 식별하기 위하여 Number.isSafeInteger() 메서드가 도입되었다. 또한, 정수의 더 넓은 범위를 표현하기 위해 Number.MAX_SAFE_INTEGER와 Number.MIN_SAFE_INTEGER 프로퍼티도 추가했다. Number.isSafeInteger() 메서드는 다음 예제처럼 값이 정수이고 안전한 값의 범위에 들어 있는지를 확인한다.

```
var inside = Number.MAX_SAFE_INTEGER,
    outside = inside + 1;

console.log(Number.isInteger(inside));          // true
console.log(Number.isSafeInteger(inside));      // true
```

```
console.log(Number.isInteger(outside));      // true
console.log(Number.isSafeInteger(outside));  // false
```

숫자 inside는 안전한 정수 중 가장 큰 값이므로 Number.isInteger()와 Number.isSafeInteger() 모두 true를 반환한다. 숫자 outside는 범위를 벗어나는 값이며, 정수지만 안전하지 않다.

일반적으로, 개발자들은 자바스크립트의 숫자 연산이나 비교 시에 안전한 정수만 처리하길 원하므로, 입력 유효성 검사의 일부로 Number.isSafeInteger()를 사용하는 것은 좋은 방법이다.

A.2 새로운 수학 메서드

게임과 그래픽 분야가 강조되면서 ECMAScript 6에 타입배열이 포함되었고, 이는 자바스크립트 엔진이 많은 수학적 계산을 더 효율적으로 수행할 수 있도록 이끌었다. 그러나 asm.js(성능을 개선하기 위해 자바스크립트의 부분 집합으로 동작) 같은 최적화 전략은 가능한 빠른 방법으로 계산을 수행하기 위해 더 많은 정보가 필요하다. 예를 들어, 소프트웨어 기반 연산보다 더 빠른 하드웨어 기반 연산에서, 숫자를 32비트 정수로 처리해야 하는지 64비트 부동소수점 숫자로 처리해야 하는지 아는 것은 매우 중요하다.

결국, ECMAScript 6에서는 공통 수학적 계산의 속도를 개선하기 위해 Math 객체에 몇 가지 메서드가 추가되었다. 공통 계산의 속도를 개선하면 그래픽 프로그램처럼 많은 계산을 수행하는 애플리케이션의 전체적인 속도 또한 개선된다. 표 A-1에 새로 추가된 메서드를 나열했다.

메서드	설명
Math.acosh(x)	x의 역 쌍곡선 코사인을 반환한다.
Math.asinh(x)	x의 역 쌍곡선 사인을 반환한다.
Math.atanh(x)	x의 역 쌍곡선 탄젠트를 반환한다.
Math.cbrt(x)	x의 3제곱근을 반환한다.
Math.clz32(x)	x의 32비트 정수 표현에서 선행 0비트의 숫자를 반환한다.
Math.cosh(x)	x의 쌍곡선 코사인을 반환한다.
Math.expm1(x)	x의 지수 함수에서 1을 뺀 결과를 반환한다.
Math.fround(x)	가장 가까운 단일 정밀도 부동소수점 숫자 x를 반환한다.

(다음 쪽에 계속)

Math.hypot(...values)	각 인자 제곱 합계의 제곱근을 반환한다.
Math.imul(x, y)	두 인자의 true 32비트 곱셈의 결과를 반환한다.
Math.log1p(x)	1 + x의 자연 대수를 반환한다.
Math.log10(x)	x의 밑 10의 대수를 반환한다.
Math.log2(x)	x의 밑 2의 대수를 반환한다.
Math.sign(x)	x가 음수이면 -1을 반환하고, x가 +0 또는 -0이면 0을 반환하고, x가 양수이면 1을 반환한다.
Math.sinh(x)	x의 쌍곡선 사인을 반환한다.
Math.tanh(x)	x의 쌍곡선 탄젠트를 반환한다.
Math.trunc(x)	부동소수점 숫자에서 소수 자리를 제거하고 정수를 반환한다.

표 A-1 ECMAScript 6 Math 객체 메서드

각각의 메서드를 자세히 설명하는 것은 이 책의 범위를 벗어난다. 그러나 애플리케이션이 상당량의 공통 계산을 수행할 필요가 있다면, 직접 구현하기 전에 새로운 Math 메서드를 확인하는 것이 좋다.

A.3 유니코드 식별자

ECMAScript 6에서는 자바스크립트의 이전 버전보다 향상된 유니코드를 지원하며, 이는 식별자로 사용할 수 있는 문자들을 변경한다는 의미이다. ECMAScript 5에서는 식별자의 유니코드 확장 비트열을 사용하는 것이 가능했다. 다음 예제를 살펴보자.

```
// ECMAScript 5와 6에서 잘 동작
var \u0061 = "abc";

console.log(\u0061);      // "abc"

// 다음과 같다
console.log(a);           // "abc"
```

이 예제에서 보듯 var문 이후 변수에 접근하기 위해 \u0061이나 a 둘 다 사용할 수 있다.

다음 예제처럼, ECMAScript 6에서 유니코드 코드 포인트 확장 비트열 또한 사용할 수 있다.

```
// ECMAScript 5와 6에서 잘 동작
var \u{61} = "abc";

console.log(\u{61});        // "abc"

// 다음과 같다
  console.log(a);          // "abc"
```

이 예제에서는 단지 \u0061를 동등한 코드 포인트로 대체한다. 그 외에 이 코드는 앞의 예제와 동일하다.

추가로, ECMAScript 6에서는 다음 규칙을 포함하는 유니코드 표준 부록 #31, "유니코드 식별자 및 패턴 문법"[1]에 유효한 식별자를 명시한다.

- 첫 번째 문자는 $나 ID_Start의 파생된 핵심 프로퍼티를 가진 유니코드 심벌이어야 한다.
- 각 후속 문자는 $나 \u200c(제로 너비 비 연결자(a zero-width non-joiner)), \u200d(제로 너비 연결자(a zero-width joiner)), ID_Continue의 파생된 핵심 프로퍼티를 가진 유니코드 심벌이어야 한다.

ID_Start와 ID_Continue의 파생된 핵심 프로퍼티는, 변수나 도메인 이름처럼 식별자에 사용하기 적절한 심벌인지 식별하는 방법이다. 이에 대해서는 "유니코드 식별자 및 패턴 문법"에 정의되어 있다.

A.4 __proto__ 프로퍼티 공식화

ECMAScript 5가 완성되기 전에, 몇몇 자바스크립트 엔진은 이미 [[Prototype]] 프로퍼티에 get이나 set을 사용할 수 있는 __proto__라 불리는 사용자정의 프로퍼티를 구현했다. 사실, __proto__는 Object.getPrototypeOf()와 Object.setPrototypeOf() 메서드의 전신이라 할 수 있다. 모든 자바스크립트 엔진에서 이 프로퍼티가 제거되길 기대하는 것은 비현실적이므로(다수의 대중적인 자바스크립트 라이브러리가 __proto__를 사용하고 있다), ECMAScript 6에서는 __proto__의 동작 또한 공식화했다. 그러나 ECMA-262 부록 B에 있는 공식 문서에는 다음 경고도 함께 기술되어 있다.

---

1 (옮긴이) *http://unicode.org/reports/tr31/*

이 기능은 ECMAScript 언어에서 핵심적인 부분이 아니다. 프로그래머는 새로 ECMAScript 코드를 작성할 때, 이 기능을 사용하거나 기능과 동작이 존재할 것이라고 가정해서는 안 된다. ECMAScript 구현은 이러한 구현이 웹 브라우저의 일부이거나 웹 브라우저에서 동작하는 동일한 ECMAScript 레거시 코드를 실행시키기 위해 필수적인 것이 아니라면, 이 기능의 구현을 권장하지 않는다.

`__proto__`는 다음의 특징을 가지고 있기 때문에, ECMAScript 명세서에서는 `__proto__` 대신 `Object.getPrototypeOf()`와 `Object.setPrototypeOf()`를 사용하길 추천한다.

- 객체 리터럴 안에 `__proto__`를 한번만 명시할 수 있다. 만약 두 번째 `__proto__` 프로퍼티를 명시하면 에러가 발생한다. 이러한 제한을 가진 객체 리터럴 프로퍼티는 이 프로퍼티가 유일하다.
- 계산된 형태인 `["__proto__"]`는 일반적인 프로퍼티처럼 동작하며, 현재 객체의 프로토타입을 설정하거나 반환하지 않는다. 예외가 적용되는 계산되지 않은 형태와 대조적으로, 계산된 형태의 객체 리터럴 프로퍼티와 관련된 모든 규칙은 이렇게 적용된다.

비록 `__proto__` 프로퍼티 사용을 피해야 하지만, 명세가 이 프로퍼티를 정의한 방법은 알아두어야 한다. ECMAScript 6 엔진에서 `Object.prototype.__proto__`는 `Object.getPrototypeOf()`를 호출하는 get 메서드와 `Object.setPrototypeOf()` 메서드를 호출하는 set 메서드를 가진 접근자 프로퍼티로 정의된다. 그러므로, `__proto__`를 사용하는 것과 `Object.getPrototypeOf()`나 `Object.setPrototypeOf()` 메서드를 사용하는 것의 차이는, `__proto__`를 사용하면 직접 객체 리터럴의 프로토타입을 설정할 수 있다는 것뿐이다. 다음 예제에서 이러한 동작을 살펴보자.

```
let person = {
    getGreeting() {
        return "Hello";
    }
};

let dog = {
    getGreeting() {
        return "Woof";
    }
};
```

```
// 프로토타입은 person
let friend = {
    __proto__: person
};
console.log(friend.getGreeting());                      // "Hello"
console.log(Object.getPrototypeOf(friend) === person); // true
console.log(friend.__proto__ === person);              // true

// 프로토타입 설정을 dog로 설정
friend.__proto__ = dog;
console.log(friend.getGreeting());                      // "Woof"
console.log(friend.__proto__ === dog);                 // true
console.log(Object.getPrototypeOf(friend) === dog);    // true
```

이 예제에서는 friend 객체를 만들기 위해 Object.create()를 호출하는 대신, __proto__ 프로퍼티에 값을 할당하는 표준 객체 리터럴을 만든다. 반면 Object.create() 메서드를 사용하여 객체를 만드는 경우, 추가 객체 프로퍼티를 위해 전체 프로퍼티 디스크립터를 명시해야만 한다.

ECMAScript 7 (2016) 이해하기

ECMAScript 6 개발은 4년여 간 진행되어 왔고, 그 후 TC-39는 이런 긴 개발 과정이 지속가능하지 않다고 판단했다. 대신 새 언어 기능이 빠르게 개발되도록 매년 배포하는 방식으로 전환했다.

더 짧은 배포 주기는 ECMAScript의 새 버전이 ECMAScript 6보다 더 적은 수의 기능을 가진다는 것을 의미한다. 이러한 변화를 나타내기 위해, 명세의 새 버전에서는 더 이상 에디션 넘버를 사용하지 않고 명세가 발표되는 연도를 사용한다. 결국, ECMAScript 6는 ECMAScript 2015로도 알려져있으며, ECMAScript 7은 공식적으로 ECMAScript 2016으로 알려져 있다. TC-39는 앞으로 모든 ECMAScript 에디션에 연도에 기반한 이름 시스템을 사용할 것으로 보인다.

ECMAScript 2016은 2016년 3월에 마무리 되었고 언어에 세 가지 추가 사항만을 포함하며, 이는 새로운 수학 연산자와 새로운 배열 메서드, 새로운 문법 에러이다. 이 세 가지는 모두 부록 B에서 다룬다.

B.1 지수 연산자

ECMAScript 2016에서 도입된 자바스크립트 문법의 유일한 변경 사항은 지수를 적용하는 수학 연산을 위한 지수 연산자이다. 자바스크립트에는 이미 지수 연산을 수행하는 `Math.pow()` 메서드가 있지만, 자바스크립트처럼 공식적인 연산자가 아닌 언어는 드물다. 게다가 일부 개발자들은 연산자가 읽거나 이해하기 더 쉽다고 주장한다.

지수 연산자는 두 개의 별표(**)로 나타내며, 왼쪽 값이 밑이 되고 오른쪽 값이 지수가 된다. 다음 예제를 살펴보자.

```
let result = 5 ** 2;

console.log(result);                    // 25
console.log(result === Math.pow(5, 2));  // true
```

이 예제는 5^2를 계산하고 그 값은 25와 같다. `Math.pow()`를 사용하여 여전히 같은 결과를 얻을 수 있다.

B.1.1 연산자의 우선순위

지수 연산자는 자바스크립트의 모든 이항 연산자 중 우선순위가 가장 높다(단항 연산자는 **보다 우선순위가 더 높다). 이는 다음 예제와 같은 복합적인 연산에서 가장 먼저 적용된다는 의미이다.

```
let result = 2 * 5 ** 2;
console.log(result);        // 50
```

이 예제에서는 5^2 계산이 먼저 일어난다. 그 결과값에 2가 곱해지고, 최종적으로 50이 된다.

B.1.2 피연산자 제한 사항

지수 연산자에는 다른 연산자에는 없는 특이한 제한 사항이 있다. 지수 연산의 왼쪽에는 ++나 --가 아닌 단항식이 올 수 없다. 예를 들어, 다음 코드는 문법적으로 문제가 있다.

```
// 문법 에러
let result = -5 ** 2;
```

이 예제에서 -5는 연산의 순서를 모호하게 하여 문법 에러를 발생시킨다. -는 5에 적용될까 아니면 5 ** 2식의 결과에 적용되는 것일까? 지수 연산자의 왼쪽에 단항식을 허용하지 않으면 이런 모호함이 제거된다. 의도를 명확히 하기 위해 다음 예제처럼 -5나 5 ** 2를 괄호로 감싸야 한다.

```
// 문제 없음
let result1 = -(5 ** 2);     // 결과 값은 -25

// 문제 없음
let result2 = (-5) ** 2;     // 결과 값은 25
```

만약 표현식을 괄호로 감싸면 –는 전체 식에 적용된다. –5를 괄호로 감싸면 -5를 밑으로 한다는 의도가 명확해진다.

지수 연산자의 왼쪽에 ++와 --를 사용하려 할 때는 두 연산자 모두 피연산자에 대한 동작이 명확하게 정의되어 있기 때문에 괄호가 필요하지 않다. 접두어로 ++나 --를 사용하면 다른 연산자가 수행되기 전에 피연산자를 먼저 변경시키고, 접미어로 사용하는 경우에는 전체 식이 계산될 때까지 변경을 적용하지 않는다. 다음 코드처럼, 두 가지 사용례 모두 지수 연산자의 왼쪽에서 안전하게 동작한다.

```
let num1 = 2,
    num2 = 2;

console.log(++num1 ** 2);     // 9
console.log(num1);            // 3

console.log(num2-- ** 2);     // 4
console.log(num2);            // 1
```

이 예제에서 num1은 지수 연산자가 적용되기 전에 값이 증가하므로, num1는 3이 되고 연산의 결과는 9가 된다. num2 값은 지수 연산 시에 2인 채로 적용되고, 그 뒤에 감소하여 1이 된다.

B.2 Array.prototype.includes() 메서드

ECMAScript 6에서 문자열 내에 특정 문자가 존재하는지를 확인하는 Sring. prototype.includes()가 추가되었다는 것을 떠올려보자. 원래, ECMAScript 6에서는 메서드 문자열과 배열을 유사하게 처리하는 경향을 유지하여 Array. prototype.includes() 또한 도입할 계획이었다. 그러나 Array.prototype. includes()의 명세가 ECMAScript 6의 마감 기한까지 완성되지 못하여 대신 ECMAScript 2016에서 마무리되었다.

B.2.1 Array.prototype.includes()를 사용하는 방법

Array.prototype.includes() 메서드는 두 개의 인자를 전달받는다. 하나는 검색할 값이고 다른 하나는 검색을 시작할 인덱스이며 선택적인 인자이다. 두 번째 인자가 있을 때 includes()는 해당하는 인덱스에서부터 검색을 시작한다. (기본 시작 인덱스는 0.) 값이 배열 내에 있으면 반환 값은 true이고 그렇지 않으면 false이다. 다음 예제를 살펴보자.

```
let values = [1, 2, 3];

console.log(values.includes(1));      // true
console.log(values.includes(0));      // false

// 인덱스 2부터 검색 시작
console.log(values.includes(1, 2));   // false
```

이 예제에서, 값이 1일 때 values.includes()를 호출하면 true가 반환되고, 값이 0일 때는 배열에 존재하지 않기 때문에 false가 반환된다. 두 번째 인자가 사용되어 인덱스 2(값 3을 포함)에서 검색을 시작하면, 1이 인덱스 2와 배열의 끝 사이에 존재하지 않기 때문에 values.includes() 메서드는 false를 반환한다.

B.2.2 값 비교

includes() 메서드에서 수행되는 값 비교는 한 가지 경우를 제외하고는 === 연산자를 사용하는데, 제외된 NaN의 경우에는 NaN === NaN이 false로 평가되더라도 동일한 것으로 간주된다. 이는 엄격하게 ===를 사용하여 비교하는 indexOf() 메서드의 동작과는 다르다. 다음 예제에서 이러한 차이점을 살펴볼 수 있다.

```
let values = [1, NaN, 2];

console.log(values.indexOf(NaN));     // -1
console.log(values.includes(NaN));    // true
```

비록 NaN이 values 배열에 포함되어 있더라도 values.indexOf() 메서드에 NaN을 전달하면 -1을 반환한다. 반면, values.includes()에 NaN을 전달하면 다른 종류의 값 비교 연산자를 사용하기 때문에 true를 반환한다.

배열에 값이 존재하는지만 확인하길 원하고 인덱스는 알 필요가 없다면 includes() 사용을 추천하며, 그 이유는 includes()와 indexOf() 메서드에서 NaN

이 처리되는 방식의 차이점 때문이다. 만약 값이 배열의 어디에 위치하고 있는 지를 알 필요가 있다면 indexOf() 메서드를 사용해야 한다.

이 구현의 또 다른 특이점은 +0과 -0이 동일하다고 간주된다는 점이다. 다음 예제에서 indexOf()와 includes()의 동작은 같다.

```
let values = [1, +0, 2];

console.log(values.indexOf(-0));        // 1
console.log(values.includes(-0));       // true
```

이 예제에서 indexOf()와 includes()는 -0이 전달되었을 때 +0을 찾는데, 이는 두 값이 동일한 값으로 간주된다는 의미이다. +0과 -0을 다른 값으로 간주하는 Object.is() 메서드의 동작과는 다르다는 것을 명심하자.

B.3 함수 스코프 Strict 모드의 변경 사항

strict 모드가 ECMAScript 5에 도입되었을 때, 언어는 ECMAScript 6보다 훨씬 간단했지만, ECMAScript 6에서도 여전히 "use strict" 지시자(directive)를 사용하여 strict 모드를 명시하는 것을 허용한다. 지시자가 전역 스코프에 사용되면, 모든 코드는 strict 모드에서 실행된다. 함수 스코프에서 지시자를 사용하면 함수만 strict 모드에서 실행된다. 이는 ECMAScript 6에서 문제가 되었는데, 그 이유는 함수에 전달되는 매개변수는 구조분해와 기본 매개변수 값을 통해 더 복잡한 방법으로 정의될 수 있기 때문이다.

이 문제를 이해하기 위해 다음 코드를 살펴보자.

```
function doSomething(first = this) {
    "use strict";

    return first;
}
```

이 예제에서 이름이 있는 매개변수인 first에는 this가 기본 값으로 할당된다. first의 값이 undefined라고 예상할 수도 있는데, 그 이유는 this 같은 경우 ECMAScript 6 명세가 매개변수를 strict 모드에서 실행되듯이 처리하도록 자바스크립트 엔진에 지시하기 때문이다. 그러나 "use strict"가 함수 내에 있을 때 매개변수 기본 값 또한 함수일 수 있기 때문에 strict 모드에서 실행되는 매개변수를 구현하는 것은 매우 어렵다. 이러한 어려움으로 인해 대부분의 자바스크립트 엔진이 이러한 기능을 구현하지 못했고, 대신 this는 전역 객체와 동일하게 유지되었다.

이러한 구현상 어려움으로 인해 ECMAScript 2016에서는 구조분해된 매개변수나 매개변수 기본값을 갖지 않은 함수에서만 "use strict" 지시자를 사용할 수 있다. 구조분해나 기본 값을 포함하지 않는 간단한 매개변수들은 "use strict"가 함수 내에 존재해도 문제가 되지 않는다. 다음 예제에서 지시자의 올바른 사용과 잘못된 사용을 살펴보자.

```javascript
// okay - 간단한 매개변수 리스트
function okay(first, second) {
    "use strict";

    return first;
}

// 에러 발생
function notOkay1(first, second=first) {
    "use strict";

    return first;
}

// 에러 발생
function notOkay2({ first, second }) {
    "use strict";

    return first;
}
```

간단한 매개변수 리스트를 위해서는 여전히 "use strict"를 사용할 수 있으며, 그로 인해 okay()가 예상대로 동작한다(즉, ECMAScript 5에서와 같은 방식). notOkay1() 함수는 ECMAScript 2016의 기본 매개변수 값을 사용하는 함수 내에 더 이상 "use strict"를 사용할 수 없기 때문에 문법 에러를 발생시킨다. 마찬가지로 notOkay2() 함수도 구조분해된 매개변수를 가지는 함수 내에 "use strict"를 사용할 수 없기 때문에 문법 에러를 발생시킨다.

이렇게 바뀌면서 대체로, 자바스크립트 개발자들이 혼란스러워하던 부분과 자바스크립트 엔진의 구현문제가 제거되었다.

찾아보기